Joshua David Stone

MANUAL COMPLETO DE ASCENSÃO

A REALIZAÇÃO DA ASCENSÃO NESTA EXISTÊNCIA

Tradução
EUCLIDES L. CALLONI
CLEUSA M. WOSGRAU

EDITORA PENSAMENTO
São Paulo

Título do original:
The Complete Ascension Manual
How to Achieve Ascension in this Lifetime

Edição	Ano
1-2-3-4-5-6-7-8-9	98-99-00

Direitos de tradução para a língua portuguesa
adquiridos com exclusividade pela
EDITORA PENSAMENTO LTDA.
Rua Dr. Mário Vicente, 374 — 04270-000 — São Paulo, SP
Fone: 272-1399 — Fax: 272-4770
E-mail: pensamento@snet.com.br
http://www.pensamento-cultrix.com.br
que se reserva a propriedade literária desta tradução.

Impresso em nossas oficinas gráficas.

DEDICATÓRIA

Com toda a humildade, eu gostaria de dedicar este livro a quatro seres espirituais maravilhosos. O primeiro e mais importante é minha adorável esposa, Terri, fonte incessante de amor, de apoio e de inspiração. Ela exerceu um enorme impacto em minha vida, e eu não teria escrito esta série de livros na forma em que ela se apresenta se não tivesse recebido sua ajuda nos planos espiritual, mental, emocional e terreno. Ela é realmente uma fonte de muita luz e amor em todas as esferas da minha vida.

O segundo ser a quem agradeço humildemente é Rags, nossa gata. Rags também é conhecida como Muffin, Sweet Pea e Pink Belly. Fiel e dedicada, ela me faz companhia durante as longas horas de datilografia e pesquisa, acomodada sobre minha mesa de trabalho ou andando pelo escritório. Na minha opinião, sua afeição desinteressada lhe confere o direito de ser uma "Gatinha Mestra Ascensionada".

A terceira pessoa a quem eu gostaria de agradecer é o Mestre Ascensionado Djwhal Khul, a quem tenho a honra de chamar de meu orientador espiritual, amigo e irmão na Luz. Seu apoio contínuo, sua orientação e seus ensinamentos foram a verdadeira fonte de inspiração destes livros.

Agradeço também a Marc Norelli, que, de forma desprendida e dedicada, revisou diligentemente os vários volumes sempre que esse trabalho se fez necessário. Sinto-me também honrado em chamá-lo de amigo e de irmão na Luz.

Finalmente, eu gostaria de dedicar este livro e dirigir um agradecimento muito especial à minha querida amiga e colega, Raney Alexandre. Com total abnegação, Raney ocupou-se da tarefa de digitar os quatro volumes da *Pequena Enciclopédia do Caminho Espiritual*. Ela me ajudou com os gráficos, com a edição, com idéias espirituais, com a pesquisa bibliográfica e me alertou sempre que eu me desviava do assunto.

Sem a sua ajuda, estes livros teriam sofrido um atraso de anos para serem concluídos. Sua dedicação e desprendimento permitiram que eu me concentrasse inteiramente em escrever, enquanto ela cumpria a árdua tarefa de estruturar o livro logisticamente. Raney foi um verdadeiro "anjo" enviado por Deus com o objetivo de me deixar livre para o trabalho que eu precisava realizar.

SUMÁRIO

INTRODUÇÃO

Toda pessoa que encarna neste mundo físico tem uma missão, um propósito específico no plano de Deus, e ela está aqui para realizá-la. Minha missão específica, dom humilde com que Deus me agraciou, tem dupla função.

A primeira é a capacidade de organizar uma grande quantidade de informações espirituais práticas, úteis e muito interessantes de uma forma compreensível. A segunda é a capacidade de fornecer e de extrair dessa vasta quantidade de informações espirituais os elementos essenciais, eliminando o que não é importante.

Minha missão ao escrever este livro, bem como os três volumes que o seguem, é essencialmente economizar o tempo das pessoas. Este livro é o primeiro de uma série de quatro, aos quais dei o nome de *Pequena Enciclopédia do Caminho Espiritual.*

Procuro apresentar ao leitor quatro livros de fácil leitura, que cobrem todo o campo da espiritualidade e da religião no planeta Terra. Percebo que a maioria das pessoas não gosta de passar o tempo lendo, estudando e pesquisando como eu. O serviço que presto à humanidade consiste em buscar informações nos livros de Alice A. Bailey, na obra *Um Curso de Milagres,* na Teosofia, nos Grandes Mestres, nas leituras de Edgar Cayce, nas grandes religiões do mundo, na psicologia espiritual e no movimento extraterrestre, e em tornar esses livros e assuntos fáceis de entender.

Os livros de Alice Bailey, por exemplo, na minha opinião, são os mais profundos já escritos no planeta Terra. O problema é que são tão difíceis de ler, que a maioria das pessoas jamais reservará um tempo para estudá-los em profundidade. Elas não têm tempo nem inclinação para pesquisar e estudar os milhares de livros, ensinamentos, religiões e escolas de mistério que beneficiam nosso planeta.

Basicamente, meu serviço à humanidade é fornecer um atalho, ou seja, esta enciclopédia pode ser comparada às *Cliff Notes** do caminho espiritual. Foi com a maior alegria que fiz esta grande pesquisa para o leitor e agora lhe ofereço as pérolas colhidas. Estas lhe propiciarão uma sólida introdução à religião, à

* Nos Estados Unidos, um livro que apresenta e explica resumidamente os pontos principais das obras literárias. Muitas vezes os alunos lêem esse livro em vez de ler a obra literária completa. (N. do T.)

espiritualidade e aos ensinamentos da Hierarquia Espiritual e dos Mestres Ascensionados que governam este planeta.

Por favor, não se intimide com a palavra "enciclopédia"; esta coletânea não é exatamente uma enciclopédia no sentido que em geral atribuímos a essa palavra. É uma coletânea repleta de informações práticas, extremamente úteis, absolutamente fascinantes e de fácil leitura.

Os livros também são escritos com o entusiasmo dinâmico que vem de um sincero e profundo amor a Deus e de um grande amor por aquilo que recebi a incumbência de partilhar. Apesar de fáceis de ler, eles são extremamente abrangentes. O acesso às informações se deu através de meios didáticos e intuitivos, e eu procurei integrá-las num todo sinérgico e unificado.

As religiões do futuro serão de natureza mais universal e respeitarão todos os caminhos que levam a Deus. Assim, esta série de livros servirá como uma espécie de rede de comunicações. Ela ajudará as pessoas a entrar em contato com os vários caminhos que conduzem a Deus, e como elas são guiadas por suas almas, poderão ler outros livros e vincular-se às organizações a que faço referência.

Rezo humildemente pedindo que estes livros ajudem o leitor a acelerar seu caminho de iniciação e a realizar sua união com Deus.

Joshua David Stone, Ph.D.

1

A HISTÓRIA DA CRIAÇÃO

A Mente é o Construtor
Edgar Cayce

A seguinte história sobre a criação é surpreendente e muitas vezes inacreditável. Quero caracterizar este capítulo dizendo apenas que nada do que ele contém é de minha autoria. Todas as informações vêm diretamente de canalizações da Mente Universal feitas por Edgar Cayce e por outras fontes, como Djwhal Khul, Ruth Montgomery, a Fundação Tibetana e formas de canalização semelhantes. O espantoso é que todas essas diferentes fontes narram uma história basicamente parecida, de modo que sei que estou na direção certa, embora algumas informações possam parecer inusitadas para alguns leitores.

No início, havia apenas uma fonte de Luz, a presença única, chamada Deus. Em Sua imensa alegria e amor, Deus queria criar, expressar-se. A partir desse estado indiferenciado, Deus criou sóis, luas, galáxias, universos, e gostou do que havia feito. Mas alguma coisa estava faltando: companhia. E então Deus quis criar seres autoconscientes que pudessem compartilhar com Ele a alegria da criação. E, assim, da infinidade de Deus surgiram trilhões de centelhas de luzes feitas à Sua imagem.

Dessa expressão também surgiu Amílio, a Luz, a primeira expressão da mente divina, a primeira manifestação do espírito. Todas as almas foram criadas no início, e todas eram andróginas. O aspecto singular relacionado com a nossa criação era o livre-arbítrio.

Ao sermos criados, fomos lançados na vastidão do universo, e saímos criando como Deus cria, com nossas mentes, e ampliando Seu reino. Éramos perfeitos, e esse era o estado edênico. Em nossas viagens através da infinidade de Deus, descobrimos o universo físico, ou material, e ficamos intrigados, porque no início não tínhamos corpos físicos, apenas corpos espirituais.

Então começamos a projetar uma parte de nós para, digamos, a Terra, a fim de explorar a beleza da matéria. Na verdade, não havia nada de errado com isso, porque todo o infinito universo era uma espécie de "parque de recreação". Começamos a projetar uma parte de nós numa árvore para ver como ela era. Depois, numa rocha, para ver como ela era. E, em seguida, num animal, para experimentar como era comer grama e como era nos relacionarmos com outros animais.

Fazíamos isso com tudo o que víamos, e então nos projetávamos de volta aos planos espirituais. Assim, com o incrível poder da mente e da imaginação, criávamos também formas-pensamento de animais. Essas formas-pensamento começaram a se tornar densas e passamos a habitar nessas criaturas do mesmo modo como podíamos habitar num animal que já tivesse sido criado.

Tudo ia bem até o momento da criação ao qual a Bíblia se refere como a queda do homem. Foi nesse momento que, por causa da nossa excessiva identificação com o universo material, esquecemos quem éramos. Fomos presos na densidade da matéria e pensávamos que éramos os animais ou as criaturas de formas-pensamento que havíamos criado.

Com a ilusão de que nossa identidade era material, e não espiritual, teve início a espiral descendente da criação. Nesse momento, teve início o "ego", um sistema e uma filosofia de pensamento baseados na crença ilusória da separação, do medo, do egoísmo e da morte.

Esse fenômeno de almas sendo cada vez mais profundamente presas na ilusão da matéria continuou em proporções alarmantes. Amílio (uma encarnação de Jesus) e outros seres elevados que não haviam caído sabiam que alguma coisa precisava ser feita para ajudar seus irmãos e irmãs, pois o homem continuava criando um conglomerado de monstruosidades para satisfazer seu desejo incontrolável.

O homem criou ciclopes, sátiros, centauros, unicórnios, corpos de animais com cabeças humanas, seres com cascos, com garras, com penas, asas e rabos. Com isso, ficou preso em corpos grotescos, que não eram adequados para filhos e filhas de Deus, e chegou a criar a primeira fêmea, de nome Lilith, que precedeu Eva. Essa projeção também foi criada para satisfazer seus desejos carnais egoístas.

O plano que Deus e a Força Divina idearam para corrigir essa situação foi a criação de cinco raças físicas nos cinco continentes do planeta. Cada raça tinha uma cor de pele diferente. Nenhuma cor de pele era melhor do que a outra, pois cada uma se destinava a uma condição climática diferente. Certas cores de pele adaptaram-se melhor a determinados climas.

Esse plano consistia em que todas as almas presas na matéria encarnariam em corpos humanos mais perfeitos e mais apropriados a filhos e filhas de Deus. Assim, o homem não descende do macaco, como os evolucionistas sugerem; nós fomos criados.

Depois da criação das cinco raças, houve cento e trinta e três milhões de almas na Terra. A raça vermelha viveu na Atlântida e na América; a marrom, nos Andes e na Lemúria; a amarela, no Deserto de Gobi e na Ásia Oriental; a negra, no Sudão e nas partes altas da África Ocidental; e a branca, no Irã, ao longo do Mar Negro, e nos Montes Cárpatos da Europa Central.

O plano básico que Deus criou previa a reencarnação: as almas encarnariam nesses corpos humanos e não mais em corpos animais para readquirir a consciência de sua verdadeira identidade de seres divinos e para aprender a demonstrar isso na Terra, começando então seu retorno ao Criador.

Esse ato de criação ocorreu há dez milhões e meio de anos. As influências animais criadas pela queda e as projeções iniciais de formas-pensamento de animais não desapareceram completamente da Terra até por volta de 9000 a.C. Remanescentes dessas criaturas patéticas foram retratados mais tarde em nossa mitologia e nas artes assíria e egípcia.

Outro fator relacionado com a criação de animais grotescos foi que no início dos tempos os seres humanos podiam procriar com espécies animais e com seres grotescos. Depois que as almas humanas foram separadas em machos e fêmeas, Deus impôs leis divinas que impediram os seres humanos de gerar prole com outras espécies.

O homem era capaz de viver cerca de mil anos no mesmo corpo, até que outra lei divina foi estabelecida para mudar essa situação, porque as almas precisavam ter condições de refletir mais nos planos interiores sobre o propósito e a razão da encarnação.

Amílio (a primeira encarnação de Jesus Cristo) desceu para a matéria e tornou-se o primeiro Adão na época da criação das cinco primeiras raças-raízes. Adão foi o primeiro da raça aperfeiçoada, o primeiro dos filhos de Deus, contrariamente ao que a Bíblia se refere como as filhas dos homens. Adão, assim como Eva, era um indivíduo, mas também um símbolo de todas as cinco raças.

AS SETE RAÇAS-RAÍZES

O quadro da página 15 mostra as sete raças-raízes que compõem o que esotericamente se denomina o manvantara ou ciclo mundial. Essas raças-raízes, relacionadas na primeira coluna do quadro, abrangem um período de tempo que teve início há dezoito milhões e meio de anos e chega até os nossos dias.

Sanat Kumara, nosso Logos Planetário, encarnou neste planeta nesse período. No momento, estamos vivendo na raça-raiz ariana. Hitler e a Alemanha nazista distorceram completamente esse termo; por isso, não se prenda a essa distorção. A raça ariana existe há mais de um milhão de anos e continuará existindo por mais tempo.

A raça-raiz meruviana está apenas começando, de modo que há uma espécie de sobreposição de raças-raízes em andamento. A sétima raça-raiz é a paradisiana.

Gostaria de acrescentar o que me relatou Djwhal Khul. As duas primeiras raças-raízes, a polariana e a hiperbórea, são freqüentemente classificadas como raças-raízes pré-lemurianas, classificação essa também aceita pela Fundação Tibetana. Isso acontece porque as duas primeiras raças-raízes não eram completamente físicas, no sentido em que nós entendemos essa realidade.

Os continentes onde essas raças-raízes surgiram e se desenvolveram estão relacionados na segunda coluna. A terceira coluna especifica o tipo de sintonia psicoespiritual de cada uma delas. Na quarta coluna encontramos o chakra que cada raça-raiz estava desenvolvendo; a quinta coluna relaciona o tipo de ioga por elas praticado.

Tara, o continente da raça-raiz final, emergirá do fundo do oceano num futuro distante.

Os membros da raça polariana, ou primeira raça-raiz, tinham enormes corpos filamentosos, e eram mais etéricos e gasosos do que físicos. Eram também totalmente assexuados. Eles se multiplicavam por um processo que os cientistas chamam de cissiparidade ou gemação. Por isso, eram basicamente imortais. Foram chamados de "raça arquetípica".

Os membros da segunda raça-raiz, os hiperbóreos, eram semelhantes aos polarianos; entretanto, de maneira lenta, mas segura, eles iniciaram um processo de materialização mais intenso. Djwhal Khul e a Fundação Tibetana denominam essas duas raças de pré-lemurianas, porque elas não eram totalmente físicas como os lemurianos, a terceira raça-raiz. Os seres humanos, como os conhecemos, surgiram com a terceira raça-raiz.

Quando a vida humana se manifestou originariamente na Terra com essas duas primeiras raças-raízes, a única região totalmente seca era o Pólo Norte. O resto da Terra estava coberto de água. Esse continente polar parecia uma calota craniana sobre a cabeça da Terra. Das sete raças-raízes, esse é o único continente que não submergirá durante todo o manvantara, ou ciclo mundial. Outro ponto interessante é que a Lemúria era chamada de "terra de Shalmali" na época da sua existência.

É importante compreender também que as sete raças-raízes têm sete sub-raças, o que representa um total de quarenta e nove sub-raças num manvantara. Temos um exemplo disso na nossa atual raça-raiz ariana: a hindu começou há sessenta e dois mil anos; a árabe, há quarenta e dois mil anos; a iraniana, há trinta e dois mil anos; a celta e a teutônica, há vinte e dois mil anos; a sexta e a sétima sub-raças da raça-raiz ariana estão se desenvolvendo na América e num continente que surgirá no Oceano Pacífico. Para tornar o plano de Deus ainda mais complicado, cada raça de uma sub-raça tem sete raças-famílias, sobre as quais não me deterei.

A HISTÓRIA PRÉ-LEMURIANA

Dois grandes avatares vieram para a Terra nos primórdios do período pré-lemuriano. O primeiro fez convergir para a Terra uma energia de sintonia espiritual. Ele veio como cientista de uma civilização altamente desenvolvida. Sua mensagem estava voltada para a realização de uma fusão do conhecimento científico com o espiritual. Mas naquela época a humanidade não aceitou essa mensagem porque não estava preparada para ela. Assim, esse grande instrutor deixou a Terra, retornando ao estado de co-criador plenamente desenvolvido.

As Sete Raças-Raízes

Raças-Raízes	Continente	Sintonia	Chakra	Ioga
1. Polariana	A Terra Sagrada Imperecível	Física	1º	Hatha
2. Hiperbórea	Hiperbórea	Física	1º	Hatha
3. Lemuriana	Lemúria	Física	2º	Hatha
4. Atlante	Atlântida	Emocional	3º	Bhakti
5. Ariana	Europa, Ásia Menor, América	Mental	4º	Raja
6. Meruviana	América do Norte	Integração da Personalidade	5º	Agni
7. Paradisiana	Tara	Alma	6º	Desconhecido

Outro grande avatar foi enviado à Terra no final do período pré-lemuriano. Seu nome era Lo Chi. Era um homem muito alto e gostava de usar uma túnica prateada. Ele foi o primeiro grande instrutor a causar um enorme impacto na Terra. Lo Chi consolidou a coragem, a sabedoria e o amor em seus estágios iniciais. Ele assumiu uma civilização dilacerada pela guerra e começou a construir uma comunidade espiritual, com templos espalhados por toda a região. Ao final do seu reinado ocorreu uma ascensão em massa.

O grande instrutor seguinte mudou seu enfoque, ressaltando mais as qualidades e ocupações emocionais do que as científicas. Foi nesse período que se produziram algumas das obras de arte mais notáveis; entretanto, o aspecto científico da sociedade começou a declinar. Num certo sentido, aconteceu uma oscilação, um movimento pendular, de uma sociedade mais masculina para uma sociedade mais feminina. Ocorreram grandes avanços nas artes, na música, na dança, mas o potencial e a criatividade mentais não estavam presentes por causa dessa oscilação. Isso começou a mudar no decorrer de um longo período de tempo, e a sociedade se tornou mais equilibrada. Então ocorreu outra ascensão em massa.

Vywamus chamou a esses dois períodos de ascensão em massa de "colheita espiritual". Ele diz que estamos novamente nos aproximando de um período de colheita neste século. Isso está relacionado com Logos Planetário. Sanat Kumara, em sua evolução cósmica, chegou a um plano mais elevado. Cada vez que ele alcança um plano desses, é tempo de colheita de almas ou ascensão em massa.

Estamos atualmente completando um ciclo de seis mil anos, de doze mil anos e de trinta e seis mil anos. Sempre que dois ou mais ciclos se sobrepõem, o período é extremamente importante. Estamos num desses períodos agora. Esta janela de colheita dura aproximadamente cem anos. O final desse ciclo de cem anos vai de 1995 ao ano 2000. Quanto mais se aproxima o fim do ciclo, maior é a colheita. É uma grande oportunidade estar encarnado neste período da história!

AS GUERRAS ELÉTRICAS

Também nesse período pré-lemuriano, a Terra foi atacada pelos "seres elétricos", um grupo de habitantes de outro planeta que queria assumir o controle do nosso. A humanidade começou a se defender, suportando uma guerra que durou quinhentos anos e conseguiu vencê-los. Na verdade, os seres elétricos, que tinham vindo de muito longe, não eram maus, mas simplesmente cientistas em busca de um novo local para viver. Essa guerra está relacionada com o medo de espaçonaves que ainda hoje existe na consciência da raça, porque esses seres elétricos levavam pessoas e animais para suas naves e realizavam experiências dolorosas com eles. Muitas fixações e padrões de ataque/defesa que temos atualmente tiveram origem nesse período da história da Terra.

De fato, os seres elétricos estavam tentando trazer sua tecnologia de Luz para o planeta com o objetivo de ajudar na viagem de volta à Fonte. A humanidade e a Terra, entretanto, estavam se deslocando na direção de uma densidade material cada vez maior, o que não era uma coisa negativa. A Terra e a humanidade estavam dizendo que queriam aprender tudo o que fosse possível na parte mais densa da realidade física.

Finalmente, depois de quinhentos anos, as partes concordaram em fazer uma trégua, e muitos seres elétricos partiram, prometendo retornar quando a Terra estivesse pronta. Alguns permaneceram em áreas específicas que lhes foram destinadas. Os seres elétricos apressaram esse ciclo materialista descendente.

A LEMÚRIA

A Lemúria, ou Mu, era um continente localizado no Oceano Pacífico e se estendia desde os Estados Unidos até a extremidade da América do Sul. O estágio de existência da Lemúria relacionava-se com a consciência da raça, que estava aprendendo a lição da sintonia física. A humanidade como um todo avança por estágios, e a sintonia física foi a lição-chave desse período da história.

Os lemurianos eram um povo mais filosófico e espiritualista que os atlantes; estes eram mais avançados tecnologicamente.

Nesse período da história, grandes dinossauros vagavam pela Terra, por isso os lemurianos, em grande parte, precisavam viver abaixo da superfície. Eles viviam em cavernas, escondendo-se dos dinossauros, de onde saíam apenas para buscar alimento. Decoravam seus refúgios de forma artística e muito bonita. Os lemurianos eram de estatura baixa: os homens mediam um metro e meio e as mulheres tinham alguns centímetros a menos. Os índices de sobrevivência infantil não eram elevados. Eles se alimentavam de grãos, amoras e frutas.

A ATLÂNTIDA

A Atlântida situava-se na parte norte do Oceano Atlântico. Sua superfície seria comparável à da Europa e Rússia juntas. A orla marítima oriental dos Estados Unidos, então em grande parte sob as águas, abrangia as planícies costeiras da Atlântida, que se estendiam do México até o Mar Mediterrâneo.

Como já foi mencionado, os dinossauros vagavam pela Terra, e muitos pertenciam a espécies carnívoras. Para se proteger dessas feras, inúmeros atlantes viviam em grandes cidades cercadas de muralhas.

Também viviam na Atlântida aqueles animais grotescos, de aparência humana, aos quais me referi anteriormente. Certos segmentos da sociedade chamavam-nos de "coisas", e eram tratados como escravos e como animais de carga. Havia dois grupos de pessoas na Atlântida: os que serviam à Lei do Uno e os chamados Filhos de Belial.

Os Filhos de Belial eram seguidores de Belzebu. Eles eram os senhores do materialismo, o grupo egoísta, materialista e egocêntrico. Eram as pessoas que escravizavam os "coisas," ou homens-animais que tinham cascos, garras, penas, asas e rabos em corpos humanos.

As pessoas que serviam à Lei do Uno tentavam ajudar os "coisas", espiritual e fisicamente, levando-os aos grandes templos de cura da Atlântida. Usando avançadas técnicas de cristais, Luz e sons, eles realizavam cirurgias freqüentes para remover esses apêndices desumanos, que não manifestavam mais o projeto perfeito do Adam Kadmon que Deus havia criado para o corpo humano aperfeiçoado.

Em 52000 a.C., um conselho de sábios das cinco raças reuniu-se com o objetivo de analisar possíveis formas para extinguir os dinossauros. Foi levado à discussão um plano que previa o uso de forças químicas superpotentes para envenená-los em seus covis. Esse plano foi aprovado e posto em execução.

A primeira de uma série de três catástrofes que provocaram mudanças no continente ocorreu em torno de 50700 a.C. A primeira catástrofe foi conseqüência do uso de produtos químicos e de explosivos para aniquilar os dinossauros. Um grande número de enormes bolsas de gás foi detonado nas tocas dos animais, precipitando erupções vulcânicas e terremotos. As perturbações foram tão grandes, que provocaram uma mudança no eixo da Terra, deslocando os pólos para suas posições atuais e causando a última grande glaciação.

O continente da Lemúria ficou completamente destruído, mas a Atlântida, como continente, foi pouco afetada, por estranho que isso possa parecer. Como conseqüência do deslocamento dos pólos, todo o continente da Lemúria submergiu no fundo do oceano. A Atlântida, então, tornou-se a principal civilização do planeta. Como já mencionei, ela era muito avançada tecnologicamente, mas muito pouco espiritualmente, mais ou menos como os Estados Unidos atualmente. Na verdade, muitas almas que viveram na Atlântida estão reencarnadas e, hoje, moram nos Estados Unidos.

O grande cataclismo destruiu a maior parte dos dinossauros por causa da transformação do continente e da mudança das condições climáticas. A Atlântida, ao se tornar a principal civilização do planeta, começou a prosperar. Foi durante esse período que extraterrestres visitaram-na e apresentaram aos seus habitantes sua avançada tecnologia dos cristais.

Os atlantes passaram a usar a energia dos cristais para gerir quase todos os aspectos da sociedade. Eles dispunham de um grande cristal que era a principal fonte de energia de todo o continente. Ele movimentava carros, navios, submarinos e aviões, suprindo todas as necessidades de energia da sociedade. A ciência foi se tornando cada vez mais a nova divindade, e as pessoas passaram a se interessar cada vez menos pela presença de Deus.

Os Filhos de Belial e as influências extraterrestres negativas começaram a assumir o controle da civilização atlante. A energia do cristal passou a ser usada em operações militares e para controlar as pessoas. Num dia fatídico, cientistas atlantes tentaram usar o grande cristal para enviar uma espécie de feixe de energia através da crosta terrestre, com propósitos malignos. Isso provocou uma explosão indescritível, como jamais alguém tinha visto neste planeta. Esse fato ocorreu há aproximadamente 28.000 a.C. e teve como resultado a submersão da Atlântida, que ficou dividida em três ilhas. A Bíblia faz alusão a esse relato na história do dilúvio e da Arca de Noé.

Depois dessa grande catástrofe, teve início um período de reconstrução na Atlântida, mas ela não recuperou sua glória original. O continente foi decaindo à medida que o tempo passava. Houve grandes avanços na eletricidade, na energia atômica e no aproveitamento da energia solar; entretanto, em 10700 a.C., o país chegou ao auge da decadência moral e espiritual. Prevaleciam o sacrifício humano e a adoração do sol, bem como o adultério e a corrupção.

Os cristais solares foram grosseiramente adaptados como meios de coerção, tortura e punição. As pessoas comuns chamavam-nos de "cristais terríveis". Mudanças gigantescas na Terra sacudiram a Atlântida por volta de 9500 a.C., e ela desapareceu da face do planeta. A explosão foi um milhão de vezes maior do que a bomba lançada em Hiroshima.

Os atlantes que serviam à Lei do Uno deram ouvidos a Deus e aos profetas e fugiram antes que a catástrofe ocorresse. Eles foram para o Egito e, mais tarde, ficaram conhecidos como os Maias, em Yucatán, e como os índios iroqueses, na América. Em todas essas civilizações, a influência dos atlantes pode ser sentida na construção de pirâmides.

Todos os segredos da Atlântida estão gravados na Sala de Registros da Grande Pirâmide. Esses registros são protegidos misticamente. Paul Solomon e Edgar Cayce, em suas canalizações da fonte, disseram que um grande iniciado, que vive atualmente no planeta com o nome de John of Penial (reencarnação de João, o Amado, discípulo de Cristo), será o grande ser que irá ao Egito para divulgar todos esses registros.

No êxodo da Atlântida para o Egito, os atlantes levaram um grande orientador espiritual, de nome Thot. Por vários milhares de anos, Thot esteve encarnado no Egito, uma civilização de grande espiritualidade. As pirâmides eram na verdade templos de iniciação.

Vywamus disse que a história egípcia durou cem mil anos, e não apenas os quatro ou cinco mil anos a que se referem os historiadores modernos. O Egito teve um grande envolvimento com os extraterrestres. O conceito de pirâmide veio de outros planetas. A civilização egípcia era uma fusão de consciências de vários outros planetas.

Platão referiu-se à submersão da Atlântida em seus escritos. Fico absolutamente espantado ao constatar o quanto os livros de história modernos são limitados em sua abrangência. Edgar Cayce predisse que a Atlântida se reergueria e emergiria na costa leste dos Estados Unidos por volta de 1968 ou 1969. As Bahamas são remanescentes dos pontos culminantes de Poseidia, uma das ilhas que foram abandonadas depois do segundo terremoto. Em 1968, mergulhadores encontraram templos e ruínas submersos a mil e oitocentos metros de profundidade, exatamente como Cayce havia predito.

De acordo com três diferentes fontes de informação que encontrei em minhas pesquisas, o Triângulo das Bermudas é, na realidade, o grande cristal de que falei anteriormente e que foi ao fundo do oceano. Em determinadas épocas, quando o Sol incide sobre o leito do mar, num determinado ângulo com relação à Lua, esse grande cristal é ativado. Tudo o que passa pelo seu vórtice de energia, durante esse período de ativação, transforma-se em antimatéria, desintegrando-se. É por isso que os efeitos do Triângulo das Bermudas acontecem apenas em ocasiões especiais e não são permanentes.

Os Estados Unidos estão passando por um período de testes muito semelhante ao que ocorreu na Atlântida há cinqüenta mil anos. A questão é se nosso desenvolvimento científico e tecnológico nos fará perder de vista a verdadeira razão de estarmos aqui: o nosso desenvolvimento espiritual.

O DIA CÓSMICO E A CRIAÇÃO DO PLANETA TERRA

Neste capítulo sobre a história da criação, restringi-me à criação da vida humana neste planeta. Todavia, o capítulo ficaria incompleto se eu não falasse sobre a criação do próprio planeta. Isso nos leva a compreender o significado do Dia Cósmico ou um dia na vida de Brahma (Deus).

Um dia na vida de Brahma é igual a quatro bilhões, trezentos e vinte milhões de anos. Uma noite na vida de Brahma corresponde a quatro bilhões, trezentos e vinte milhões de anos.

Um dia de vinte e quatro horas na vida de Brahma é igual a oito bilhões, seiscentos e quarenta milhões de anos. Trezentos e sessenta dias completos perfazem um ano de Brahma, que é igual a três trilhões, cento e dez bilhões e quatrocentos milhões de anos.

Cem anos constituem o período todo da idade de Brahma (Maha Kalpa), trezentos e onze trilhões e quarenta bilhões de anos.

MÔNADAS

De acordo com Djwhal Khul, Deus criou sessenta bilhões de mônadas no nosso sistema planetário. Cada mônada cria doze almas, e cada alma, doze extensões de alma ou personalidades encarnadas. Multiplicando-se sessenta bilhões por cento e quarenta e quatro, teremos o número de pessoas que estão passando por esta escola. Djwhal também disse que desses sessenta bilhões de mônadas, trinta e cinco bilhões são do raio do amor, ou segundo raio; vinte bilhões são do raio da atividade, ou terceiro raio, e cinco bilhões de mônadas são do poder, ou do primeiro raio.

UM POUCO MAIS SOBRE A VIDA DE BRAHMA

O quadro a seguir, extraído do livro de Alice Bailey, *Tratado Sobre o Fogo Cósmico*, acrescenta alguns aspectos sobre a vida de Brahma. É interessante observar que um sistema solar dura cem anos de Brahma. Quanto a outros detalhes, eu mesmo não entendo bem; entretanto, é interessante chegar a uma compreensão intuitiva da beleza infinita e da natureza cíclica da criação de Deus.

a. Cem anos de Brahma	Um século oculto; o período de um sistema solar
b. Um ano de Brahma	O período de sete cadeias, em que os sete esquemas planetários estão envolvidos
c. Uma semana de Brahma	O período de sete rondas num esquema; tem um significado de cadeia
d. Um dia de Brahma	O período oculto de uma ronda
e. Uma hora de Brahma	Refere-se a questões entre cadeias
f. Um minuto de Brahma	Refere-se aos centros planetários e, portanto, aos grupos egóicos
g. Um momento de Brahma	Refere-se a um grupo egóico e sua relação com o todo

No final de um Dia Cósmico, tudo o que foi criado para uma determinada fonte é consumido e volta à Fonte. Segue-se uma noite cósmica, que precede a exuberância da criação de outro Dia Cósmico.

Outra informação interessante é que já se passaram 3,2 bilhões de anos do Dia Cósmico de que a Terra faz parte. Mas não precisamos nos preocupar, pois ainda falta 1,2 bilhão de anos para o término deste Dia Cósmico. A vida humana, como a conhecemos em sua forma física atual, está no planeta Terra há apenas 10,5 milhões de anos.

Numa escala cósmica, todo esse processo é conhecido como a inspiração e a expiração de Brahma. Um dos capítulos deste mesmo livro tem exatamente esse título; trata-se de um ciclo menor que a Terra está vivendo dentro da compreensão cósmica mais ampla desses ciclos de inspirações e expirações de Deus.

2

A MÔNADA, A ALMA E A PERSONALIDADE

Existem sessenta bilhões
de mônadas operando
em nosso sistema planetário
Djwhal Khul,
canalização de Alice A. Bailey

No início, Deus criou filhos e filhas no estado espiritual. Ele criou o que esotericamente chamamos de "mônadas" ou centelhas espirituais individualizadas do Criador. A mônada também é chamada de "Presença do Eu Sou". Essa foi a nossa primeira inteligência e a nossa primeira identidade individualizada.

A centelha divina, também chamada de espírito, é nossa identidade verdadeira. A mônada, ou centelha divina, decidiu com seu livre-arbítrio que queria experimentar uma forma do universo material mais densa do que aquela em que ela estava vivendo.

Cada uma das nossas mônadas criou, com o poder de sua mente, doze almas. É como se a mônada projetasse doze dedos de fogo, e na extremidade de cada dedo estivessem as doze almas individualizadas. Cada alma é uma representação parcial e diminuta do seu criador, a mônada. A alma também é conhecida como o eu superior, a mente superconsciente e a mente superior.

Resumindo, Deus criou números infinitos de mônadas, ou centelhas espirituais, e cada uma delas criou doze almas para experimentar uma forma mais densa de matéria do que a anterior. A alma, desejando experimentar uma forma ainda mais densa do universo material, deu origem a doze personalidades ou extensões de alma que encarnaram no universo material mais denso. Nós, na Terra, somos personalidades, ou extensões de alma, da nossa alma, do mesmo modo que a nossa alma é uma extensão de uma consciência maior, a nossa mônada. Nossa mônada é uma extensão de uma consciência ainda maior, que é Deus, a Divindade, o Pai e a Mãe de toda a criação.

Desse modo, todos nós temos na Terra uma família de almas, por assim dizer, de onze outras extensões de alma. As outras onze extensões podem estar encarnadas neste ou em algum outro planeta no infinito universo de Deus. Nossas outras extensões de alma podem não estar encarnadas num corpo físico neste momento, podendo habitar um dos outros planos espirituais de existência.

As onze extensões da nossa alma, ou personalidades, podem ser consideradas nossa família de almas mais próxima. Ampliando essa metáfora, então temos também uma grande família monádica. Cada um de nós tem doze em nosso grupo de almas e cento e quarenta e quatro em nosso grupo monádico.

O Mestre Ascensionado Djwhal Khul afirmou que há sessenta bilhões de mônadas operando em nosso sistema planetário terrestre. Se multiplicarmos sessenta bilhões por cento e quarenta e quatro, teremos o número de extensões de alma, ou personalidades, envolvidas no processo de reencarnação neste planeta.

UMA HISTÓRIA PESSOAL

Para facilitar a compreensão da mônada, da alma e da personalidade, eu gostaria de relatar minha própria experiência quanto ao modo como essa teoria está relacionada com a evolução pessoal como uma extensão de alma.

Nas minhas pesquisas, descobri que, do meu grupo de almas, quatro de minhas extensões ainda estão encarnadas e outras oito voltaram para o plano interior. Das quatro ainda encarnadas, eu sou a única extensão de alma na Terra. Uma dessas extensões é mulher nas Plêiades; as outras duas estão em planetas da nossa galáxia cujos nomes eu nunca ouvi antes.

Com relação às minhas cento e quarenta e quatro extensões de alma, três quartos delas não estão mais encarnados e um quarto ainda está encarnado no universo material. Quando a pessoa atinge certos níveis de iniciação, é prática comum a alma começar a chamar algumas de suas extensões de volta para o mundo espiritual.

As extensões de alma poderiam ser vistas como negócios. Digamos que quatro tenham sucesso em Los Angeles, Tóquio, Paris e Bruxelas e que as outras oito estejam perdendo dinheiro. Um bom administrador fecharia as oito empresas que são deficitárias e canalizaria os recursos para as quatro que são dinâmicas e lucrativas.

Essa metáfora mostra exatamente como a alma vê suas doze extensões. Elas estão trabalhando para a evolução da alma, do mesmo modo que os dez dedos da mão trabalham para o corpo físico. No meu caso, quatro de minhas extensões de alma foram mais ativas e bem-sucedidas, espiritualmente falando, e assim as outras oito extensões foram chamadas de volta para a alma e estão canalizando os seus recursos para os quatro negócios espirituais prósperos, por assim dizer.

A mesma coisa acontece no contexto mais amplo das minhas cento e quarenta e quatro extensões da alma. Minhas doze almas encontram-se num estágio de evolução e iniciação espiritual em que todos os recursos estão sendo canalizados para as extensões de alma bem-sucedidas. Assim como os dedos da mão não competem entre si e trabalham todos para o mesmo objetivo, idealmente todas as extensões de alma trabalham para a evolução da alma e, em seguida, da mônada.

Para tornar minha história pessoal um pouco mais interessante, menciono que o Mestre Ascensionado Djwhal Khul disse-me que sou uma sobre-alma, ou um instrutor, para as outras extensões do meu grupo de almas. Pela minha dedicação ao caminho espiritual, minhas outras extensões de alma no plano interior tinham sido muito auxiliadas pela minha presença e consciência. Quando ouvi isso, fiquei surpreso, porque eu não tinha lembrança consciente do meu contato e envolvimento com as outras extensões de alma. Grande parte desse envolvimento acontece nos planos interiores enquanto dormimos.

Djwhal Khul também disse-me que havia uma certa co-dependência me afetando. Perguntei, "Co-dependente?" Eu não podia acreditar, porque eu me via como uma das pessoas menos co-dependentes que já encontrei. Djwhal disse-me que eu era co-dependente não com pessoas no plano terrestre, mas com minhas extensões de alma. Em outras palavras, estava ajudando a cumprir o karma delas com o meu corpo físico.

Djwhal contou-me que a Hierarquia Espiritual e a Grande Fraternidade Branca queriam que eu usasse este corpo físico para o serviço e que não devia enfraquecê-lo assumindo muito karma de minhas outras extensões da alma como serviço para elas. Eu sabia intuitivamente que o que ele dizia era verdade. No meu zelo pelo crescimento espiritual, eu sabia perfeitamente que estivera fazendo isso inconscientemente. Eu disse imediatamente às minhas outras extensões de alma que eu as amava, mas que a minha responsabilidade terminava aí, e que elas precisavam encarregar-se de quitar e de liberar seus próprios karmas daí em diante. Fixei os limites adequados, exatamente como sempre faço com as pessoas neste plano de existência.

Uma última história muito bonita relacionada com todo esse processo é a do modo como conheci minha esposa, Terri. Há dois anos, uma amiga falou-me sobre um curso de um dia chamado "O Ancoramento da Mônada". Toda a informação que ela tinha sobre o evento era esse título. O conceito de mônada sempre me intrigou profundamente, mas me parecia quase impossível obter informações sobre o assunto. Ao ouvir a palavra mônada, disse para mim mesmo, "Vou participar deste seminário".

Quando cheguei ao local, e para minha grande surpresa, Terri estava canalizando Djwhal Khul. Por coincidência, eu mal havia começado a reler os livros de Alice Bailey escritos por Djwhal Khul. Fiquei muito impressionado com a canalização de Terri. O seminário girava em torno de um processo especial que a Grande Fraternidade Branca estava desenvolvendo com cento e quarenta e quatro grupos em todo o país e que se relacionava com o ancoramento da mônada no corpo físico.

Isso nunca havia sido feito antes, e era uma espécie de experimento que a Hierarquia estava realizando para observar seus efeitos. O seminário foi muito forte, e no final procurei Terri para perguntar-lhe se ela fazia leituras canalizadas particulares. Terri morava no Alabama e respondeu-me que ficaria feliz em fazer algumas leituras para mim por telefone. Para encurtar uma longa história, acabei trabalhando profissionalmente com Terri durante algum tempo.

Eu estava estudando o material de Alice Bailey com toda a dedicação e fazia muitas perguntas a Djwhal Khul sobre esses conteúdos profundos. Foi nesse período que Terri e eu começamos a sonhar um com o outro. Nesses sonhos, estávamos envolvidos romanticamente. Nenhum de nós buscava um relacionamento, mas os sonhos continuaram, e nós finalmente resolvemos verificar o que estava acontecendo. Tratava-se de um casamento arranjado no céu!

Três ou quatro semanas depois de nossa profunda união inicial, certa noite tive um sonho. Nele Djwhal Khul falava comigo. Disse-me que Terri e eu viemos da mesma mônada. Quando acordei, eu estava atônito, pois era exatamente assim que eu me sentia interiormente; obter essa informação oculta com tanta clareza, porém, foi uma verdadeira ratificação. Liguei imediatamente para Terri no Alabama. Confirmamos também esse fato com Djwhal Khul, por meio da canalização.

Mais tarde, fizemos algumas pesquisas mais profundas sobre esse assunto e soubemos que Terri e eu éramos as únicas extensões de alma de nossa mônada aqui na Terra. Assim, em outras palavras, todo o quarto restante de nossas cento e quarenta e quatro extensões estava encarnado em outros planetas, um grande grupo, aparentemente, nas Plêiades. Assim, Terri e eu não viemos da mesma alma, mas da mesma mônada. Terri é uma das minhas outras centro e quarenta e quatro extensões de alma; portanto, somos o que se poderia chamar de "companheiros monádicos". Extraordinário foi também o fato de nos termos inicialmente encontrado num seminário sobre o ancoramento da mônada.

OS SETE PLANOS DO NOSSO SISTEMA SOLAR

Nosso sistema solar compõe-se de sete planos, ou dimensões, de realidade. No nível mais denso, temos o plano físico. Acima dele, temos o plano astral ou emocional. Mais acima, o plano mental. Em seguida, o plano búdico ou intuitivo. Continuando, o plano átmico, ou espiritual. Mais acima, ainda, o plano monádico e, finalmente, o plano Divino ou Logóico.

No processo de evolução e iniciação, é necessário conhecer a fundo e desenvolver do começo ao fim todos esses planos. Nossa mônada está ancorada no segundo plano, de cima para baixo, ou seja, no plano monádico. A alma está ancorada dois planos abaixo, no plano búdico. Por último, naturalmente, a extensão de alma, ou personalidade, ancora-se no sétimo plano, que é o plano físico denso.

OS SETE PLANOS CÓSMICOS

As sete dimensões que acabei de mencionar são os sete planos deste sistema solar. Mas há também sete planos cósmicos. A cada plano que mencionei corresponde um plano cósmico. Em outras palavras, há um plano cósmico físico, astral, mental, búdico, átmico, monádico e logóico. Os sete planos do nosso sistema solar são os sete subplanos do plano físico cósmico.

Isso significa que, quando tivermos passado por esses sete subplanos, teremos completado apenas o plano físico cósmico. Depois disso, evoluiremos através dos outros seis planos cósmicos mais elevados. Os Mestres Ascensionados, pelos quais temos grande respeito, na realidade são apenas mestres do plano físico cósmico. Eles ainda nem começaram sua evolução cósmica. Estou dizendo isso, não como crítica, mas para mostrar a extraordinária vastidão e magnitude da criação de Deus.

Vywamus disse que o caminho espiritual pode ser comparado com uma régua de 30 centímetros. Mestres Ascensionados como Jesus, Buda, Saint Germain, Kuthumi, o Senhor Maitreya, El Morya e outros percorreram apenas três centímetros dessa régua. À medida que essas grandes almas continuarem a evoluir, elas deixarão este sistema planetário e passarão à sua evolução cósmica. Nós, na Terra, continuaremos a evoluir e ascender até ocupar o lugar deles na Hierarquia Espiritual. Através da evolução, estamos todos destinados a retornar ao plano logóico cósmico, ou à Divindade nos níveis cósmicos. Vywamus deu a esse estado de consciência a denominação de Nível Criador.

A CONSTITUIÇÃO ESPIRITUAL DO HOMEM

Podemos dividir a constituição espiritual do homem em três níveis:

I. Mônada, espírito, Presença do Eu Sou, Pai do Céu
  A. Os três aspectos da mônada são:
    1. Vontade ou poder — o princípio Pai
    2. Amor/sabedoria — o princípio Filho
    3. Inteligência ativa — o princípio Espírito Santo

II. Alma, eu superior, mente superconsciente
  A. Os três aspectos da alma são:
    1. Vontade espiritual
    2. Intuição — amor/sabedoria, princípio crístico
    3. Mente superior

III. Personalidade ou extensão de alma
  A. Os três corpos da personalidade são:
    1. O corpo mental
    2. O corpo emocional
    3. O corpo físico e o corpo etérico

OS TRÊS NÍVEIS DE AUTO-REALIZAÇÃO

Como o esboço acima indica, nossa constituição espiritual se compõe de três níveis distintos; como conseqüência, temos três níveis distintos de auto-realização.

O primeiro nível está relacionado com a auto-realização da personalidade.

O número de pessoas neste plano que alcançaram esse nível é realmente muito grande. Isso significa que elas estão auto-realizadas psicologicamente, o que não implica uma realização espiritual. Um exemplo que me ocorre é Tom Cruise, o famoso ator de cinema. Como ator, ele é uma pessoa de enorme sucesso, tendo alcançado o topo, no sentido terreno. Não sei se ele é uma alma desperta, porque não o conheço pessoalmente; mas, sem dúvida nenhuma, ele é uma personalidade auto-realizada.

Outro exemplo pode ser um famoso psicólogo que ainda não tenha desenvolvido sua vida espiritual, mas que está ajudando muitas pessoas psicologicamente.

O segundo nível de auto-realização se refere ao nível da alma. Mas ele só acontece na terceira e quarta iniciações, que serão explicadas detalhadamente num capítulo posterior. Uma pessoa auto-realizada nesse nível torna-se una com a alma e com o eu superior e vive essa realidade na vida diária. Esse é um estado de consciência em que a pessoa vive em amor incondicional por si mesma e pelos outros, desejando sempre servir, percebendo a unidade intrínseca de toda a criação e aceitando nossa verdadeira identidade como seres divinos, cristos, budas, e como filhos e filhas de Deus.

O terceiro nível é a auto-realização no nível monádico, ou espiritual, que só ocorre com a quinta e sexta iniciações. Nesse nível, as pessoas são mestres de sabedoria e senhores da compaixão. A unidade do segundo nível foi além da alma, e as pessoas realmente se fundem com a mônada e a Presença do Eu Sou. Elas se tornam unas com o espírito mônada na Terra e se transformam em Mestres Ascensionados, absolutamente ilimitadas e livres de todo karma planetário, seres verdadeiramente auto-realizados.

OS TRÊS ESTÁGIOS DO CAMINHO ESPIRITUAL

I. A Câmara da Ignorância
   A. Identificação com o mundo material e o uso dos órgãos da percepção
II. A Câmara do Conhecimento
   A. Inquietação e busca do conhecimento do eu, ou alma
III. A Câmara da Sabedoria
   A. Realização, expansão da consciência e identificação com o eu espiritual

Quando os aspirantes espirituais entram no "caminho probatório", estão no estágio da Câmara do Conhecimento. Ao receber a primeira iniciação, eles passam para a Câmara da Sabedoria.

3

O CAMINHO DE PROVAÇÃO E AS CINCO PRIMEIRAS INICIAÇÕES

Todos somos reconhecidos pelo
brilho da nossa Luz
Djwhal Khul
Canalização de Alice Bailey

O Mestre Ascensionado Djwhal Khul descreve o caminho de provação de modo muito apropriado no livro de Alice Bailey *Initiation, Human and Solar*, quando diz: "O caminho de provação precede o caminho da iniciação e assinala o período na vida de uma pessoa em que ela se coloca definitivamente ao lado das forças da evolução e trabalha na construção do seu próprio caráter. Ela assume a responsabilidade por si mesma, desenvolve as qualidades que lhe faltam e, com diligência, procura controlar sua personalidade. Ela constrói o corpo causal (corpo da alma) com intenção deliberada, preenchendo todas as lacunas que possam existir e procurando torná-lo um receptáculo adequado para o princípio de Cristo."

Podemos comparar o caminho de provação com os nove meses de gestação que antecedem o nascimento, o qual assinala o início da primeira iniciação. A pessoa que está nesse caminho aprende a conhecer a si mesma, a observar suas fraquezas e a corrigi-las. Ao aspirante espiritual são ensinadas as noções fundamentais da sabedoria divina, e ele é introduzido nos graus finais da Câmara do Conhecimento.

Cada aspirante espiritual tem seu Mestre e está sob os cuidados dos discípulos desse Mestre. As aulas são dadas por iniciados do primeiro e do segundo graus para os discípulos aceitos e para os que estão no período probatório, no período compreendido entre as vinte e duas horas e as cinco da manhã, em todas as partes do mundo. Eles se reúnem na Câmara do Conhecimento, e o método é muito semelhante ao adotado nas grandes universidades. Aulas em horários fixos, trabalhos experimentais e um avanço gradual à medida que o aluno vai passando nos testes. Todos recebem notas e são classificados. Somos reconhecidos pelo brilho da nossa Luz. Somos classificados, portanto, de acordo com os seguintes critérios: magnitude da Luz, coeficiente vibracional, pureza da sonoridade e nitidez da cor da aura.

A pessoa que trilha o caminho de provação recebe muito treinamento, apesar de não ter consciência disso. Geralmente, percebe três coisas que acontecem com ela:

1. Aumento da atividade mental.
2. Aumento da receptividade a idéias e da capacidade de antever o plano da Hierarquia Espiritual.
3. Aumento da sensibilidade psíquica.

Somente os discípulos que procuram a iniciação movidos pelo poder ampliado para ajudar outras pessoas terão uma resposta ao seu desejo. Motivos egoístas não devem fazer parte dela. Muitas pessoas consideradas iniciadas estão apenas desejando ser iniciadas. Elas não são, porém, iniciadas realmente; são pessoas bem-intencionadas, cuja compreensão mental vai além do poder de sua personalidade para praticar.

A PRIMEIRA INICIAÇÃO

A primeira iniciação é o primeiro passo para o reino espiritual. O discípulo saiu das Câmaras da Ignorância e do Conhecimento e entrou na Câmara da Sabedoria. A lição básica da primeira iniciação tem por objetivo o domínio do corpo e do veículo físico.

O controle sobre o corpo físico deve ter chegado a um nível elevado. Os pecados da carne devem ser dominados. A gula, a bebida e a licenciosidade não podem mais controlar o discípulo. A primeira iniciação representa o começo. Uma certa estrutura do correto viver, pensar e controlar foi estabelecida. A pessoa não precisa demonstrar maior controle da alma do que esse quando recebe a primeira iniciação.

Essa iniciação indica simplesmente que o germe da vida da alma foi vitalizado e passou a existir ativamente. O centro, ou chakra, da garganta está relacionado com a primeira iniciação. Para os mestres, ela significa admissão ao caminho. Na vida de Jesus, essa iniciação está representada pelo nascimento do Cristo, ou nascimento da vida crística. As vidas dos iniciados da primeira iniciação começam a ser controladas pela consciência de Cristo, que é a consciência da responsabilidade, do amor incondicional e do serviço. O Senhor Maitreya, cabeça da Hierarquia Espiritual, é o hierofante dessa iniciação. Depois dessa iniciação, um quarto do corpo físico para a ser composto de matéria atômica.

A SEGUNDA INICIAÇÃO

A principal lição da segunda iniciação diz respeito ao domínio do corpo astral e/ou emocional. Djwhal Khul diz que, geralmente, essa é a iniciação mais difícil para as pessoas transporem e que muitas vezes ela precisa de um grande número de existências. Quando, porém, a pessoa recebe a segunda iniciação, a terceira e a quarta quase sempre acontecem na mesma vida ou na vida subseqüente.

Essa iniciação se relaciona com o sacrifício e com a morte do desejo. A natureza inferior vai sendo rapidamente controlada. O elemental astral também é controlado, e o corpo emocional se torna puro, límpido e sereno.

Na vida de Jesus Cristo, essa iniciação é representada pelo batismo. Suas três características predominantes são a dedicação, a fascinação e a devoção.

A dedicação resulta na fascinação, que é dissipada pela devoção. As emoções passam a ser controladas, e o fator da mente assume necessariamente uma importância cada vez maior. A liberdade é o traço fundamental do indivíduo que passa pela segunda iniciação. O hierofante dessa iniciação é novamente o Senhor Maitreya. O iniciado obtém um controle muito maior da sensibilidade egoísta do eu inferior. Agora, metade do corpo físico é constituído de matéria atômica.

A TERCEIRA INICIAÇÃO

A terceira iniciação está relacionada com o desenvolvimento do domínio sobre o corpo mental e, em conseqüência, sobre a tríplice personalidade. Conhecida também como fusão da alma, é nesta iniciação que o discípulo se funde e se dissolve no eu superior, tornando-se uma personalidade infusa de alma. Toda a personalidade fica envolvida pela Luz do alto. O discípulo não se deixa mais controlar pela mente inferior, ou desejo. As vibrações da personalidade são muito elevadas.

Essa é considerada a primeira grande iniciação. A mente é receptiva acima de tudo a idéias, intuições e impulsos que vêm da alma. O discípulo recebe energias que vêm da alma, do ashram ao qual ele pertence e da própria Hierarquia Espiritual. O acúmulo de conhecimento é inacreditavelmente rápido. As energias do corpo causal ficam à disposição do discípulo.

Três quartos do corpo físico são agora constituídos de matéria atômica. O discípulo começa a receber orientação diretamente da mônada; até esse ponto de sua evolução, o discípulo só recebia a orientação que vinha da alma, que servia de intermediária entre a personalidade encarnada e a mônada, ou Pai do Céu.

Nessa iniciação o discípulo domina a habilidade de manipular a matéria do pensamento e aprende as leis da formação do pensamento criativo. Na vida de Jesus, ela representa a transfiguração. O chakra estimulado é o terceiro olho, e Sanat Kumara é o hierofante.

A cada iniciação o discípulo se polariza num nível mais elevado. Na primeira iniciação, ele se polarizou no corpo físico; na segunda, no corpo astral e na terceira, no corpo mental. Depois da terceira iniciação, domina, teórica e praticamente, as leis da sua própria natureza. A matéria nos três corpos se torna relativamente pura. A própria alma assume agora a posição dominante, e não o mundo material. Sob a direção do Logos Planetário, uma formidável voltagem de energia espiritual passa através do discípulo. Sanat Kumara segura o bastão, que é usado como agente transferidor da energia.

A QUARTA INICIAÇÃO

A quarta iniciação se relaciona com a renúncia e/ou com a crucificação. Ela representa a libertação de todo egoísmo e a renúncia à vida pessoal em favor de um todo mais amplo. A própria consciência da alma deixa de ter importância, assumindo seu lugar uma consciência mais universal, mais próxima à do espírito.

A vida de quem recebe a quarta iniciação geralmente é bastante sacrificada e, às vezes, de muito sofrimento.

Tudo é depositado pelo iniciado, inclusive sua personalidade aperfeiçoada, sobre o altar do sacrifício. Ele renuncia a tudo: amigos, dinheiro, reputação, caráter, posição social, família, e até mesmo à própria vida. Ao passar pela quarta iniciação, a pessoa se liberta da roda de renascimentos.

É nessa iniciação que o corpo causal se extingue e a alma se funde com a mônada. Daqui em diante, a principal fonte de orientação do iniciado é a mônada e/ou a Presença do Eu Sou. A alma, que foi a intermediária entre a personalidade encarnada e a mônada, não é mais necessária.

Na quarta iniciação, o iniciado é considerado um mestre de sabedoria e senhor da compaixão. Ele não é mais uma alma aprisionada, pois se afastou dos três mundos inferiores. O iniciado agora trabalha de cima para baixo, a serviço do Plano Divino. A vida da personalidade da alma através de todas as encarnações está terminada. O iniciado agora usa inteiramente o veículo búdico e atua no plano de consciência búdico.

O iniciado está completamente livre, e contatos futuros com o mundo material são totalmente voluntários. Ele se torna um membro permanente da Hierarquia Espiritual e do Quinto Reino. O iniciado volta as costas para o mundo físico, material, por toda a eternidade, exceto em ocasiões de serviço voluntário. Sanat Kumara é novamente o hierofante dessa iniciação. O iniciado é admitido a uma irmandade mais íntima na loja. Ele está esgotando rapidamente todos os recursos da Câmara da Sabedoria e pode entrar em contato com a mônada com mais liberdade do que a maioria da população consegue contatar suas almas. As energias do seu grupo de almas tornam-se disponíveis para uso em favor da evolução planetária.

O antakarana, ou ponte do arco-íris, foi construído com êxito para a alma, para a tríade espiritual e para a mônada. Os três centros inferiores atingem um ponto de extrema purificação, sem nenhuma energia egocêntrica. O iniciado é dirigido pela intuição, pela razão pura e pelo conhecimento completo iluminado pelo amor. Geralmente, a quinta iniciação acontece muito próxima da quarta. O iniciado sacrificou totalmente sua natureza inferior. Todo o conhecimento, ciência, sabedoria e experiência reunidos nas vidas passadas estão agora nas mãos do homem ou da mulher espiritual. Jesus Cristo recebeu a quarta iniciação quando foi crucificado. O Senhor Maitreya, que protegeu Jesus e, num certo sentido, ocupou o corpo do nazareno nos últimos três anos da vida deste, recebeu sua sexta iniciação ou ascensão.

Outro aspecto interessante levantado por Djwhal Khul nos livros de Alice Bailey se refere à famosa expressão de Jesus: "Pai, por que me abandonaste?" Ao dizer essas palavras, Jesus estava passando pela experiência da fusão da sua alma na mônada. Ele deixou de ter a alma como guia, pois chegara a hora de receber orientação diretamente do Pai, da mônada, do Eu Sou o Que Sou.

Agora, o corpo físico está composto por 100% de matéria atômica, e o iniciado passa a ser chamado de arhat. O mestre que alcançou a libertação não sente mais dor nem sofrimento.

A QUINTA INICIAÇÃO

Enquanto a terceira iniciação dizia respeito à fusão do iniciado com a própria alma, a quinta se refere à fusão da consciência do iniciado com a própria mônada e com o próprio espírito. Na quinta iniciação o iniciado se livra da cegueira e passa a ter nova visão.

Na terminologia cristã, essa iniciação representa a revelação ou a ressurreição. Um Mestre da quinta iniciação é chamado de adepto. Essa é a primeira iniciação cósmica, e consiste numa fusão com o plano átmico, como a quarta fora uma fusão com o plano búdico. Em geral, os mestres que trabalham com a humanidade preservam o corpo com o qual receberam a quinta iniciação, embora possam também construir ou manifestar um novo corpo.

Na época em que Djwhal Khul escreveu a maioria dos livros de Alice Bailey, ele era um iniciado do quinto grau e ascensionou nessa existência. Ele preservou o corpo conhecido como Djwhal Khul. Kuthumi, professor de Djwhal, preferiu construir um novo corpo.

Para receber a sexta iniciação, o adepto precisa participar de um curso intensivo sobre ocultismo planetário. Este livro, combinado com a meditação e com o trabalho que você realiza diariamente, permitir-lhe-á preencher esse requisito durante o sono, pois trata-se de um curso intensivo sobre ocultismo planetário. A energia da quinta iniciação torna possível que as energias do planeta fiquem à disposição dos adeptos ou do serviço no mundo.

O chakra estimulado nessa iniciação é o primeiro. O adepto compreende perfeitamente a afirmação "Eu e o Pai somos um". O corpo do adepto é um corpo de Luz. Em essência, alcançou um estado de perfeição.

4

ASCENSÃO — A SEXTA INICIAÇÃO

Sê fiel até a morte, e eu te darei
uma coroa de vida
Mestre Jesus

Na sexta iniciação é realizada a ascensão; o adepto torna-se um Mestre Ascensionado. Basicamente, essa iniciação é concretizada quando o adepto e a Luz da mônada se fundem no plano físico. Todo o ser do adepto, incluindo seu corpo físico e suas roupas, tornam-se Luz. O corpo físico simplesmente desaparece e é substituído pelo Corpo de Luz. No passado, ascensão significava a passagem para o mundo espiritual; hoje, há uma nova orientação da Hierarquia Espiritual no sentido de que os Mestres Ascensionados permaneçam na Terra e continuem seu serviço. Há também uma disposição recente que torna a ascensão um pouco mais fácil, ou seja, quando o adepto ascensiona, ele não precisa mais levar o corpo físico consigo. A decisão nesse sentido cabe a ele.

Ascensão é transformar-se no Cristo, é tornar-se um Buda aperfeiçoado, um Mestre Espiritual plenamente desenvolvido e um ser realizado, e não apenas um ser de alma realizada. A lei do karma já não se aplica mais ao Mestre Ascensionado. O adepto funde-se totalmente com o plano monádico de consciência.

Quando uma pessoa ascensiona, ela habita plenamente no seu Corpo de Luz. O Corpo de Luz é um corpo criado com a Luz que a pessoa manifestou ao longo de todas as suas encarnações. É o corpo no qual o Mestre Ascensionado se desloca daí em diante. Para ascensionar, o adepto precisa equilibrar 51% do karma de todas as suas encarnações anteriores. A maioria das pessoas tem uma média de duzentas a duzentas e cinqüenta vidas passadas.

Outro requisito para ascensionar é que a pessoa complete seu dharma ou missão no plano terrestre. A consciência da ascensão é de alegria plena, de amor incondicional pleno e de total e absoluta constatação e compreensão de que cada um de nós é Deus e de que toda pessoa que encontramos é Deus caminhando na Terra.

Ascensão é também a capacidade de nos expressar em qualquer plano de consciência, a qualquer tempo, e não apenas no plano físico. Ascensão é a capacidade de nos materializar e desmaterializar à vontade; é a capacidade de materializar instantaneamente o que necessitamos e desejamos. A ascensão é um sentimento de união permanente com Deus e com nossos irmãos e irmãs em Cristo. É a consciência de ser um servidor do mundo. É o poder de dirigir a nossa própria vida, para que ela seja como desejamos pelo poder da nossa palavra. É a capacidade de bilocar-nos e de alcançar a imortalidade física. Temos histórias de Mestres Ascensionados, como Saint Germain, que viveu trezentos e cinqüenta anos, e Hermes-Thot, no Egito, que viveu mais de dois mil anos no corpo físico.

É também importante compreender que nós, na Terra, ascensionamos ou descendemos todos os dias. Cada pensamento, palavra, ação, o alimento que ingerimos, o modo como passamos o tempo, tudo está elevando ou baixando nossas vibrações.

A ascensão é uma ocorrência muito natural pela qual todos passaremos um dia; é apenas uma questão de tempo. A idéia aqui é abreviar a necessidade de tempo e, portanto, de futuras encarnações, aplicando e concentrando nossas energias para o desenvolvimento espiritual, conscientes de que esse é o único objetivo pelo qual estamos aqui. O ego negativo tentará levar-nos para os caminhos da ilusão e da fascinação, que na verdade não são os caminhos que queremos percorrer.

Outro ponto muito importante que precisamos compreender no processo de ascensão é que, por não existir de fato o que chamamos de espaço e tempo, há um aspecto de cada um de nós que já realizou a ascensão. Um dos segredos para acelerar nosso processo de ascensão é chamar novamente para o presente esse eu da quinta dimensão ascensionado e fazê-lo permear nossa aura. Isso ajudará a elevar nossas vibrações até o nível a que elas já chegaram.

O corpo espiritual já está realizando seu trabalho naqueles níveis de ascensão e esperando pacientemente que os outros seis corpos alcancem o nível de vibração em que ele se encontra. Ele deseja fundir-se conosco aqui no eterno agora, mas precisamos pedir que ele faça isso, porque essa é a lei do cosmo.

A MÔNADA, A ALMA E A PERSONALIDADE E SUA RELAÇÃO COM A ASCENSÃO

À medida que o discípulo progride no caminho da iniciação, a alma começa a convergir sua consciência e energias para as extensões de alma que estão mais desenvolvidas espiritualmente. Como mencionei num capítulo precedente, a alma chama de volta as extensões que estão menos ativas e concentra toda a sua energia e recursos nas que são mais ativas espiritualmente. No meu caso, possuo quatro extensões de alma ainda encarnadas.

Tenho a informação de que, dentre as doze extensões de alma do seu grupo, a alma escolhe uma extensão com o objetivo de alcançar com ela a ascensão.

Em outras palavras, uma só extensão de alma pode alcançar a ascensão por um grupo de almas, não sendo necessário que as doze extensões da alma ascensionem. Quando uma extensão de alma ascensiona, ela faz isso pelas doze, de modo que não há competição; as outras onze extensões ascensionam junto.

No meu caso, sei que fui escolhido por minha alma e mônada como a extensão que devia ascensionar pelo grupo, se eu concordasse. Concordei com o acerto. Quando chegar o momento de minha ascensão, minha mônada reunirá as outras extensões de alma, e elas canalizarão seus recursos e energias para me ajudar a ascensionar pelo grupo. A ascensão exerce um grande efeito de elevação sobre as outras cento e quarenta e quatro extensões de alma do grupo monádico a que se pertence; entretanto, somente as extensões do grupo de almas a que se pertence recebem os benefícios plenos da ascensão.

Tenho também a informação de que existe um caminho mais curto para a ascensão. Não se trata de uma ascensão completa, como a que acabei de explicar. O que acontece nesse atalho para a ascensão é que a extensão de alma ascensiona sozinha e não com as outras onze. Em outras palavras, as outras onze extensões podem continuar encarnadas, não ascensionando com a que realiza sua ascensão.

Vywamus mencionou dois períodos na história da Terra em que ocorreram ascensões em massa. Ele se referiu a esses períodos como "tempos de colheita espiritual", e disse que estamos novamente próximos de tempos semelhantes. Isso tem relação com o Logos Planetário, Sanat Kumara. Em sua evolução cósmica, Sanat Kumara alcançou outro platô. Sempre que ele atinge um desses platôs é tempo de colheita, ou ascensão em massa. No momento, estamos completando um ciclo de seis mil anos, de doze mil anos e de trinta e seis mil anos. Toda vez que dois ou mais ciclos se sobrepõem, esse período se torna extremamente importante para a história da Terra. Estamos nesse período neste exato momento. A "ceifa do trigo" ocorrerá dentro de poucos anos. Esse período de colheita se estende por aproximadamente cem anos. O fim desse ciclo situa-se entre os anos de 1995 e 2000.

Sanat Kumara é o coordenador da cerimônia de ascensão. Uma das perguntas que eu lhe fiz foi se os casais sempre ascensionam no mesmo momento. Djwhal Khul respondeu-me que isso é muito raro, mas que de vez em quando pode acontecer. Quando uma pessoa está pronta para ascensionar, não há como retardar ou interromper esse processo.

Depois da ascensão, não ficamos mais sob a jurisdição da Hierarquia Espiritual, mas somos transferidos para a jurisdição de Shambala. Uma vez ascensionados, os adeptos estão totalmente livres e liberados de todos os aspectos do karma planetário.

Antes de tomar a decisão final sobre qual dos sete caminhos iremos seguir para a evolução superior, há um encontro de todos os iniciados do sexto grau. Nesse encontro, somos solicitados a escolher as medidas que a Hierarquia deverá tomar e que afetarão drástica e permanentemente o planeta. Os Mestres Ascensionados são o grupo que toma a decisão final no que diz respeito aos assuntos humanos, porque eles formam o governo espiritual deste planeta.

Num dos próximos capítulos, abordarei os vinte e dois chakras que compõem o nosso ser. Esse número inclui os sete chakras que conhecemos e os chakras da quarta e da quinta dimensão, que a maioria das pessoas desconhece. No momento da ascensão, o décimo sexto chakra desceu para o chakra da coroa, o décimo quinto deslocou-se para o chakra do terceiro olho, o décimo quarto, para o chakra da garganta, e assim por diante. No momento da ascensão, os chakras da quarta dimensão foram dominados e completados.

A ascensão é um estado de consciência da quinta dimensão e consiste essencialmente na união da extensão da alma, ou personalidade, com o espírito. É a fusão da personalidade encarnada com a Presença do Eu Sou, ou a mônada.

Uma pessoa não precisa estar em seu perfeito estado de saúde para ascensionar. Muitas pessoas com doenças graves ascensionaram. Em segundo lugar, há o que se chama de ascensão retardada. Nela, a pessoa deixa o corpo físico, mas, nas primeiras duas horas depois da morte, os Mestres trabalham exaustivamente com o adepto para ajudá-lo a realizar a ascensão. Isso acontece quando um adepto estava próximo de ascensionar, mas morre antes.

Depois de ascensionar, nossa capacidade de servir aumenta muito. Quando ascensionamos e permanecemos na Terra, não estamos mais em nossos corpos físicos, mas em nossos corpos espirituais glorificados. O corpo físico é transmutado instantaneamente pela imersão total na grande Chama Divina.

O Mestre Ascensionado Serápis Bey, responsável pelo retiro ascensional de Luxor, descreve com muita lucidez o processo de ascensão no livro de Elizabeth Claire Prophet, quando diz: "O sangue que corre nas veias se transforma em Luz líquida dourada, o chakra da garganta brilha intensamente com uma Luz azul-esbranquiçada, o olho espiritual no centro da testa se torna um prolongamento da Chama Divina para o alto. As vestes da pessoa são completamente consumidas, e ela assume a aparência de estar vestida com uma túnica branca, a veste inconsútil do Cristo. Às vezes, os longos cabelos da alma parecem ouro puro; os olhos, de qualquer cor que sejam, podem assumir um azul-elétrico ou um violeta-pálido."

Durante a ascensão, mantemos consciência plena de todo o ritual; depois da ascensão, tornamo-nos emissários imediatos da Grande Fraternidade Branca. Segundo Djwhal Khul, todo o processo de ascensão e de transformação do nosso ser em Luz acontece em trinta minutos.

Perguntei também a Djwhal sobre a diferença entre fundir-nos com a Luz após a morte, no primeiro estágio do bardo (a experiência da pós-morte), e fundir-nos com a Luz durante a ascensão. Ele disse que ambas as fusões são basicamente a mesma coisa, exceto que, durante a ascensão, quando nos fundimos completamente com a Luz, ainda estamos em nossos corpos físicos na Terra. Ao nos fundirmos com a Luz no primeiro estágio do bardo, já deixamos nossos corpos. Djwhal disse-me que é possível alcançar a ascensão fundindo-nos com a Luz no momento da morte do corpo físico. Tratarei da ciência da morte, do ato de morrer e do bardo no capítulo 7.

Foi-nos relatado que mais de cem mil almas alcançaram a ascensão na história da Terra, o que me parece bastante. João, o Amado, foi o único discípulo de Jesus que ascensionou naquela existência. Djwhal Khul denomina a chama ascensional de "fogo cósmico." Ele disse que é permitido, num estado não-ascensional, invocar o fogo cósmico, mas apenas em pequena quantidade, como o correspondente à chama de um fósforo. Um excesso de fogo cósmico antes da hora pode realmente queimar o corpo físico. Seria quase como uma combustão espontânea. À noite, antes de dormir, podemos pedir para ir ao retiro de Djwhal Khul ou de Serápis Bey, nos planos interiores, para receber treinamento para a nossa ascensão.

A ascensão é uma realização fantástica; entretanto, eu gostaria de lembrar-lhe que, na realidade, há nove iniciações no nosso sistema planetário, sete das quais podem ser alcançadas na Terra. A passagem por essas nove iniciações permite-nos abandonar o plano físico cósmico e dar início ao trabalho nas iniciações dos sete planos cósmicos. Por isso, eu diria que é muito difícil não ser humilde quando percebemos a distância que temos a percorrer até voltar à união com a Divindade. Como já mencionei, a ascensão provavelmente representa apenas três centímetros de uma régua de trinta centímetros. Isso nos dá uma idéia do quanto ainda temos de evoluir.

Por outro lado, comparando com a evolução da humanidade, alcançar a ascensão é uma realização extraordinária. É importante ter sempre presente esses dois aspectos.

Gostaria de finalizar este comentário sobre a ascensão narrando uma pequena história sobre uma mulher chamada Analee Skaron. Analee, uma senhora madura de grande Luz, era mórmon. Ela escreveu um belo livro intitulado *Ye Are Gods*, uma verdadeira canalização do seu eu divino. A Igreja Mórmon não gostou desse precioso livro e a excomungou, apesar da sua idade. Ela ficou profundamente perturbada, porque havia passado toda sua vida servindo a essa igreja. Certo dia, ela disse à sua colega de quarto que achava que os anjos viriam buscá-la em pouco tempo, e por isso ela queria pôr suas coisas em ordem. Poucos dias depois, certa noite, já muito tarde, sua colega acordou de um sono profundo e sentiu o impulso de ir dar uma olhada em Analee. Ao aproximar-se da porta do quarto dela, viu por baixo da porta uma Luz branca tão intensamente brilhante, como jamais vira antes. Sua intuição lhe disse para não perturbar Analee naquele momento, e ela voltou para a cama. De manhã, foi vê-la, mas quando bateu na porta e a abriu, verificou que Analee não estava lá. A dentadura de Analee estava sobre a mesa, o que era muito estranho porque Analee nunca saía sem ela. O dia passou e Analee não retornou.

A colega chamou a família de Analee, que veio à noite. Todos os familiares estavam na sala de estar quando, de repente, a porta se abriu e Analee se pôs diante deles, com as roupas esfarrapadas. Perguntou-lhes, de imediato, "Vocês acreditam que eu me transladei?" (transladar é outra palavra para ascensionar). Todos eles responderam afirmativamente. Analee os abençoou por sua fé e imediatamente transformou-se num belo manto de Luz branca. Os familiares continuaram ali, estupefatos, enquanto ela desaparecia bem na frente deles!

Nas minhas contínuas pesquisas sobre a ascensão, encontrei algumas informações novas absolutamente fascinantes. Em primeiro lugar, Vywamus disse-me que existem oitocentos Mestres Ascensionados, em forma física, vivendo na

Terra. Desses, cerca de 20% a 30% possuem corpos femininos e 70%, corpos masculinos. Vywamus também disse-me que existem entre mil e oitocentos a dois mil e quinhentos Mestres, se considerarmos os Mestres Ascensionados etéricos na Terra. Muitos desses Mestres etéricos fazem parte do Comando Ashtar.

A primeira onda de ascensão em massa no planeta começou em maio de 1995, em Wesak. Tenho a informação de que de quatro a sete mil pessoas ascensionaram nessa ocasião, a maioria no período de quatro dias da realização propriamente dita do Festival de Wesak, na Lua cheia de maio. Um grupo de cem pessoas (40% mulheres e 60% homens) ascensionou no período dos dois meses anteriores à ascensão do grupo maior. Dos ascensionados da primeira onda, 90% ascensionaram e continuaram em serviço na Terra.

O principal período de ascensão em massa é o que está compreendido entre os anos de 1995 e 2000; depois disso, as ascensões ocorrerão em menor freqüência.

Vywamus também me disse que o quociente de Luz necessário para a ascensão real e para a sexta iniciação é de 80%. A sétima iniciação exige um quociente mínimo de Luz de 92% para ascensionar. A terceira iniciação e a fusão da alma necessitam de 56%; a quarta iniciação, de 62%, e a quinta iniciação, de 75%.

Existem basicamente três ondas ou etapas entre a quinta e sexta iniciações. As etapas são iniciadas por Sanat Kumara, nosso Logos Planetário. A primeira etapa se refere à ativação da ascensão, a segunda, à integração da ascensão, e a terceira, à declaração da ascensão.

Podemos usar dois tipos de corpos para a ascensão. Podemos elevar o corpo em que existimos ao estado ascenso, ou podemos ascensionar no nosso corpo Mayavarupa. Qualquer escolha é indiferente; é só uma questão de preferência e ressonância individual. Eu optei por ascensionar em meu corpo Mayavarupa. Djwhal disse-me que esse corpo é um pouco mais vigoroso e, por eu ter tido várias lições de saúde muito sérias no início desta encarnação, esse caminho parece ser melhor para mim. O Mestre Kuthumi e o Senhor Maitreya também escolheram esse caminho. Djwhal Khul preferiu elevar o corpo físico.

Uma das habilidades que acompanham a ascensão, ou que se pode adquirir com um pouco de treinamento, é o teletransporte. Antes de ascensionar, podemos participar de aulas sobre teletransporte no plano interior, preparando-nos para essa habilidade, para a bilocação e para a transfiguração. (Transfiguração é a capacidade de transformar-nos efetivamente em outra pessoa, na prática do serviço, quando não queremos ser reconhecidos.)

Depois de ascensionar, não precisamos mais comer, cortar o cabelo, fazer a barba e assim por diante. Entretanto, muitos Mestres Ascensos continuarão fazendo isso por causa do tipo de serviço que prestam. Terri e eu resolvemos continuar com essas atividades para não parecermos melhores ou diferentes das outras pessoas enquanto cumprimos nossa missão.

Segundo Djwhal Khul, na história da Terra, aproximadamente cem mil pessoas já ascensionaram. Haverá muitas ondas de ascensão em massa. A segunda onda de ascensão em massa ocorreu em outubro de 1995, quando cerca de cinco a sete mil seres ascensionaram. A terceira onda ocorreu em 1996, no mês de julho, também com um total de cinco a sete mil pessoas.

Recebemos quatro técnicas para formar nosso quociente de Luz. A primeira é formar os sistemas nervosos físico e etérico. A segunda é reabsorver os aspectos de poder e energia da alma que foram perdidos em vidas passadas ou mesmo nesta. A terceira é aparar as arestas do nosso caráter de acordo com o sistema de quatro corpos. A quarta é pedir aos Mestres Ascensos que nos ajudem a formar o quociente de Luz durante a meditação e enquanto dormimos. Mais adiante apresentarei algumas outras técnicas excelentes para alcançar esse objetivo.

Perguntei a Vywamus se as faculdades psíquicas se abrem depois da ascensão. A resposta foi afirmativa, especialmente com relação à clarividência, à clariaudiência e à clarissenciência. Outro aspecto importante da purificação que o prepara para a ascensão é o cuidado na remoção de todos os elementais. Os elementais são uma espécie de forma-pensamento que se introduz na sua aura, glândulas ou órgãos, sugando-lhes a energia, à semelhança de um implante alienígena. Durante a meditação, você pode invocar Vywamus ou outro Mestre Ascensionado e pedir-lhe que afaste do seu campo todos os elementais indesejados.

Numa determinada altura do processo ascensional, você chegará a um ponto chamado ascensão espiritual, uma etapa que precede a ascensão propriamente dita. A ascensão espiritual é um dos estágios finais da quinta iniciação. Nesse estágio, você já realizou sua ascensão no nível espiritual, mas está esperando que ela se manifeste no nível físico.

Devo esclarecer que outras pessoas ascensionarão individualmente nos períodos compreendidos entre as ondas de ascensão em massa de que falei anteriormente. Essas ondas são como janelas planetárias que, num certo sentido, facilitam o processo. O mês de maio de 1994 também foi um período muito forte, porque Wesak atraiu energias pré-ascensionais intensas. Segundo Vywamus, a intensidade dessas energias foi tão forte, que podia causar a morte das pessoas.

Um exercício importante que você pode fazer para acelerar seu processo de ascensão é pedir, durante a meditação, para unir-se às suas outras onze extensões da alma, no sentido elétrico e também energético. Para isso você precisa pedir a ajuda dos mestres. Vywamus tem capacidades especiais para esse trabalho.

Sempre tive curiosidade de saber se Paramahansa Yogananda ascensionou, porque quando ele morreu seu corpo estava velho, e ele partiu num estado de Mahasamadi, que é uma "saída consciente". Vywamus confirmou que Paramahansa ascensionou antes de partir.

Quanto à idade que você aparentará depois da ascensão, tenho a informação de que é comum a pessoa assumir a idade e a aparência que ela tinha no momento da ascensão. Se quiser rejuvenescer o corpo e mudar a aparência, você pode. Em geral, isso se faz lentamente.

Embora a maioria das pessoas que participaram das ondas de ascensão em massa estivesse numa faixa etária entre 30 e 60 anos, e algumas até mais, crianças também fizeram parte dessas ondas.

Depois de ascensionar, os chakras deixam de ter existência individual e, em conjunto, formam uma longa coluna, como se fosse um único chakra, com uma chama branco-dourada no terceiro olho. O portal para a ascensão em massa abriu no dia 12 de dezembro de 1994. Ficou esotericamente conhecido como 12:12. Esse foi o grande evento espiritual no planeta depois do 11:11 que Solara tornou famoso em 1992.

É preciso deixar claro que você não obtém a ascensão sem antes passar pela quinta iniciação. Você não pode pular degraus no processo de iniciação. Entretanto, como os nossos tempos estão muito acelerados, os degraus da iniciação podem ser vencidos mais rapidamente.

Haverá muitas ondas de ascensão em massa além das três a que me referi. Elas continuarão, especialmente ao longo de 2012, ano que marca o fim do calendário maia e das profecias da pirâmide. Depois dessa data, as ascensões ocorrerão em ritmo mais lento.

Depois de ascensionar, você continuará a desenvolver e a aprimorar suas capacidades e habilidades. Não é como se você ascensionasse e não tivesse mais que aprender. Um outro esclarecimento interessante que obtive sobre esse assunto é que haverá muitos tipos de mestres ascensionados. Alguns terão uma tendência mais emocional; outros, mental; alguns terão mais capacidades físicas ou poderes de cura. Haverá uma grande variação de habilidades e de potencialidades entre os mestres ascensionados. As tendências que você tem antes da ascensão o acompanharão depois dela. Habilidades específicas variarão de acordo com sua matriz da alma e da mônada.

Recomenda-se muito a todos os interessados em candidatar-se à ascensão que meditem diante de Sanat Kumara e que peçam nesse sentido.

Certa vez perguntei a Vywamus se as pessoas têm condições de ascensionar à noite, enquanto dormem. Ele respondeu-me que isso acontece com freqüência, mas que as pessoas sempre acordam quando a ascensão começa realmente. Ele, pessoalmente, conhecia apenas um caso em que um homem dormiu durante toda sua ascensão. Quando acordou, ele pensou que ainda estava dormindo, quando na verdade havia realizado a ascensão e não sabia.

Perguntei a Djwhal Khul a que se pareceria a ascensão de alguém para uma pessoa tridimensional que estivesse observando. Ele disse-me que a pessoa se desvaneceria numa espécie de forma ectoplasmática e, em seguida, tornaria a se materializar. Uma pessoa tridimensional pensaria que sua visão, por algum motivo, estava ficando turva e indistinta. Se você optar por ascensionar em seu corpo Mayavarupa, no momento da ascensão o fogo cósmico começará a derramar-se e queimará literalmente o veículo físico. O corpo Mayavarupa, que é como um corpo de matriz monádica, volta então a se materializar num corpo perfeito. Ao elevar o corpo físico real, um movimento em espiral tem início e o veículo físico é elevado para a Luz, em vez de ser queimado.

As pessoas que passaram pelo processo ascensional antes das ondas de ascensão em massa podem ser chamadas de protótipos. As ondas de ascensão em massa facilitam a ascensão para as pessoas que ascensionarem depois que elas acontecem. Muitas pessoas que realizaram sua ascensão nas primeiras ondas alcançarão sua sétima iniciação entre os anos de 1995 e 2012.

PARA ACELERAR SEU CAMINHO E FORMAR SEU QUOCIENTE DE LUZ

TÉCNICA DE ASCENSÃO Nº 1

Tanto para o meu próprio conhecimento quanto para escrever este livro, precisei investigar meu caminho pessoal de ascensão e procurei aprender tudo o que podia sobre o processo e os mecanismos da ascensão. Uma das coisas interessantes com que me deparei ao pesquisar os planos interiores é a existência de bancos ou de câmaras de ascensão. Existem muitos deles, mas mencionarei os cinco que considero mais fortes e eficazes. São verdadeiros bancos, mesas ou colunas em que você se senta, fica em pé ou se deita. Por meio de alguma espécie de alta tecnologia, os Mestres emitem pulsações de Luz por um mecanismo para elevar sua vibração. Um desses mecanismos está na espaçonave do comandante Ashtar. Outro está no retiro ascensional de Serápis Bey, em Luxor. E existe um terceiro em Telos, cidade subterrânea debaixo do Monte Shasta. Um outro ainda pode ser encontrado na Câmara do Rei da grande pirâmide de Gizé. Particularmente, prefiro o que está no Monte Shasta, que é uma câmara de ascensão localizada no interior de uma gigantesca pirâmide. Em meditação ou à noite, antes de dormir, peça para ser levado, durante o sono, a esses bancos de ascensão. Você pode deslocar-se até eles e escolher o seu favorito. Essa é uma das melhores maneiras que encontrei para formar o quociente de Luz e elevar sua vibração. Você pode sentir a luz e a energia pulsando suavemente no seu corpo enquanto medita. Recomendo também que invoque o arcanjo Metraton para ajudá-lo a formar seu quociente de Luz. Ele é o criador de toda luz exterior no universo e demonstra ter um talento especial nessa área.

TÉCNICA DE ASCENSÃO Nº 2

Invoque o Mahatma e peça que ele integre seus trezentos e cinqüenta e dois níveis em você, em todas as meditações. Peça também para receber a informação de Luz dos trezentos e cinqüenta e dois níveis do Mahatma. Se você observar com clarividência, essa informação chegará com o aspecto de pacotes de luz. Peça para receber os pacotes de informação de Luz da quinta, sexta e sétima dimensões da realidade. Essa é uma informação espiritual real, que será introduzida no banco de dados do seu computador para ser usada em sua missão futura. Ela também ajuda a formar o seu quociente de Luz. Você também pode pedir para ser uma porta de entrada cósmica para o Mahatma na Terra. Fazendo isso, você está pedindo para ser sutilmente "escudado" pelo Mahatma para ajudá-lo a reparar a separação entre a sua personalidade, a sua mônada e a sua alma, e também entre você e a presença de Deus.

TÉCNICA DE ASCENSÃO Nº 3

Durante todo o dia, peça muitas vezes um alinhamento axiatonal e uma integração e alinhamento espirituais. Isso alinhará adequadamente seu eu pessoal com as energias cósmicas.

TÉCNICA DE ASCENSÃO Nº 4

Invoque sua mônada e os Mestres para a construção do seu merkabah pessoal, se você ainda não tem um. Peça em meditação que seu merkabah gire para elevar suas vibrações até a quinta dimensão, a freqüência dos Mestres ascensionados. Utilize seu merkabah sempre que quiser realizar viagens de alma durante a meditação ou durante o sono. O movimento giratório do merkabah faz parte do processo de aprendizagem da desmaterialização e da rematerialização.

TÉCNICA DE ASCENSÃO Nº 5

De agora em diante, ao meditar, peça às outras onze extensões de alma que se unam ao seu trabalho de ascensão. Não ordene, mas convide-as a participar, e peça à sua mônada, e talvez a Vywamus, para que o ajude a uni-las. Nas meditações posteriores você poderá também convidar todas as cento e quarenta e quatro extensões de sua alma. Fazendo isso, estará realizando seu trabalho ascensional para doze, em vez de apenas para uma. Lembre-se, é todo o seu grupo de almas que ascensionará realmente através de uma extensão apenas. Nunca recomendarei suficientemente esta técnica de ascensão.

TÉCNICA DE ASCENSÃO Nº 6

Invoque Ísis, Osíris, Serápis Bey e Thot para que a Arca da Aliança seja usada para acelerar seu caminho ascensional durante as meditações. Os grandes Ptahs e mestres egípcios do passado usaram a Arca da Aliança em suas iniciações e trabalho de ascensão. Com essa invocação, você sentirá um aumento acentuado na força de suas meditações.

TÉCNICA DE ASCENSÃO Nº 7

Sob a orientação da sua mônada, invoque o ancoramento e a ativação dos seus vinte e dois chakras. Eles descerão realmente para o corpo como corpos de Luz e permanecerão em seu sistema de quatro corpos por algum tempo e então partirão. A invocação perseverante dos seus chakras superiores, para que desçam, irá, ao longo do tempo, construir sua bateria espiritual. Ela aumentará a quantidade de *watts* da lâmpada luminosa que você é. É fundamental que você faça isso sob a supervisão da sua mônada, para não queimar o seu corpo. Isso não é uma coisa a ser feita de uma só vez, mas sim lenta e gradualmente, para preparar seu sistema nervoso. Peça à sua alma e à sua mônada para que supervisionem esse processo, e então não se preocupe. Recomendo-lhe que adote por algum tempo a meditação e o tratamento de ascensão que se encontram no final deste livro. Grave você mesmo uma fita e ouça-a. Com o passar do tempo, você integrará os primeiros dezesseis chakras. Depois disso, você poderá invocar os chakras da quinta dimensão, do décimo sexto ao vigésimo segundo.

TÉCNICA DE ASCENSÃO Nº 8

Durante a meditação, sempre que você se sentir inquieto, chame sempre imediatamente o grupo de cura do PAM (Programa de Assistência Médica). Esse é um grupo de seres ascensionados constituído por Pã, o iluminado deva da cura; pela Unidade Médica da Grande Fraternidade Branca, por sua alma e por sua mônada. Apenas chame-os pelo nome. Eles são especialmente treinados para ajudá-lo em qualquer bloqueio médico ou energético. Pessoalmente, eu os invoco em todas as meditações para que meu corpo físico se mantenha equilibrado. Para compreender melhor o trabalho do grupo do PAM, leia o capítulo *Psicologia da Alma*, no segundo volume.

TÉCNICA DE ASCENSÃO Nº 9

Em suas meditações, peça a descida e o ancoramento da sua mônada, do seu corpo Mayavarupa, do seu corpo angélico solar dourado, do seu corpo solar de Luz, de Deus e do Mahatma. Todos eles são aspectos superiores de você mesmo (sua identidade multidimensional) que se integrarão com o seu sistema de quatro corpos e formarão seu quociente de Luz, elevando sua vibração geral.

TÉCNICA DE ASCENSÃO Nº 10

Peça, em suas meditações, a formação dos doze cordões de DNA no seu corpo físico etérico. Ao contrário do que a maioria das pessoas pensa, os doze cordões de DNA são formados no corpo etérico e só se manifestam no físico depois da ascensão. Insista nesse pedido, pois, com o tempo, esse trabalho se completará. Ele faz parte do trabalho de preparação do seu corpo de ascensão.

TÉCNICA DE ASCENSÃO Nº 11

Peça na meditação uma experiência de êxtase. Essa é uma experiência de elevação da coluna de Luz ou de ascender a coluna de Luz na meditação.

TÉCNICA DE ASCENSÃO Nº 12

Em suas meditações, peça uma bênção especial de ascensão e de aceleração a um dos Mestres Ascensionados.

TÉCNICA DE ASCENSÃO Nº 13

Em todas as meditações, peça uma abertura total do seu chakra ascensional e uma abertura completa e a ativação de todos os seus centros cerebrais. O chakra de ascensão está localizado na parte posterior da cabeça, no ponto onde tem início a formação de um "rabo de cavalo". É uma área mole no topo da cabeça, um pouco para trás. No momento da ascensão, esse chakra está totalmente aberto. Outra técnica para a ascensão é ativar completamente os centros do cérebro e obter a iluminação de todo o cérebro. Peça aos Mestres ascensionados que lhe concedam a dispensação divina das chaves e ankhs ascensionais no seu cérebro e no seu coração. Eles funcionam como miniaturas da arca da aliança ou dos merkabahs que giram e elevam seu quociente de Luz e que contêm informações ascensionais. Peça para que eles sejam colocados em seu interior durante a meditação e antes de dormir para acelerar seu processo de ascensão.

TÉCNICA DE ASCENSÃO Nº 14

Invoque Vywamus ou outros Mestres Ascensionados para que preparem seus sistemas nervosos físico e etérico para a ascensão. Essa é uma das chaves para a formação do seu quociente de Luz e para começar a manter freqüências de Luz mais elevadas.

TÉCNICA DE ASCENSÃO Nº 15

Pratique regularmente a meditação e o tratamento de ascensão que se encontra no final deste livro. Quando você não estiver fazendo essa meditação mais prolongada, reveja a seção de técnicas de ascensão e tente esses diferentes métodos em diversas meditações.

TÉCNICA DE ASCENSÃO Nº 16

Em meditação, vá até Sanat Kumara e faça suas orações, pedindo por seu caminho de ascensão. Diga também o que você tem a oferecer à hierarquia e à humanidade em termos de serviço que gostaria de realizar. Use essa técnica especialmente em todos os festivais de Wesak, na Lua cheia de maio. Da perspectiva da Hierarquia Espiritual, esse é o dia mais santo do ano.

TÉCNICA DE ASCENSÃO Nº 17

Peça à grande chama para que se funda e dissolva com a pequena chama na Terra. Peça que se realize a fusão completa da mônada, da alma e da personalidade na Terra. Peça que se realize o casamento divino da alma e do espírito na Terra.

TÉCNICA DE ASCENSÃO Nº 18

Invoque Hélios, Metatron e Enoch para que você possa receber as letras de fogo e todas as informações espirituais relevantes das *Chaves de Enoch* nas cinco línguas sagradas. Peça que todas essas informações lhe sejam transmitidas em meditação ou enquanto você dorme. Esse processo é semelhante ao uso de uma fita de língua estrangeira que você ouve enquanto dorme, com a diferença que acontece num nível infinitamente mais expandido. As chaves de Enoch, e muito mais, estão literalmente programadas no banco de dados do seu computador, mesmo que você não leia estes livros. Essa técnica assemelha-se à Técnica de Ascensão Nº 2, em que você pede para receber os pacotes de informação de Luz dos trezentos e cinqüenta e dois níveis do Mahatma. O processo não requer muito tempo, e todo o material estará à sua disposição no futuro. Ele também ajuda a formar o quociente de Luz.

TÉCNICA DE ASCENSÃO Nº 19

Remova todos os seus implantes e elementais alienígenas. Para isso, entre em contato com minha esposa Terri e comigo, ou com uma pessoa qualificada de sua comunidade. Essa remoção pode ser feita por telefone e dura cerca de uma hora. Todos os habitantes do planeta possuem esses implantes, mas eles não devem ser causa de preocupação. Na verdade, eles se constituem numa depuração e purificação sutis muito úteis para acelerar sua ascensão. (Outras informações sobre esse assunto, você encontra em meu livro sobre os mistérios ocultos. A segunda metade do livro apresenta uma síntese de todo o movimento extraterrestre e dá uma explicação detalhada de todo esse processo.)

TÉCNICA DE ASCENSÃO Nº 20

Invoque Hélio para ajudá-lo especificamente a criar seu Corpo de Luz. Peça também um ancoramento completo de sua alma e de seus Corpos de Luz monádicos em seu sistema de quatro corpos e uma fusão total em seu veículo físico. Hélio é muito competente nesse trabalho; ele é o Logos Solar e encarna a energia solar que tem relação direta com o Corpo de Luz.

A SÉTIMA INICIAÇÃO

A sétima iniciação é a mais elevada que se pode realizar neste plano. Ela é a libertação das amarras da vida fenomênica dos sete planos de nossa vida planetária. Na realidade, trata-se de uma superação do plano físico cósmico. É a fusão com o plano de consciência divino ou logóico. A vontade do Mestre se une perfeitamente com a vontade do Logos Planetário. O filho ou filha de Deus encontram seu caminho de volta para o Pai e para sua fonte original, aquele estado de existência chamado Shambala. O Mestre se torna um ponto concentrado de Luz viva. Eles conquistam o direito de ir e vir na corte de Shambala. A visão do Mestre penetra além dos limites solares. Ele controla os sete raios. (A ciência dos doze raios será analisada num capítulo posterior.) Ele impõe a lei no sistema solar e começa a ver os planos e os objetivos do Logos Solar. O Mestre recebe a revelação da qualidade do amor/sabedoria que se expressa através de todas as formas criadas. Ele rompe todas as suas ligações com a forma. O chakra estimulado nessa iniciação é o chakra da coroa. Na terminologia cristã, essa iniciação representa a ressurreição.

OS SETE CAMINHOS DA EVOLUÇÃO SUPERIOR

No momento de nossa ascensão precisamos escolher um dos sete caminhos da evolução superior. São eles:

1. O Caminho do Serviço Terrestre
2. O Caminho do Trabalho Magnético
3. O Caminho do Treinamento para Logos Planetário
4. O Caminho para Sírio
5. O Caminho do Raio
6. O Caminho trilhado pelo próprio Logos
7. O Caminho da Filiação Absoluta

A maioria da humanidade escolhe o caminho para Sírio, pois ele é a universidade da qual Shambala faz parte. Esse caminho serve como base de treinamento de onde a pessoa pode se transferir para um dos caminhos mais avançados numa época subseqüente de sua evolução cósmica.

Djwhal Khul, como também Buda, escolheu o caminho para Sírio. O primeiro caminho é para os que querem continuar trabalhando com a Terra, depois da ascensão. Minha esposa escolheu esse caminho e fez um acordo com Djwhal Khul para trabalhar com a Terra durante quatro mil anos, mas isso não significa necessariamente que ela vá permanecer fisicamente aqui durante todo esse tempo.

Eu também escolhi o caminho para Sírio, mas estou pensando numa possível transferência para o caminho da Filiação Absoluta, mais adiante, depois do meu treinamento básico em Sírio. Recebi a informação que permanecerei na Terra por mais uns vinte anos, período em que estarei trabalhando no ashram de Djwhal Khul, antes de me mudar para Sírio. Quase todas as noites, durante o sono, viajo até Sírio em meu corpo da alma.

Para mais informações sobre os sete caminhos da evolução superior, recomendo a leitura do livro de Alice Bailey, *Initiation, Human and Solar*. Djwhal Khul apresenta um resumo desses sete caminhos. Advirto-o antecipadamente, porém, no sentido de abordar essas informações com a parte direita do cérebro mais do que com a esquerda. Recomendo que você comece a meditar sobre esses sete caminhos da evolução superior antes mesmo de ascensionar. A parte final do livro de Alice Bailey, *The Rays and Initiations*, também traz algumas informações sobre esse assunto.

Como as informações sobre os sete caminhos da evolução superior são muito vagas e difíceis de compreender, dediquei um capítulo inteiro para apresentar esse conhecimento de maneira clara e acessível. Esse capítulo faz parte do novo livro que estou escrevendo, *A Spiritual Autobiography of My Actual Ascension*.

5

A CONSTRUÇÃO DO ANTAKARANA

Construir o antakarana é como
estender um cabo ou uma ponte entre
três grandes países
(a personalidade, a alma e a mônada)
Mestre Kuthumi

A construção do antakarana, ou ponte do arco-íris, é um assunto absolutamente fascinante. Devo admitir, com toda a honestidade, que só percebi sua importância quando me lancei às pesquisas para escrever este livro. Minha compreensão desse processo sempre foi vaga, mas o que vou expor aqui é realmente espantoso.

Chegará o dia em que a ciência do antakarana será ensinada em todas as escolas e salas de aula do mundo. Ela é a verdadeira ciência da mente, pois utiliza a substância mental para construir uma ponte entre a personalidade e a alma e, à medida que o ser evolui, entre a alma, a tríade espiritual e a mônada.

A tríade espiritual é o veículo por meio do qual a mônada trabalha, do mesmo modo que a alma, na Terra, trabalha através da personalidade. A mônada trabalha através do tríplice veículo composto pela vontade espiritual, pela intuição e pela mente superior.

O antakarana é o fio, e mais tarde o cordão que o discípulo cria pela meditação e compreensão, pelas práticas espirituais e pelo trabalho espiritual específico e dirigido. Nesse processo, o discípulo recebe ajuda da alma e, mais tarde, da mônada; mas a primeira parte do trabalho tem de ser feita por ele.

A mônada já tem um fio ou cordão de energia que se estende dela mesma até o chakra do coração do discípulo na Terra. Esse cordão de energia é chamado de sutratma, fio da vida, ou cordão de prata. A alma tem um fio ou cordão, chamado de cordão da consciência, que se estende dela mesma até a glândula pineal do discípulo. O conhecimento usa o cordão da consciência. A energia da sabedoria usa o antakarana, quando ele está construído.

Nos tempos da Lemúria, o cordão mais utilizado foi o sutratma. Na época dos atlantes, o cordão da consciência foi mais ativo. Na atual idade ariana, é nosso propósito construir e ativar totalmente o antakarana.

O antakarana é como um filamento de Luz espiritual, construído do mesmo modo como a aranha tece sua teia. Esse fio é tecido pelo próprio discípulo, vida após vida, e ele só pode ser energizado por aquilo que contém vibração espiritual. O cordão da consciência tem as qualidades mentais da alma. O antakarana é construído unicamente com as qualidades mentais e espirituais da alma.

O sutratma e o cordão da consciência vêm sendo construídos desde que o homem chegou ao mundo material. O antakarana se desenvolve muito lentamente, porque a pessoa precisa trilhar o caminho da experiência para que esse trabalho se inicie realmente.

Tanto o sutratma quanto o cordão da consciência trabalham de cima para baixo. O antakarana, ao contrário, de baixo para cima. Nos estágios finais da construção desse cordão, na quinta iniciação e ascensão, esses três cordões se fundem, se integram e se dissolvem um no outro, exatamente como a personalidade, a alma e, mais tarde, a mônada se fundem. É pela criação do antakarana que todo esse processo se realiza.

Criar o antakarana é como estender um cabo ou construir uma ponte entre três países, a personalidade, a alma e a mônada. A construção dessa ponte se faz em três etapas. Na primeira etapa, temos a integração da personalidade com os quatro corpos. Na segunda etapa é construída a ponte desde a personalidade integrada e os quatro corpos até a alma. Na terceira etapa é feita a construção da ponte desde a alma até a tríade espiritual e a mônada.

A construção do antakarana torna a consciência cerebral do discípulo receptiva à orientação intuitiva e às impressões oriundas dos reinos espirituais superiores e da mente de Deus. Ela permite que a alma, antes, e a mônada, depois, usem o discípulo, mais tarde iniciado, para o serviço que elas precisam realizar na Terra. A personalidade se torna um veículo confiável para uso da alma em seus propósitos na Terra.

Esse processo chega ao seu final na quarta iniciação, quando o corpo da alma ou corpo causal, que armazena todas as virtudes e bom karma, é queimado. Então, o fogo da mônada derrama-se através do antakarana para a alma, mediadora entre a personalidade e a mônada, e a alma volta à mônada. A alma não é mais necessária e volta a dissolver-se na mônada. Tudo o que resta então é a personalidade infusa de alma e a mônada, que agora é o guia.

Até esse ponto, o iniciado construiu o antakarana até a tríade espiritual e a mônada. Embora esse antakarana construído seja forte, ainda não se realizou uma fusão completa entre a mônada/tríade espiritual e a personalidade infusa de alma. É na quinta iniciação que esses dois aspectos se fundem na consciência.

Na sexta iniciação, eles se fundem não somente na consciência, mas também, e completamente, nos quatro corpos — o físico, o emocional, o mental e o espiritual — e toda a personalidade infusa de mônada e os corpos transformam-se em Luz. O iniciado torna-se um Mestre Ascensionado nesta sexta iniciação. É o antakarana, que o discípulo construiu entre a personalidade, a alma e a tríade espiritual/mônada, que possibilitou a realização de todo esse processo.

É também nesse ponto que o sutratma, o cordão da consciência, e o antakarana se fundem, exatamente como aconteceu com a mônada, com a alma e com a personalidade. O resultado dessa fusão é a imortalidade da forma física. Assim como Deus, Cristo e o Espírito Santo são três mentes que funcionam como uma, do mesmo modo somos três mentes — mônada, alma e personalidade — que funcionam numa unidade. O microcosmo é igual ao macrocosmo. O espírito e a matéria, o pai e a mãe, são uma coisa só.

O antakarana é a ponte de Luz ou o caminho iluminado sobre o qual o discípulo passa para os mundos superiores. É por meio dessa ponte e caminho iluminado que ele alcança a libertação e a ascensão. Esta integração também ajuda a fazer a ligação entre a consciência de Shambala, a consciência hierárquica e a consciência humana. A consciência de Shambala se relaciona com a mônada e com o aspecto vontade. A consciência hierárquica se relaciona com a alma e com o aspecto amor. A consciência humana se relaciona com a personalidade e com o aspecto inteligência.

O Mestre, ao realizar essa integração, também ajuda a construir o antakarana planetário, que é o antakarana para toda a Terra e para a humanidade. Cada extensão de alma na Terra constrói um fio do antakarana planetário, o que facilita o processo para os que vêm em seguida.

AS ETAPAS DA CONSTRUÇÃO DO ANTAKARANA

Nas etapas iniciais da construção do antakarana, existem três fios autocriados menores que são criados inicialmente e que constituem o antakarana. O primeiro fica entre o corpo físico e o corpo etérico, e passa do coração para o baço. O segundo vai do corpo etérico ao corpo astral e passa do plexo solar ao coração e deste ao corpo astral. O terceiro vai do corpo astral ao corpo mental. Esse fio passa do chakra do terceiro olho para o chakra da cabeça, e daí para o corpo mental. Esses três fios menores auxiliam a extensão de alma a integrar o sistema de quatro corpos.

A segunda etapa trata da construção do antakarana desde a personalidade na Terra até a alma. Esse processo também pode ser descrito como a construção de uma ponte entre a mente inferior, a alma e a mente superior. Em outras palavras, podemos chamá-lo de ligação cérebro/mente/alma. Essa ponte é construída com a "substância mental". O estágio de construção da ponte da alma para a tríade espiritual e para a mônada usa "substância de Luz".

A ponte desde a personalidade até a alma cria uma iluminação completa da alma da personalidade na Terra. É nesse estágio que o discípulo se vê como uma alma. Em estágios posteriores, o iniciado se vê como espírito ou como a própria mônada. Essa ponte possibilita à personalidade superar todo sentido de separatividade e de medo da morte.

A construção do antakarana tem como objetivo a auto-realização e o serviço em benefício da humanidade. Na terceira iniciação, essa ponte da personalidade para a alma está concluída, sendo alcançada a primeira grande união.. Isso só pode acontecer quando o discípulo desenvolve uma mente resistente e quando não é constantemente perturbado pelos corpos físico e emocional/desejo.

Essa ponte é construída quando se aprende a ter uma atitude espiritual na vida, em vez de uma atitude egoísta, e também quando se aprende a manter a mente firme na Luz. Isso significa aprender a manter a consciência sintonizada com a alma e ao modo como ela nos leva a pensar, sentir e agir. O eu inferior, o ego, os desejos carnais, as outras pessoas e o meio ambiente tentarão nos tirar desse estado de consciência.

Aprendendo a admitir o nosso poder e a manter o domínio de nós mesmos no serviço da alma, ajudamos muito na estabilização do antakarana. Temos de compreender que a alma não presta muita atenção à personalidade até que esta preste atenção à alma.

Uma extensão de alma pode passar por muitas e muitas encarnações sem que a alma tenha qualquer envolvimento com a vida da extensão de alma que encarna. Percebendo isso, podemos compreender perfeitamente como é importante construir o antakarana. Todo o processo requer intensa atividade mental e também implica o uso da imaginação e da visualização, que serão explicadas no final deste capítulo.

O maior perigo para os principiantes é a indolência ou a preguiça. A criação do antakarana se faz no decorrer de um longo período de tempo, passo a passo. Os estudantes que aceleram e depois perdem o entusiasmo e caem na apatia não alcançarão a meta que buscam. O único desejo verdadeiro é o da libertação e da realização divinas, para que possamos prestar um serviço maior à humanidade.

É também essencial que o discípulo saiba distinguir os três fios de consciência (o sutratma, o fio da consciência e o antakarana). O sutratma, também chamado de fio da vida, está ancorado no coração e usa a corrente sangüínea como agente distribuidor. A energia vital é levada pelo sangue a todas as partes do corpo. É o fio ou cordão da vida que nos mantém vivos.

O cordão da consciência é a faculdade de conhecimento da alma e está ancorado na glândula pineal. Ele controla o mecanismo de resposta, a que damos o nome de cérebro, e ativa a percepção em todo o corpo por meio do sistema nervoso. O discípulo reconhece esses dois cordões de energia como conhecimento e vida.

Nos estágios iniciais, o discípulo toma consciência desses três fios da vida, do conhecimento e da criatividade (antakarana) e utiliza essas energias conscientemente sobre o plano mental inferior. Quando o antakarana está concluído, desde a personalidade até a alma, o discípulo está pronto para que ocorra uma fusão maior entre a alma, a tríade espiritual e a mônada.

O discípulo começa a ter contato monádico na terceira iniciação. É nesse estágio da evolução da extensão de alma que a mônada e a tríade espiritual (vontade espiritual, intuição, mente superior) começam a se interessar realmente pelo discípulo aspirante. O trabalho de construção e de fortalecimento do antakarana é bem mais rápido agora do que nos estágios iniciais da evolução.

Essa nova ponte entre a personalidade infusa de alma e a tríade espiritual possibilita o afluxo da energia da vontade. Conquanto o trabalho inicial de construção do antakarana seja feito pelo discípulo ou pela personalidade na Terra, a alma e a mônada ajudam decisivamente nesse processo, exatamente como a mônada, na criação das suas doze almas, projeta um raio ou dedo de fogo na criação da alma.

De maneira semelhante, a alma projetou um raio de energia, ou dedo de fogo, para criar as doze personalidades ou extensões de alma a fim de encarnarem. E também de modo muito parecido, mas de forma inversa, a personalidade, na construção do antakarana para a alma e para a mônada, está projetando um raio de energia, ou um dedo de fogo, ou uma ponte, de volta para a alma e para a mônada.

Num determinado ponto, essa ação do discípulo na Terra atrai uma resposta da alma e da mônada, dependendo do nível em que a pessoa esteja trabalhando na construção da sua ponte do arco-íris. Djwhal Khul, no livro *Rays and Initiations*, de Alice Bailey, descreveu seis passos para a construção do antakarana.

SEIS PASSOS PARA A CONSTRUÇÃO DO ANTAKARANA

Os seis passos para a construção do antakarana são: "intenção, visualização, projeção, invocação e evocação, estabilização e ressurreição".

1. *Intenção*

O primeiro passo implica uma compreensão da tarefa a ser cumprida, uma decisão e determinação para cumpri-la e uma orientação correta para atingir o objetivo. Ele também exige que as forças e energias da pessoa converjam para o ponto mental/espiritual mais elevado que possa ser alcançado e que ali se mantenham. Isso nos lembra o "manter a mente firme na Luz".

2. *Visualização*

O segundo passo envolve o uso da imaginação e das capacidades de visualização para construir o cordão e a ponte de Luz. A parte final deste capítulo inclui meditações com visualização transmitidas por Djwhal Khul para essa finalidade.

3. *Projeção*

O terceiro passo envolve a utilização da vontade, ou poder da vontade, e o uso de uma palavra de poder para transmitir essa linha ou ponte de substância de Luz. A ação de enviar uma palavra de poder com o poder da vontade por meio do cordão visualizado, com a mais elevada intenção possível, estende os filamentos do cordão de Luz em direção à tríade espiritual e à mônada.

4. *Invocação e Evocação*

Essa invocação feita pelo discípulo atrai agora uma resposta evocativa da tríade espiritual e da mônada. O pai (mônada), operando através do fio criado pelo discípulo, põe-se em movimento para encontrar seu filho (extensão de alma). A mônada, ou Pai do Céu, emite uma projeção de substância de Luz que encontra a projeção criada pelo discípulo na Terra. A projeção inferior e a projeção superior se encontram e o antakarana é construído.

A tensão criada pelo discípulo evoca a atenção da mônada e da tríade espiritual. Com a prática, esse cordão recíproco, ou ponte de energia, torna-se cada vez mais resistente. É uma chama de Luz. Já não existe mais a sensação dos três países separados da personalidade, da alma e da mônada, mas um único ser atuando em todos os planos por esse caminho de Luz.

5. *Estabilização*

No início, o antakarana é muito fino e parecido com um fio. Com a prática, a meditação e uma vida espiritual adequada em todos os níveis de ser, formar-se-á um cordão impossível de se romper.

6. *Ressurreição*

Este último passo relaciona-se com o fortalecimento do cordão antakarana, que então conduz à grande fusão e integração da triplicidade e que, na quarta iniciação, tornou-se dualidade. Essa dualidade, na quinta e, finalmente, na sexta iniciação ou ascensão, torna-se unidade, ou unificação total da personalidade infusa de alma e da mônada que esteve operando por meio da tríade espiritual. Esses dois estados de consciência se integram totalmente na quinta iniciação e se fundem plenamente com o sistema de quatro corpos na sexta iniciação, que é a ascensão ou ressurreição. Os quatro corpos (físico, astral, mental e espiritual) e a personalidade se dissolvem na Luz e se tornam imortais.

PALAVRAS DE PODER

A repetição dos nomes de Deus, de palavras de poder e de mantras é tão importante para o desenvolvimento espiritual e para a realização divina que dediquei um capítulo inteiro ao assunto (Capítulo 24). As palavras de poder às quais a pessoa se sente atraída dependem do treinamento espiritual em vidas passadas, do tipo de raio (ver o capítulo sobre psicologia exotérica e a ciência dos doze raios, Capítulo 10) da alma e da mônada dessa pessoa, da sua preferência individual, da intuição, do sentimento, do tempo de trabalho e da astrologia e numerologia, para citar alguns fatores.

Existem treze palavras ou frases de poder específicas que eu gostaria de recomendar; são algumas dentre as mais fortes que encontrei. São elas:

1. O mantra da alma ou da mônada (ver página seguinte)
2. Elohim
3. Aum
4. Om mani padme hum
5. Eu Sou, Eu Sou o Que Sou
6. Eu sou Deus
7. Eu amo
8. Adonai (Senhor)
9. So Ham (Eu sou Deus)
10. El Shaddai (Deus Todo-Poderoso)
11. YHWH
12. Ram
13. Yod Hay Vod Hay (Pai Divino)

Esses treze mantras, outras palavras de poder que a pessoa já use ou as relacionadas no Capítulo 25, também dão resultado. O objetivo desta meditação é visualizar um cordão de luz que comece na personalidade, passe pela alma e suba até a mônada. A pessoa pode visualizar esse cordão com uma diâmetro equivalente à circunferência da sua própria cabeça ou, no início, se preferir, menor.

O discípulo deve entrar em sintonia com esse antakarana, visualizá-lo no olho da mente, e, com intenção plena e o poder da vontade, repetir a palavra de poder, em voz alta, de três a sete vezes, ou durante quinze minutos, como se fosse uma espécie de meditação com mantra. Depois de entoar esse mantra, o discípulo senta; permanecendo em silêncio e em estado receptivo, apenas sentindo a resposta de sua alma ou de sua mônada, dependendo da etapa em que esteja trabalhando.

Apesar de simples, essa meditação é extremamente poderosa. É fundamental que o discípulo mantenha a consciência firme na Luz durante todo o tempo. Ela pode ser feita várias vezes ao dia, por períodos curtos de tempo, como uma espécie de centramento. Essa prática, somada às outras práticas espirituais, construirá definitivamente o antakarana.

O MANTRA DA ALMA OU MONÁDICO

O mantra da alma ou monádico foi revelado para o mundo por Djwhal Khul por meio dos escritos de Alice Bailey. Posso dizer que é o mantra mais poderoso que já encontrei. Recomendo que se comece e se termine o dia com ele. Recomendo também que não se inicie nenhum tipo de trabalho espiritual sem antes recitá-lo. Esse mantra ativa a alma e a estrela da alma para a realização do trabalho espiritual. As palavras do mantra da alma são:

Eu sou a Alma,
Eu sou a Luz Divina,
Eu sou Amor,
Eu sou Vontade,
Eu sou o Plano Estabelecido.

Talvez os discípulos da quarta iniciação em diante queiram substituir a primeira linha para "Eu sou a Mônada", mantendo o restante do mantra exatamente igual. Chamei esse mantra de monádico e insisto que você o use para construir o antakarana e também quando estiver realizando algo de natureza espiritual. Ainda não encontrei ninguém que não se sentisse satisfeito com os efeitos do seu uso.

A única linha desse mantra que as pessoas talvez não entendam é a última; ela se refere ao plano da alma para a encarnação atual. Segundo Djwhal Khul, esse mantra é o princípio de todas as técnicas ocultas.

Mesmo que o discípulo esteja trabalhando com outro mantra, é bom começar uma meditação recitando o mantra monádico três vezes, e então meditar com o mantra habitual. Ele é como uma ferramenta de ativação que indica à alma e à mônada o momento de entrarem em ação para cumprir sua parte do programa como resposta à invocação.

O FIO TERRA

Djwhal Khul orientou-me a advertir as pessoas para que construam o antakarana não apenas subindo em direção à alma e à mônada, mas também descendo em direção à base da espinha pelo chakra da coluna e daí à Terra. Alguns círculos metafísicos dão a isso o nome de fio terra.

Podemos visualizar esse fio descendo pelas pernas em direção ao centro da Terra ou, se estivermos sentados, como se passasse pela cadeira e entrasse no chão. Como o antakarana, que sobe pelo canal central, esse também deve ter pelo menos o diâmetro da circunferência da cabeça do discípulo.

O ANTAKARANA DEPOIS DA ASCENSÃO

É importante compreender que o antakarana não pára de fato na mônada. Na verdade, ele continua subindo em direção à divindade. O antakarana pode ser projetado na direção de Deus ainda antes da ascensão. O discípulo que medita obterá uma resposta de Deus, e Deus irá ao seu encontro com Seu dedo de fogo e/ou com o fio de substância de Luz. Assim, mesmo os Mestres Ascensionados continuam construindo seus antakaranas à medida que evoluem nos planos cósmicos de existência.

A ESTRELA DA ALMA

A aproximadamente quinze centímetros acima da cabeça, existe uma estrela etérica de Luz. Ela paira sobre a cabeça de cada habitante da Terra. O brilho dessa estrela depende muito do nível evolutivo da extensão de alma na Terra. A estrela da alma não é a alma, mas a sua extensão, um instrumento por meio do qual ela trabalha. Essa estrela é ativada quando recitamos o mantra da alma.

É muito importante compreender a estrela da alma para se ter condições de realizar as demais meditações de Djwhal Khul. No momento em que recitamos o mantra da alma, essa estrela se acende e passa a brilhar como uma estrela resplandecente, pronta para iniciar seu trabalho, desde que seja um trabalho a serviço da alma.

Depois de entoar o mantra da alma, a estrela da alma obedecerá ao pensamento e à visualização criativa e poderá mover-se, expandir-se, contrair-se ou enviar raios de energia para a personalidade. A compreensão, a ajuda e o uso da estrela da alma serão absolutamente incalculáveis para a construção do antakarana e para todas as outras áreas da vida.

O CANAL CENTRAL

O canal central é um termo que se refere à coluna de energia que vai da base da espinha até o topo da cabeça. Às vezes é chamado de chakra da coluna, ou sushumna, e é uma parte componente do sutratma.

Uma das práticas mais importantes do caminho espiritual é a ampliação do canal central e a limpeza de todos os detritos psíquicos. Em termos ideais, o canal central pode ser ampliado até transformar-se numa coluna de Luz com as dimensões da circunferência da cabeça do discípulo. O canal central da maioria das pessoas é um tubo muito estreito e entupido, como o encanamento de um banheiro que não funciona direito.

As três meditações apresentadas a seguir, transmitidas por Djwhal Khul, têm por objetivo abrir e limpar o canal central e também construir o antakarana. É por meio do antakarana e do canal central que a alma e as energias espirituais podem fluir. Um antakarana e um canal central amplos, limpos e bem-estruturados permitem que a pessoa seja preenchida pela Luz do espírito no seu menor pedido. Por isso, não é exagero enfatizar a importância desse trabalho. Uma pequena quantidade de trabalho concentrado trará resultados fantásticos. Depois de entoar o mantra da alma, é também muito interessante perceber que ela e a mônada executam metade do trabalho.

A primeira meditação de Djwhal Khul é a meditação de triangulação.

MEDITAÇÃO DE TRIANGULAÇÃO

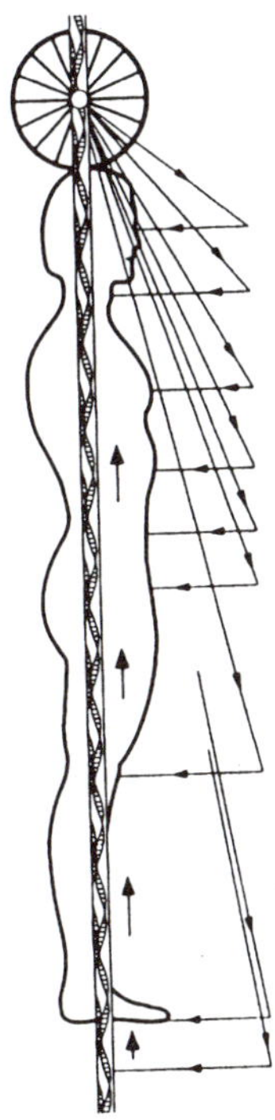

Essa figura faz parte do livro *The Rainbow Bridge, Phase I: The Link with the Soul*. Esse livro e o que o segue, escritos por *Dois Discípulos*, são muito recomendados aos que se interessam por esse trabalho e querem aprender mais. A figura apresenta de modo visual e preciso o processo da meditação de triangulação. A meditação é a seguinte:

1. Recite o mantra da alma três vezes enquanto se concentra na estrela da alma. Visualize a estrela da alma como uma estrela ou um sol brilhante.

2. Depois de recitar o mantra da alma três vezes, com o poder da mente e da imaginação mova a estrela da alma diagonalmente até posicioná-la a uma distância de 30 centímetros à frente do terceiro olho. Em seguida, recue a estrela da alma em linha reta, até o centro da cabeça, fazendo-a entrar no canal central e no chakra da coluna. Pelo canal cen-

tral, leve a estrela da alma para cima, parando 15 centímetros acima da cabeça, na posição em que ela estava inicialmente. Mova a estrela lenta e deliberadamente em seu deslocamento para cima. Enquanto se movimenta, a estrela da alma queima, literalmente, as formas-pensamento ocultas e os detritos psíquicos. Esse trabalho é um esforço de cooperação entre a personalidade e a alma, que utiliza a estrela da alma como instrumento. A alma se enche de entusiasmo quando tem oportunidade de trabalhar com você dessa forma.

3. Repita esse mesmo processo de criação do triângulo com o terceiro olho mais uma vez.

4. Repita o procedimento; agora, porém, crie um triângulo descendo até o chakra da garganta, como indica o diagrama. Execute esse processo duas vezes para o chakra da garganta.

5. Faça a mesma coisa para os chakras do coração, do plexo solar, do sacro, da raiz, dos joelhos, das solas dos pés e para a estrela da Terra que está a uns 30 centímetros abaixo da superfície da Terra. Faça a triangulação duas vezes para cada centro. Pronto, a meditação está terminada.

Essa meditação o ajudará a limpar o canal central e a começar a construir o seu antakarana. Terminada a meditação, e depois de trabalhar com ela durante algum tempo, sugiro que você dê mais um passo: forme um triângulo até a alma, que está acima da estrela da alma. Essa parte da meditação trabalha na construção do antakarana até a alma e dá menor atenção ao canal central.

Se julgar oportuno, você pode também construir um triângulo até a sua mônada ou até a Poderosa Presença do Eu Sou. Sugiro que você faça cada triângulo três vezes e que, ao terminar, recite o seu mantra ou sua palavra de poder, ao mesmo tempo em que visualiza o antakarana e mantém a mente firme na Luz. Num certo sentido, ao fazer isso, você está fazendo a fusão da primeira meditação, que lhe ensinei, com essa segunda meditação de triangulação. Como você pode ver, sentir e intuir, isso é realmente muito forte.

A MEDITAÇÃO DO REDEMOINHO ESPIRITUAL

A aura da maioria das pessoas (corpos etérico, astral e mental) está cheia de detritos psíquicos, formas-pensamento negativas e energia estagnada. O objetivo da meditação a seguir é eliminar do seu campo áurico todo esse material indesejado. Além de provir de sua vida diária normal, parte desse material é sobra da meditação de triangulação, que você acabou de fazer.

A meditação de triangulação retirou os detritos do seu canal central, mas provavelmente jogou certa quantidade deles em sua aura. Há um processo muito simples que a alma utiliza para limpar esse refugo psíquico; ele recebe o nome de meditação do redemoinho espiritual.

Essa meditação consiste em visualizar um vórtice espiritual ou um redemoinho descendo da alma. Visualize-o como um tornado, com a forma de um funil. Esse redemoinho espiritual é formado pela substância energética mais refinada da alma. Embora você o visualize com a mente, esse vórtice espiritual é uma realidade psíquica viva de sua alma. Se você for clarividente, poderá vê-lo e observá-lo descendo da alma, se o tiver invocado. Não pense que esse seja apenas um exercício de visualização. Na verdade, é uma experiência de meditação tanto da alma como da personalidade.

O tubo do seu funil e redemoinho espiritual está no antakarana, descendo em direção ao canal central. À medida que desce, girando no sentido horário, ele recolhe as partículas mais pesadas dos detritos psíquicos.

Deixe que a alma decida com que tamanho, cor e velocidade ela quer se deslocar. A idéia é fazer com que esse redemoinho desça pelo chakra da coroa e passe por todo o seu campo áurico, purificando-o de todos os detritos psíquicos de uma oitava inferior e arrastando todo esse material para as profundezas do centro da Terra. Aí ele se livra do entulho, cessa seu movimento e se dissipa. Crie um redemoinho espiritual bem amplo, de modo a abranger o corpo físico e todo o campo áurico.

Quando o redemoinho espiritual ganha força e poder, ele não precisa mais da direção da personalidade. Nesse ponto, a alma e a estrela da alma estão fazendo o trabalho. Invoque um novo redemoinho espiritual sempre que você queira purificar-se. O redemoinho espiritual inicial perde sua energia quando entra na Terra e descarrega os restos psíquicos. Recomendo que você invoque de três a sete redemoinhos espirituais todas as vezes que praticar essa meditação. Recomendo também praticá-la no início do dia, depois do trabalho e antes de dormir, para manter-se purificado.

Quero acrescentar que faz parte do trabalho da Terra promover a limpeza desse tipo de sujeira ou energia negativa. Não estamos de forma alguma poluindo a Terra por trabalhar com ela dessa forma. Ela fica muito feliz por poder servir dessa maneira.

Para invocar seu redemoinho espiritual, basta seguir estes passos:

1. Repita três vezes o mantra da alma.
2. Visualize o redemoinho espiritual bem alto acima da cabeça, com a ponta do funil no antakarana, e diga: "Na sabedoria da alma, invoco meu vórtice espiritual."
3. Apenas observe ou visualize o redemoinho descendo através do seu campo e, em seguida, para a Terra.
4. Chame e invoque tantos redemoinhos espirituais quantos você necessitar, até sentir-se desobstruído. Normalmente, três a cinco minutos são mais do que suficientes. Se você se sentir desnorteado ou se estiver passando por uma crise emocional ou psicológica, esse processo pode ser extremamente útil. Essas são técnicas simples pelas quais a alma e/ou o eu superior podem ajudá-lo.

MEDITAÇÃO DO SACA-ROLHAS PARA AMPLIAR O CANAL CENTRAL

Nas duas primeiras meditações, purificamos o canal central e limpamos o campo áurico dos detritos psíquicos. O objetivo dessa última meditação de Djwhal Khul é alargar o canal central, de modo que ele chegue às dimensões da circunferência da cabeça. O canal central da maioria das pessoas é um tubo muito estreito e fino, o que limita a quantidade de Luz e de energia que possa descer da alma e da mônada.

Dispomos de uma meditação muito simples para dilatar o canal central. Ela se assemelha à meditação de triangulação, com a diferença de que usa apenas um triângulo em vez de vários. Depois de recitar o mantra da alma, crie um triângulo que desça até a estrela da Terra, sob os pés, como na meditação de triangulação.

Ao começar a mover a estrela da alma para cima, visualize-a como um saca-rolhas girando no sentido horário, subindo pelo canal central, e voltando à posição da estrela da alma, 15 centímetros acima da cabeça. Seu canal central deve medir pelo menos 2,5 centímetros, mas é preferível que ele tenha a largura da cabeça. No início, talvez você prefira uma medida intermediária entre essas duas, enquanto trabalha para ampliá-lo o máximo possível. Nesse sentido, use o seu discernimento e intuição.

Recomendo que pratique essa meditação duas vezes por dia, durante três semanas, tempo necessário para se criar um hábito. Uma vez ampliado o canal central, você está pronto definitivamente. O Mestre Ascensionado Djwhal Khul descreveu o processo dessa meditação como segue:

1. Recite três vezes o mantra da alma em voz alta.
2. Recite o mantra de unificação:

   Os filhos dos homens são um, e eu sou um com eles.
   Eu quero amar, não odiar.
   Quero servir, não ser servido.
   Quero curar, não ferir.
   Que a dor traga a merecida recompensa de Luz e de amor.
   Que a alma controle a forma externa da vida e tudo o que acontece, e traga à Luz o amor que está na base de todos os eventos
   Que a visão e a intuição se manifestem.
   Que o futuro se revele.
   Que a união interior se evidencie e as divisões exteriores se dissolvam.
   Que o amor prevaleça.
   Que todos os homens amem.

3. Construa um grande triângulo que desça até a estrela da Terra.
4. Faça a estrela da alma subir sob a forma de um saca-rolhas, movendo-se no sentido horário, ampliando seu canal central até a dimensão desejada.
5. Finalize a meditação, recitando a Grande Invocação.

A GRANDE INVOCAÇÃO

Do ponto de Luz na mente de Deus,
Flua Luz à mente dos homens.
Que a Luz desça sobre a Terra.

Do ponto de Amor no coração de Deus,
Flua Amor ao coração dos homens.
Que Cristo retorne à Terra.

Do centro onde a Vontade de Deus é conhecida,
Guie o propósito as pequenas vontades dos homens —
O propósito que os Mestres conhecem e a que servem.

Do centro que chamamos de raça dos homens,
Realize-se o Plano de Amor e Luz,
E possa ele selar a porta onde habita o mal.

Que a Luz, o Amor e o Poder restabeleçam o Plano sobre a Terra.

ALGUNS PENSAMENTOS FINAIS

A construção do canal central em toda a extensão até a estrela da Terra é muito importante. Se ele não for construído de uma maneira uniforme, da Terra e dos pés até a coroa, a energia poderá dispersar-se e ficará congestionada, causando problemas de saúde física, especialmente na região do tórax. Essa questão mostra a importância de um aterramento adequado e de uma sintonização com a alma e com a mônada.

Em segundo lugar, recomendo movimentos lentos no início, especialmente se esse tipo de trabalho for novo para você. Depois de construir o canal central e de purificar e refinar os quatro corpos, você pode mover-se mais rapidamente. É melhor ser como a tartaruga, e não como a lebre, que dispara no começo, mas depois se deixa vencer.

Terceiro, a realização desse importante trabalho ajuda realmente a construir o antakarana planetário. Também ajuda a acelerar o reaparecimento do Cristo e a exteriorização da Hierarquia, bem como todos os discípulos que o seguem em seus passos.

6

FASCINAÇÃO, ILUSÃO, MAIA

O guardião do limiar assemelha-se a
uma gigantesca forma-pensamento de
fascinação/ilusão/maia que deve
ser desfeita antes da iniciação
Djwhal Khul,
canalização de Alice Bailey

Em seu livro clássico, *Glamour, A World Problem*, Djwhal Khul dividiu os níveis de engano em três categorias. Temos enganos no plano astral, ou emocional, no plano mental e no plano etérico. Cada plano tem uma forma de engano, própria do seu nível, e a cada uma corresponde um remédio específico.

A forma de engano do plano astral ou emocional se chama fascinação; a do plano mental, ilusão, e a do plano etérico, maia.

O remédio para a fascinação é o que Djwhal Khul chama de iluminação; o remédio para a ilusão é a intuição, e o remédio para maia é denominado inspiração.

"Guardião do limiar" é o termo que Djwhal usa para descrever o conjunto dos enganos dos três níveis que não foram vencidos e subjugados e que devem ser desfeitos antes que ocorra a iniciação. O guardião do limiar é tudo o que um ser humano é, exceto seu eu espiritual superior. Ele é a soma total das forças da natureza inferior, anteriores à iluminação, à intuição, à inspiração e à iniciação.

"O anjo da presença" é o termo empregado por Djwhal para descrever o eu espiritual. O anjo da presença e o guardião do limiar estão em constante conflito. Quando o guardião do limiar é subjugado e dominado, ele se esvaece no esplendor da glória que emana do anjo da presença.

O quadro a seguir resume os princípios mencionados acima.

Plano	Problema	Remédio
1. Consciência do cérebro físico	Guardião do limiar	O anjo da presença
2. Astral	Fascinação	Iluminação
3. Mental	Ilusão	Intuição
4. Etérico	Maia	Inspiração

O PROBLEMA DO ENGANO COM RELAÇÃO ÀS RAÇAS-RAÍZES

O segundo passo na compreensão desse processo é aplicar esses princípios às antigas raças-raízes deste planeta.

A lição mais importante da raça-raiz lemuriana foi a sintonia com o físico. O problema com que os lemurianos se defrontavam, portanto, era maia. As energias etéricas estavam intimamente ligadas com o plano físico. O corpo etérico é o corpo de energia do corpo físico.

A principal lição da raça-raiz atlante foi a sintonia com os níveis astral e emocional. Nesse caso, seu principal problema era a fascinação. A raça ariana, à qual pertencemos, está sintonizada com o mental, e a ilusão é o nosso maior problema.

A ioga dos lemurianos era a hatha ioga, e eles se ocupavam com a primeira iniciação. A ioga dos atlantes era a bhakti ioga, e eles se dedicavam à segunda iniciação. A ioga da raça ariana é a raja ioga, e estamos tratando da terceira iniciação.

O quadro a seguir resume as informações acima.

Raça	Problema	Ioga	Objetivo
Lemuriana	Maia	Hatha Ioga para aspirantes Laia Ioga para discípulos	Primeira iniciação Inspiração
Atlante	Fascinação	Bhakti Ioga para aspirantes Raja Ioga para discípulos	Segunda iniciação Iluminação
Ariana	Ilusão	Raja Ioga para aspirantes Agni ou Ashtanga Ioga para discípulos	Terceira Iniciação Intuição
Futura raça-raiz meruviana	Nenhum	Ashtanga ou Agni Ioga	Quarta Iniciação Libertação da Roda de Renascimentos
Futura raça-raiz paradisiana	Nenhum	Desconhecido	Quinta Iniciação

FASCINAÇÃO

A fascinação tem caráter astral e é mais forte do que a ilusão, porque mais de 50% dos seres humanos ainda são dirigidos pelo corpo emocional. A fascinação encobre a verdade com neblinas e névoas de reação sentimental e emocional e de consciência de vítima. Ela é um dos principais meios que a "Fraternidade Negra" utiliza para afastar do caminho os aspirantes bem-intencionados.

Quando o aspirante se depara reagindo com espírito crítico, com sentimentos de separação e com orgulho, é sinal que se tornou presa da fascinação. Quando o aspirante se livra dessas características, ele está se preparando para dissipar e abandonar a fascinação. O melhor método para isso é ser um canal puro para a energia da alma, o que significa manter uma atitude espiritual com relação à vida, contrária a uma atitude egoísta.

A pessoa que se tornou presa da fascinação precisa aprender a identificar-se mais intimamente com o corpo mental ou, em outras palavras, a polarizar-se. Quando a pessoa se identifica muito com o corpo emocional, torna-se uma "montanha-russa emocional". A essa fascinação Djwhal chamou de pares de opostos.

Quando a pessoa se torna mais polarizada mentalmente, desenvolve o caminho do meio, caracterizado pelo equilíbrio e pela serenidade. Quando o discípulo aprende a desenvolver o correto alinhamento com sua alma, ele obtém como resultado um aumento da Luz que ilumina a mente e a consciência cerebral, o que representa uma grande ajuda no desenvolvimento da percepção espiritual, quando comparada com a percepção que o ego tem da realidade.

A fascinação impede que a pessoa veja a vida e as condições circundantes com clareza, com objetividade e como realmente são. O tipo emocional pode ser levado pelas aparências e esquecer o que elas escondem. Nos tempos lemurianos, a fascinação e a ilusão eram relativamente desconhecidas porque a raça-raiz havia se desenvolvido só até a sintonia física. A humanidade era mais instintiva até então.

A fascinação começou a se desenvolver na época da Atlântida. É interessante destacar que os outros reinos da natureza estão relativamente livres da fascinação e da ilusão.

No nível terrestre, Buda e seus novecentos arhats (iniciados de quarto grau) lançaram o primeiro ataque contra o mundo da fascinação quando ele criou suas quatro nobres verdades. Cristo deu o segundo golpe com os seus ensinamentos sobre a responsabilidade individual e a fraternidade. A terceira investida está sendo desferida pelo Novo Grupo de Servidores do Mundo, que trabalha sob a direção do Cristo e de seus discípulos.

Cada ser humano precisa ocupar-se, não apenas com sua fascinação pessoal, mas também com a fascinação da sua família, do seu país e da raça humana como um todo. A fascinação da família refere-se à "vida de desejo" da família, tanto do passado como do presente. A fascinação nacional é a soma da vida de desejo de uma nação. A fascinação da raça humana é o total de todas as fascinações armazenadas na consciência ou na mente da raça.

O discípulo que deseja dissipar a fascinação deve fazer duas coisas: ancorar-se no seu ser espiritual e manter a mente firme na Luz. Isso significa manter a consciência e a mente constantemente em Deus, na alma e numa atitude espiritual. Aconteça o que acontecer, ele precisa ser um vigilante de Deus e de Seu reino.

As fascinações que aprisionam a humanidade são:

1. A fascinação da matéria. Trata-se de uma excessiva identificação com tudo o que é material e com o desejo voraz de posses e/ou de dinheiro.

2. A fascinação do sentimento. É o pseudo-amor, baseado no apego e na idéia fixa de amar e de ser amado.

3. A fascinação dos pares de opostos. Aqui o discípulo oscila entre opostos, sem conseguir equilibrar-se. O ideal é manter-se sereno em todas as situações de lucro ou prejuízo, de prazer ou dor, de doença ou saúde, de vitória ou derrota, de louvor ou crítica. Essa fascinação também está relacionada com o desapego. Quando não nos apegamos a coisas ou a pessoas, não sofremos.

4. A fascinação da devoção. Refere-se às pessoas que defendem uma causa de maneira fanática e extremada.

5. As fascinações do caminho espiritual. Estas incluem trabalhar com os Mestres Ascensionados tendo por base uma perspectiva negativa do ego.

É fundamental compreender que o remédio para dissipar a fascinação é a iluminação. É inútil tentar eliminar a fascinação com a intuição ou com a inspiração. É a mente iluminada, ou o pensamento de Cristo, que pode fazer isso. A fascinação astral precisa usar a mente iluminada, do mesmo modo que as ilusões do plano mental necessitam do nível imediatamente superior a ele, ou seja, da intuição. A fascinação astral exige um pensamento rigoroso, justo e correto a serviço da orientação da alma, o que é obtido pelo discernimento e pela análise e avaliação corretas.

Seguem alguns exemplos de fascinações comuns aos sete raios, apresentados por Djwhal Khul no livro de Alice Bailey, *Glamour, A World Problem*.

Primeiro raio:

A fascinação da força física
A fascinação do magnetismo pessoal
A fascinação do egocentrismo e do poder pessoal
A fascinação do "eu no centro"
A fascinação da ambição pessoal egoísta
A fascinação do mando, da ditadura e do controle exagerado
A fascinação do destino egoísta, do direito divino dos reis exigido para si mesmo
A fascinação da destruição
A fascinação do isolamento, da solidão, do afastamento
A fascinação de impor a própria vontade sobre pessoas e grupos

Segundo raio:

A fascinação do amor e de ser amado
A fascinação da popularidade
A fascinação da sabedoria pessoal
A fascinação da responsabilidade egoísta
A fascinação de uma compreensão absoluta que nega a ação correta
A fascinação da piedade de si, básica desse raio
A fascinação do complexo do messias no mundo da religião e das necessidades do mundo
A fascinação do medo baseado na sensibilidade excessiva
A fascinação do auto-sacrifício
A fascinação do altruísmo egoísta
A fascinação da auto-satisfação
A fascinação do serviço egoísta

Terceiro raio:

A fascinação de estar ocupado
A fascinação de cooperar com o plano de uma forma mais individualista do que grupal
A fascinação da maquinação ativa
A fascinação do trabalho criativo, sem um motivo verdadeiro
A fascinação das boas intenções, que são basicamente egoístas
A fascinação da "aranha no centro"
A fascinação de "Deus na máquina"
A fascinação da manipulação dissimulada e contínua
A fascinação de considerar-se importante, do ponto de vista do saber e da eficiência

Quarto raio:

A fascinação da harmonia, visando o conforto e a satisfação pessoais
A fascinação da guerra
A fascinação do conflito, com o objetivo de impor a justiça e a paz
A fascinação da percepção artística vaga
A fascinação da percepção psíquica em vez da intuição
A fascinação da percepção musical
A fascinação dos pares de opostos, em seu sentido mais exacerbado

Quinto raio:

A fascinação da materialidade, ou da ênfase excessiva na forma
A fascinação do intelecto
A fascinação do conhecimento e da definição
A fascinação da segurança baseada numa perspectiva limitada
A fascinação da forma que esconde a realidade
A fascinação da organização
A fascinação do exterior, que oculta o interior

Sexto raio:
- A fascinação da devoção
- A fascinação da aderência a formas e pessoas
- A fascinação do idealismo
- A fascinação de lealdades, de credos
- A fascinação de reação emocional
- A fascinação do sentimentalismo
- A fascinação da interferência
- A fascinação dos pares de opostos inferiores
- A fascinação de Salvadores e Professores do Mundo
- A fascinação da visão estreita
- A fascinação do fanatismo

Sétimo raio:
- A fascinação do trabalho mágico
- A fascinação dos poderes subterrâneos
- A fascinação daquilo que reúne
- A fascinação do corpo físico
- A fascinação do misterioso e do secreto
- A fascinação da magia sexual
- A fascinação das forças manifestas emergentes

ILUSÃO

A ilusão é uma atividade da alma e o resultado do aspecto mental de todas as personalidades encarnadas em manifestação. Quando uma pessoa deixa que o seu ego interprete a realidade, e não sua alma ou seu sistema espiritual, ela se perde na ilusão. No contexto do sistema de quatro corpos, as pessoas de natureza mais intelectual do que emocional tendem mais à ilusão do que à fascinação.

A decepção é criada pela compreensão errônea de idéias e de formas-pensamento. A personalidade encarnada precisa aprender a suprir a mente e o cérebro com a Luz da alma. Somente a intuição, e não a iluminação ou a inspiração, como Djwhal as definiu, pode dissipar a ilusão. É na meditação e nas técnicas de controle mental que as personalidades encarnadas encontrarão o meio de se livrar da ilusão. O plano mental é especialmente importante neste período específico da história, porque fazemos parte da raça ariana, que, repito, está sintonizada com esse plano.

A ilusão começou a se manifestar num período em que os seres humanos já se encontravam num estágio avançado de evolução, nos tempos atlantes mais recentes. Nos livros de Alice Bailey, Djwhal Khul definiu a ilusão como "a reação da mente indisciplinada ao mundo de idéias com que ela entra em contato".

Vários são os fatores que levam a essa distorção no plano mental. Podemos relacioná-los da seguinte maneira:

1. O ponto de evolução a que a personalidade encarnada chegou;
2. A integração ou a falta de integração dos corpos físico, emocional, mental e espiritual;
3. O grau de sintonia e de iluminação alcançado pela alma;
4. O tipo de raio do corpo mental da personalidade encarnada, que dá colorido à interpretação que a personalidade encarnada dá às idéias;
5. O nível de desenvolvimento do corpo mental;
6. O tipo de raio da alma, que também dá colorido à interpretação de idéias da pessoa.

Um meio eficaz para dissipar a ilusão é aprender a "manter a mente firme na Luz". A maioria das pessoas deixa a mente divagar, não a mantendo focalizada. As pessoas não foram treinadas para assumir seu poder pessoal e a exercer o domínio sobre si o tempo todo. Elas se deixam "operar pelo piloto automático" e se distraem. Quando isso acontece, o ego, ou eu inferior, passa a dirigi-las.

O aspirante deve comprometer-se a nunca permitir que sua mente desvie seu foco de Deus, de sua alma e de sua atitude espiritual. Se ele agir assim, sua vida se transformará radicalmente, e depois da batalha inicial com a mente subconsciente e com o ego negativo, isso se tornará um hábito. Manter a mente na Luz todo o tempo trará "a paz que transmite compreensão".

O domínio da mente levará a pessoa à terceira iniciação e à fusão da alma. Lembre-se que a primeira iniciação tem relação com o domínio físico; a segunda, com o domínio emocional, e a terceira com o domínio da mente e da personalidade tríplice a serviço da alma. Depois disso, só mais uma iniciação é necessária para libertar-se da roda de renascimentos. A quinta iniciação levará à fusão monádica e espiritual; e a sexta, à ascensão. Nunca se enfatizará o suficiente a necessidade de controlar a mente. Deus e os Mestres Ascensionados não farão esse trabalho pelas pessoas. Elas é que devem realizá-lo. O aspirante não deve esquecer que são os seus pensamentos que criam a realidade em que ele vive.

O remédio para a ilusão é a intuição, que leva a um entendimento progressivo dos caminhos de Deus no mundo em benefício da humanidade e ao desenvolvimento do conhecimento e da razão puros. Djwhal relacionou quatro tipos de pessoas que podem receber a revelação por meio do despertar da intuição:

1. As que estão na linha dos salvadores do mundo,
2. As que estão na linha dos profetas,
3. As que estão na linha dos verdadeiros sacerdotes,
4. As que estão na linha dos místicos práticos ou dos ocultistas.

Djwhal Khul também afirmou que a ilusão normalmente se manifesta sob um dos sete modos seguintes:

1. O modo da percepção errada,
2. O modo da interpretação errada,
3. O modo da apropriação errada,
4. O modo da direção errada,
5. O modo da integração errada,
6. O modo da materialização errada,
7. O modo da aplicação errada.

Para uma análise mais profunda desses princípios, recomendo a leitura do livro *Glamour, A World Problem*, de Alice Bailey, páginas 57 a 65.

Também vale a pena mencionar aqui que toda fração de fascinação que o discípulo dissipa e de ilusão que ele percebe e supera limpam o caminho para os que vêm em seguida e o tornam mais fácil para os seus companheiros. Os que passaram prestaram o mesmo serviço para os que estão aqui agora.

Também é importante a pessoa entender que o simples fato de perceber e de aceitar que está lutando contra a ilusão a leva a grandes progressos. A maioria das pessoas nem sequer percebe que é presa da fascinação, da ilusão e de maia.

MAIA

Os primeiros sinais da fascinação se manifestaram nos tempos lemurianos. Maia só se revela quando a pessoa inicia o caminho de provação. O problema é que ela tem relação com o mundo das forças vitais. Uma pessoa pode ser vítima das emoções, dos pensamentos e também, simplesmente, da energia ou força vital. Até alcançar o domínio de si mesmo, o aspirante pode ser assolado por todos os tipos de forças descontroladas. É por isso que maia é predominantemente uma dificuldade do plano etérico e do corpo etérico.

Essas forças descontroladas passam pelos sete chakras, produzindo reações e efeitos que podem ser desastrosos, se não forem controlados adequadamente. Maia é a denominação dada a essas energias, forças e impulsos descontrolados que emanam do mundo de prana e da força latente da matéria em si.

Essa massa de forças descontroladas pode ter origem na natureza animal, no mundo e/ou no ambiente em que a pessoa se encontra. Grande parte da humanidade é governada por maia até iniciar o caminho da provação. Maia governa as pessoas quando elas são controladas por forças que não provêm diretamente da alma.

Quando as pessoas são dirigidas por forças físicas (maia), astrais e mentais, geralmente estão convencidas de que essas forças estão certas para elas. É exatamente esse o problema de maia. É o mesmo que acontece quando as pessoas pensam ou sentem que suas opiniões ou perspectivas estão corretas, embora possam ser completamente egóicas e baseadas na personalidade.

No livro de Alice Bailey, *The Problem of Glamour*, ao tratar de maia, Djwhal Khul afirmou que muitas pessoas, especialmente as massas ignorantes, são inspiradas unicamente pelo desejo — material, físico e transitório. O desejo animal para a satisfação dos apetites animais, o desejo material de posses e dos prazeres da vida, a ânsia por "coisas", por conforto e segurança — econômica, social e religiosa — controlam a maioria. O homem está sob a influência da forma mais densa de maia, e as forças de sua natureza se concentram no segundo centro quando isso acontece.

No caso da fascinação, as forças da natureza humana se armazenam no plexo solar. A fascinação é sutil e emocional, enquanto maia é tangível e etérica.

O que o discípulo tem a fazer é expor todos os chakras à inspiração da alma e transmutar as forças dos chakras inferiores, que controlam a personalidade, em energias dos chakras que estão acima do coração e que respondem automaticamente à inspiração da alma. O remédio para maia é a inspiração, que a enfraquece e a dissipa.

Por relacionar-se com o domínio físico, é a primeira iniciação que trata do domínio de maia. Fascinação, maia, ilusão e a expressão o "guardião do limiar", são termos que representam o mesmo conceito geral ou, se não, pequenas nuanças do mesmo conceito.

O GUARDIÃO DO LIMIAR E O ANJO DA PRESENÇA

O guardião do limiar é o que está diante do portão de Deus e do portal de iniciação. O guardião assemelha-se a uma gigantesca forma-pensamento de fascinação/ilusão/maia que deve ser dissipada antes da iniciação. O aspirante só toma consciência do guardião momentos antes da iniciação.

O guardião do limiar alcançará sua força máxima no final deste ciclo ariano e na vida de todos os iniciados antes de receberem a terceira iniciação. Lembre-se, é a terceira iniciação, relacionada com o domínio mental e com o domínio da personalidade tríplice, que leva à fusão da alma. A terceira iniciação é o domínio dos corpos físico, emocional e mental e, portanto, de maia, da fascinação e da ilusão.

Na quarta iniciação, o iniciado demonstra aptidão para produzir uma sintonia total (*atonement* = *at-one-ment* = uma só mente) entre os aspectos superior e inferior da alma em manifestação; e assim, o guardião do limiar se dissolve no Anjo da Presença e desaparece. A Luz absorve a escuridão.

No estágio inicial, o guardião tem o controle. No segundo estágio, o guardião, ou a personalidade, entra em conflito e fica indeciso quanto a escolher entre os desejos materiais e o desejo pela realização de sua alma e pela iniciação. O terceiro estágio acontece quando a personalidade escolhe decididamente o caminho da alma e aprende a "manter a mente firme na luz". Essa capacidade permite ao indivíduo controlar sua natureza inferior, e, assim, o guardião é gradualmente subjugado, controlado e dominado.

RESUMO

O discípulo que está no caminho probatório e na iniciação tem três tarefas principais a cumprir para dissipar a fascinação, a ilusão, maia e o guardião do limiar:

1. Tornar-se apto a distinguir os três diferentes níveis de distorção;
2. Descobrir que condições no meio ambiente ou na constituição individual fazem com que esses aspectos se desenvolvam; e
3. Descobrir que métodos são eficazes para obter o domínio sobre os efeitos somados desses aspectos.

Toda pessoa pode descobrir dentro de si mesma a forma que o seu guardião do limiar pessoal assume. O meio para isso é perceber em maior profundidade se a pessoa é do tipo físico, emocional ou mental, ou se é uma combinação de dois ou até dos três tipos. Recomendo também um estudo cuidadoso dos três níveis de iniciação no livro de Djwhal, *Initiation, Human and Solar*, de Alice Bailey.

Sugiro também um estudo atento do livro de Alice Bailey, *Glamour, A World Problem*. Djwhal Khul escreveu o que considero um estudo absolutamente brilhante e minucioso de todo o processo.

Antes de concluir este capítulo, eu gostaria de acrescentar três informações com que deparei em minhas pesquisas sobre a obra de Alice Bailey e que considero interessantes.

Neste capítulo, estivemos falando sobre o fator distorção nos três níveis do nosso ser (mental, emocional e etérico). O corpo etérico está intimamente relacionado com o corpo físico. O corpo físico contém dentro de si instintos herdados. Quando usamos o termo "instintos", normalmente pensamos que eles pertencem exclusivamente aos animais e que não fazem parte da condição humana. Em seus escritos, Djwhal Khul apresentou um estudo detalhado dos instintos animais, humanos e divinos. Eu repasso essa informação a você, para que possa aprofundar o seu próprio estudo e suas meditações. Pessoalmente, considero o paralelo bastante interessante.

Instintos nos reinos animal, humano e divino

Animal	**Humano**	**Divino**
Autopreservação	Criatividade Autopreservação	Imortalidade
Sexo	Sexo, Amor humano	Atração
Instinto gregário	Gregarismo	Consciência grupal
Curiosidade	Investigação: análise e afirmação de si	Impulso evolutivo

OS ARQUÉTIPOS

Outro fator para purificar-se e libertar-se da fascinação, da ilusão e de maia é compreender os arquétipos. Se não estou enganado, foi o famoso psicólogo suíço Carl Jung que cunhou esse termo. Minha querida amiga Marcia Dale Lopes, uma instrutora espiritual que reside em Nova York, definiu os arquétipos de forma muito clara e concisa:

"Arquétipos são temas míticos subjacentes que podemos encontrar em todas as raças e culturas de todos os tempos. Os arquétipos são funções atemporais ou estereótipos básicos que representam diferentes formas de comportamento.

Em outras palavras, os arquétipos são modelos de papéis universais ou personificações de temas perenes. Podemos identificá-los nos personagens principais das lendas, dos contos de fadas, das peças de Shakespeare e das histórias da Bíblia."

Relaciono a seguir doze formas arquetípicas básicas, a maioria das quais é bem conhecida de todos. Em minha opinião pessoal, o objetivo desses arquétipos, como o de todos os papéis em geral, é que os representemos, se isso for proveitoso à vida e ao caminho espiritual que seguimos, e, acima de tudo, que os representemos conscientemente. O perigo surge quando esses papéis e arquétipos representam o discípulo em vez de o discípulo representá-los.

O segundo ponto-chave é o perigo de viver um arquétipo específico que poderia provocar um desequilíbrio psicológico. Esse pode ser um tipo de fascinação de opostos, que mencionei anteriormente neste capítulo. Por exemplo, uma pessoa pode viver o arquétipo do mártir; entretanto, uma de suas lições espirituais poderia ser também aprender a ser espiritualmente egoísta.

O arquétipo do sábio pode precisar aprender a ser parvo para encontrar o equilíbrio. Cada subpersonalidade tem uma subpersonalidade oposta. Um arquétipo, sendo um tipo de subpersonalidade mítica universal, talvez precise ser equilibrado também; ao realizar esse equilíbrio, a pessoa não estará servindo ao ego negativo e ao eu inferior.

Muitas pessoas se identificam com um grande número desses papéis e modelos arquetípicos, e isso também é bom. Não existe certo ou errado; existe apenas o que é apropriado para o caminho e para a missão espiritual da pessoa nesta existência e a questão de ser inteiro e equilibrado na vida. No quadro de referência maior, é essencial dominar e integrar os doze arquétipos básicos.

Num sentido semelhante, a pessoa precisa dominar os doze signos do zodíaco e as dez sephiroth da Árvore da Vida. Isso não significa que ela deva fazer tudo isso numa única existência. Existe também a possibilidade de uma outra extensão de alma ser mais forte em certos arquétipos, enquanto ela própria é forte em outros.

É uma boa idéia permitir-se interpretar esses diferentes arquétipos durante esta vida, de modo a alcançar o maior sentido de plenitude possível. Muitos arquétipos foram vividos em vidas anteriores e, por isso, não precisam mais ser vividos nesta vida.

O resultado mais importante é permitir que a orientação da alma e da mônada nos guie para a aplicação apropriada desses estados de consciência universais. Pode ser muito interessante pensar e meditar sobre esses doze arquétipos.

Os Arquétipos

Destruidor
Agitador
Inimigo
Traidor
Malvado
Mexeriqueiro
Diabólico
Patife
Velhaco

Louco
Correr riscos
Palhaço
Estouvado
Lunático
Louco
Louca
Galanteador
Desmiolado

Inocente
Artista
Criança
Jovem
Inofensivo
Amante
Confiável
Admirador

Mago
Fada madrinha
Merlin
Sacerdote/Sacerdotisa
Xamã
Feiticeiro
Charlatão
Bruxo
Mandingueiro

Mártir
Grande alma
Santo
Salvador
Perdedor
Lutador
Vítima infeliz

Patriarca
Ancestral
Pai
Mãe
Velho
O Grande Pai
A Grande Mãe

Regente
Aristocrata
Imperador/Imperatriz
Juiz
Príncipe/Princesa
Rei/Rainha
Superior

Sedutor
Enganador
Encantador
Amante
Galanteador
Tentador/Tentadora

Buscador
Aventureiro
Explorador
Eremita
Caçador
Monge
Pioneiro
Perseguidor
Peregrino
Admirador

Servo
Assistente
Atendente
Serviçal
"Braço direito"
Escravo
Súdito
Subordinado
Trabalhador

Guerreiro
Lutador
Gladiador
Caçador
Cavaleiro
Rival
Soldado
Sobrevivente
Batalhador
Professor
Pensador

Sábio
Guru
Santo
Mestre
Místico
Oráculo
Filósofo
Profeta
Sábio

O DESENVOLVIMENTO PSÍQUICO E OS SENTIDOS

Do mesmo modo que temos cinco sentidos físicos, temos também cinco sentidos sutis, que são contrapartidas espirituais dos cinco sentidos externos. O quadro a seguir mostra a progressão dos sentidos e dos supersentidos à medida que passamos pelas cinco primeiras dimensões da realidade, como Djwhal Khul as descreveu nos livros de Alice Bailey.

A falta de compreensão desse processo é causa de muita fascinação nos campos psicológico e espiritual. Em meu desenvolvimento e avanço no caminho espiritual, é muito interessante encontrar pessoas extremamente psíquicas, embora nem sempre sejam espiritualistas. Alguns têm muita dificuldade para entender isso. Como essas pessoas podem ser tão desenvolvidas psiquicamente e todavia nem sequer acreditam em Deus?

Com freqüência, os sentidos psíquicos têm origem no que Djwhal Khul descreveu como "sentidos astrais", e muitas vezes as pessoas ficam presas a esse nível. Outro exemplo é o de pessoas que canalizam entidades astrais que não são evoluídas. O quadro apresenta uma espécie de mapa de alguns sentidos superiores nos planos causal, búdico e átmico, que muitas pessoas talvez não conheçam.

Não há absolutamente nada de errado em desenvolver os sentidos astrais. É até mesmo importante usá-los para compreender que existem sete dimensões da realidade e sete níveis de aparelhos sensoriais. O quadro da página seguinte descreve as cinco primeiras dimensões da realidade, conduzindo a pessoa até a porta da ascensão e/ou da fusão com o plano monádico.

Os Sentidos e os Supersentidos

Todo o conhecimento Perfeição Realização Serviço ativo Bem-aventurança	Sentidos átmicos	Plano Átmico
Idealismo Intuição Visão divina Cura Compreensão	Sentidos búdicos	Plano Búdico
Telepatia espiritual Reação à vibração do grupo Discernimento espiritual	Sentidos mentais superiores	Plano Astral-Emocional
Discriminação Clarividência superior Psicometria planetária Clariaudiência superior	Sentidos mentais inferiores	
Idealismo emocional Imaginação Clarividência Psicometria Clariaudiência	Sentidos astrais	Plano Físico-Etérico
Olfato Gosto Visão Tato, sensação Audição	Sentidos físicos	

7

A MORTE, O MORRER E A CIÊNCIA DO BARDO

Ao morrer, o último pensamento
é que determina o lugar para
onde você vai
Bhagavan Krishna, no
Bhagavad Gita

A perspectiva da alma com relação à morte é bem diferente da que é exposta pelo pensamento ocidental atual. A visão da ciência moderna é uma meia-verdade. Para ela, só é real o que podemos ver com os olhos físicos e perceber com os cinco sentidos. Essa abordagem limitada induz os adeptos a interpretar a morte como um fato totalmente material — a morte do corpo físico como a morte da pessoa — porque ainda não compreenderam a existência da alma.

A segunda teoria sobre a morte é a da imortalidade condicional. De acordo com essa teoria, a imortalidade é possível, desde que se cumpram algumas condições. É preciso aceitar Jesus, ligar-se a uma Igreja e deixar que Ele absolva todos os pecados. Se não fizer isso, a pessoa irá para o inferno ou não haverá vida após a morte do corpo físico.

A terceira visão é a da reencarnação, aceita pela maioria dos habitantes do planeta Terra, mas muito menos no mundo ocidental do que no oriental. Isso acontece porque os altos escalões da Igreja retiraram da Bíblia todas as referências à reencarnação no Segundo Concílio de Constantinopla, em 553 d.C. Isso está registrado nas atas daquele encontro que aparecem em nossos livros de história atuais. As autoridades da Igreja não gostavam do conceito porque ele lhes retirava o controle sobre as pessoas.

Sem dúvida, a reencarnação é um fato. Somos extensões de alma de nossa alma e reencarnamos indefinidas vezes na tentativa de realizar nossa verdadeira identidade como filhos de Deus. Na realidade, não existe isso que chamamos de morte. Ela é uma ilusão do sistema de pensamento do ego negativo.

Por definição, ego é o sistema de pensamento que se identifica com a matéria. Quando acreditamos que somos corpos físicos, e não almas que vivem em corpos físicos, concluímos que a morte é real. A morte não é senão a transformação de um estado de consciência em outro. Ensinaram-nos a vê-la como o terror derradeiro, quando na verdade ela é a libertação suprema.

Nesta sociedade, e como fazemos com tudo, é às avessas que entendemos a morte. O terror derradeiro deveria ser o nascimento, não a morte. Como espíritos livres, quando nascemos temos de entrar num corpo físico minúsculo e limitado de bebê, ficando à mercê dos nossos pais físicos. É assustador!

A morte é a possibilidade que temos de nos libertar da ilusão da forma e de retornar ao nosso lar espiritual. Encarnar é como vestir um escafandro e tentar caminhar debaixo da água com ele. A morte é a libertação desse estado de consciência absolutamente limitado.

A morte real, que ocorreu em muitas de nossas encarnações, foi a morte da alma. Isso não deve ser tomado em sentido literal, mas no sentido de que nós, como extensões de alma, entramos na matéria, identificamo-nos excessivamente com ela e adormecemos para nossa verdadeira identidade. Nesse sentido, morremos para essa verdadeira identidade, que é a alma.

Também morremos todas as noites, quando dormimos. Morremos para a consciência física, transladamo-nos para nosso corpo e consciência espiritual e viajamos.

Ao iniciar nossa análise da morte e do morrer, eu gostaria de relacionar algumas outras formas de experienciar a morte no caminho espiritual.

1. A morte física. Todos passamos por ela de duzentas a duzentas e cinqüenta vezes. Somos especialistas nisso.

2. A morte do eu negativo e/ou da personalidade. Ela ocorre nos estágios mais avançados da evolução de uma extensão de alma, geralmente na terceira iniciação.

3. A morte do desejo. Esta também tem início na segunda iniciação e termina com a morte definitiva na terceira iniciação.

4. A segunda morte. Este é um termo ocultista que se refere à combustão do corpo causal, ou corpo da alma, na quarta iniciação, quando morremos para o corpo da alma e para a própria alma, que volta a fundir-se na mônada.

5. Morremos novamente na nona iniciação. Nessa iniciação, abandonamos ou morremos para o plano físico cósmico. Rompemos todo contato com o plano físico e nos dirigimos para os planos cósmicos superiores.

6. A morte dos corpos etérico, astral e mental. Morremos para o corpo etérico em todas as encarnações. Após certos estágios da evolução espiritual, morremos também para os corpos astral e mental.

EVOLUÇÃO ESPIRITUAL

Por essa análise, você pode ver que estamos sempre morrendo, o que nos niliariza bastante com a morte. E a cada morte corresponde um renascimento. processo de iniciação não é nada mais do que a morte para um determinado estágio e nível de consciência e o renascimento para um estado de consciência mais expandido e libertador. Ela só é dolorosa quando nos apegamos ao nível ou estágio pelo qual estamos passando.

A MORTE NÃO É NECESSARIAMENTE UM ACONTECIMENTO INFAUSTO

Nesta nossa sociedade, aprendemos que a morte é um acontecimento muito triste e infeliz. Na Índia, a morte de uma pessoa é motivo de verdadeira celebração, porque todos sabem que a alma se libertou das amarras do veículo físico. As pessoas se sentem felizes por essa alma. Quando uma extensão de alma sofre num veículo físico alquebrado e doentio, a morte se torna um amigo benfazejo.

A medicina ocidental procura manter as pessoas vivas a qualquer custo. Essa identificação materialista nem sempre corresponde aos objetivos da alma. As pessoas precisam entender que a continuação da vida num corpo físico não é a meta mais elevada a ser atingida.

Quando uma pessoa morre, ela não perde sua individualidade. No outro lado, ela continua sendo a mesma pessoa que foi neste lado. A única diferença é que ela deixa de ter seus corpos físico e etérico. Quando morrem, quase todas as extensões de alma habitam seu corpo astral e, por isso, estão no mundo astral. Extensões de alma mais avançadas espiritualmente, e que têm uma polarização mais mental do que emocional, estarão em seu corpo mental e no plano mental. Esotericamente, esse plano de existência é chamado Devachan.

Os iniciados que estão num estado de consciência ainda mais elevado encontrar-se-ão em seus corpos búdico, átmico e/ou de Luz, ou ascensionado.

O lugar para onde as pessoas vão ao morrer é totalmente determinado pelo desenvolvimento que tiveram em suas vidas anteriores e na que está sendo concluída. Quando morrem, as pessoas são atraídas, como um ímã, para o nível de consciência que adquiriram, mas não sem antes passar pela experiência do bardo, de três dias. (Analisaremos essa experiência com mais detalhes um pouco adiante, ainda neste capítulo.) É por isso que é muito importante que as pessoas se desenvolvam espiritualmente o máximo possível enquanto ainda estão neste corpo físico.

No *Bhagavad Gita*, Krishna disse: "Ao morrer, é o último pensamento que determina o lugar para onde você vai." Isso é verdade, e assim, de fato, toda a nossa vida é um esforço no sentido de morrer com o pensamento voltado para Deus.

Esse mesmo processo acontece quando dormimos à noite. O lugar para onde vamos quando dormimos é determinado pelo último pensamento que temos antes de adormecer. Se, antes de dormir, assistirmos ao noticiário, provavelmente terminaremos no local do planeta que é cenário dos eventos noticiados. Se, porém, passarmos algum tempo meditando, orando ou fazendo leituras espirituais, provavelmente iremos para planos de existência celestiais.

Paramahansa Yogananda, o grande santo da Índia, disse que o passamento, ou a morte, das pessoas será uma experiência maravilhosa se elas tiverem um mínimo de fé e de objetivo espiritual durante a vida. Só as pessoas totalmente isoladas de sua alma e completamente materialistas e egoístas é que vibrarão nos planos astrais inferiores.

A PESSOA COMUM E O INICIADO

É interessante, mas, para a pessoa comum, a alma não desempenha um papel importante no processo da morte. Quando uma extensão de alma não é muito evoluída, a alma não exerce uma função importante na vida da extensão de alma em nenhum nível da existência, nem mesmo na morte.

O único papel que a alma desempenha é o de determinar o fim do ciclo da vida encarnada quando o veículo físico degenera e é dominado pela doença. A pessoa, ou extensão de alma, geralmente morre quando perde a vontade de viver e quando se deixa dominar pela vontade de morrer, aliada ao processo da doença. No caso da pessoa comum, esse é um processo inconsciente.

A morte do iniciado é uma escolha intencional e consciente de libertar seus veículos. O iniciado faz isso através de um ato de vontade da alma. Em alguns casos, um iniciado profundamente desenvolvido antevê o dia exato de sua morte.

Na Índia, Sai Baba tem atualmente (1993) sessenta e cinco anos de idade. Ele disse que viverá até os noventa e seis anos, quando passará para o mundo espiritual. Sai Baba é um exemplo extraordinário, porque ele não só sabe quando vai morrer, mas também conhece o corpo em que vai nascer na próxima encarnação.

Também Paramahansa Yogananda sabia o momento em que iria morrer, e partiu conscientemente. Ele fez uma palestra para um grande público e, ao terminá-la, deixou conscientemente o corpo. Depois da morte, seu corpo ficou inundado de tanta Luz, que se manteve em perfeito estado de conservação durante quase três semanas. Os agentes da funerária disseram que nunca tinham visto nada parecido.

O FIO DA VIDA, O FIO DA CONSCIÊNCIA E O ANTAKARANA

O fio da vida é também chamado de cordão de prata e de sutratma. Esse é o cordão de Luz que, desde a mônada, e através da alma, desce até a extensão de alma na Terra e dela para o coração. O fio da consciência é um cordão de Luz à parte, que se estende desde a alma até a glândula pineal da extensão de alma. O antakarana é o cordão de Luz que o iniciado constrói desde a personalidade na Terra até a alma, e, após a quarta iniciação, até a tríade espiritual e a mônada.

Chamo sua atenção para esses cordões ou fios de energia porque eles desempenham um papel importante no processo da morte. Durante o sono normal, o fio da consciência é puxado para cima através da alma, o que provoca o sono ou a inconsciência. Assim, a consciência da extensão de alma se concentra no plano interior.

Durante a morte, tanto o fio da consciência como o cordão de prata são recolhidos, fazendo com que a vitalidade deixe de fluir pela corrente sangüínea, pelo coração e pelo cérebro. Esses fios serão analisados em maior profundidade mais adiante.

CREMAÇÃO E SEPULTAMENTO

Em seus escritos, Djwhal Khul tem recomendado enfaticamente a cremação, em substituição ao sepultamento na terra. Ele também insiste que se espere pelo menos setenta e duas horas antes de cremar o corpo, para permitir que a extensão de alma termine a experiência do bardo (pós-morte). Todas as formas se dissolvem com o fogo. Quanto mais rapidamente o veículo físico se extinguir, mais rapidamente se romperá sua ligação com a extensão de alma que se afasta. Segundo Djwhal, algumas razões que justificam a cremação podem ser as seguintes:

1. Acelera a separação dos veículos sutis do corpo etérico; assim, essa separação acontecerá em poucas horas e não em vários dias;
2. Purifica o plano astral;
3. Interrompe a tendência do movimento descendente do desejo;
4. Impede o envenenamento da Terra.

Djwhal Khul chama os cemitérios de manchas psíquicas doentias. Ele predisse que, num futuro relativamente curto, os sepultamentos na terra serão ilegais e que a cremação será imposta como uma medida de saúde e de saneamento. Pense nisso. Quando enterramos um corpo doente com câncer, digamos, estamos envenenando a Terra com esse câncer. Se cremamos o corpo, a mãe Terra fica preservada dessa calamidade. Não devemos esquecer que a Terra é um ser vivo, exatamente como nós.

MAIS ALGUMAS IDÉIAS INTERESSANTES SOBRE A MORTE

Uma idéia muito interessante com a qual acabo de entrar em contato é que quando uma extensão de alma morre, digamos, no mês regido pelo signo de Sagitário, ao voltar numa encarnação seguinte, se for necessária, ela nascerá no signo de Sagitário. A extensão de alma retoma o fio da experiência exatamente onde o deixara.

Outra idéia interessante é pensar na morte nos termos do nosso Logos Planetário, Sanat Kumara. Ele também morrerá fisicamente quando todas as unidades, células ou extensões de alma em seu corpo físico, que é a Terra, alcançarem a libertação e a ascensão. Ele morrerá e passará para o seu nível seguinte de evolução cósmica.

Outro conceito importante que é preciso entender com relação à morte é o da imortalidade física, uma vez que, na realidade, somos seres divinos e ilimitados. A morte e a velhice são crenças da mente coletiva desta consciência global que chamamos de Terra. A imortalidade física é a crença de que, se realmente nos livrássemos da hipnose coletiva negativa ou da crença de que temos de envelhecer, não envelheceríamos. Essa afirmação se transforma em realidade quando ascensionamos.

Grande parte do envelhecimento e da degeneração do corpo físico provém da nossa mente. A mente subconsciente governa o corpo físico e faz tudo o que está programada para fazer. Ela fica satisfeita tanto criando uma saúde perfeita quanto um câncer, pois ela pode criar ambos. O único problema é que ela não tem raciocínio para escolher por si mesma qual irá criar. Essa é tarefa da mente consciente da extensão de alma que habita os três veículos inferiores.

Nos níveis inferiores de iniciação, a imortalidade física pode não ser possível, embora seja muito possível envelhecer mais lentamente. Nos níveis superiores de iniciação, a imortalidade física não é só uma possibilidade, mas uma realidade absoluta.

A imortalidade física é exatamente o que acontece na sexta iniciação, que é a ascensão. A mônada e/ou espírito habita plenamente o sistema de quatro corpos (os corpos físico, emocional, mental e espiritual). Quando isso acontece, todos esses corpos se transformam em Luz.

Um Mestre Ascensionado pode viver no plano físico indefinidamente. Essa não é uma fantasia frívola, mas uma realidade absoluta que cada um de nós vivenciará nesta existência ou numa próxima. Como menciono em outros capítulos, Hermes, também conhecido como Thot, viveu mais de dois mil anos no mesmo corpo, e Saint Germain, trezentos e cinqüenta anos. Se a nossa decisão for de ascensionar, podemos permanecer no plano terrestre e continuar nosso serviço.

A CIÊNCIA DO BARDO

A ciência do bardo trata dos três dias que se seguem à experiência da morte real do corpo físico. Este capítulo pode ser um dos mais importantes de todo este livro. O mundo ocidental e, a bem da verdade, também as demais partes do planeta, não compreendem a ciência da morte e do ato de morrer. As informações que vou lhe passar foram transmitidas, em sua maioria, pelo Mestre Kuthumi e por Djwhal Khul, e quase todas elas fazem parte dos arquivos da Hierarquia Espiritual que compõem o "Manual da Morte".

Na realidade, a morte é o maior desafio, o maior teste espiritual e a maior iniciação da vida. Do mesmo modo que não existe uma arte de viver, também não existe uma arte de morrer. A maioria das pessoas não compreende isso, e perde assim a maior oportunidade de sua vida. Cada extensão de alma, preparada ou não, enfrentará a transformação chamada morte.

A PRIMEIRA FASE DO BARDO

Na primeira fase do bardo, imediatamente antes da morte, e independentemente de sua evolução espiritual, a extensão de alma verá diante de si a deslumbrante, ofuscante e clara Luz de Deus. Nesse momento, é extremamente importante que a extensão de alma se una a essa Luz; unir-se a ela é unir-se a Deus.

A fusão com essa Luz é muito semelhante à fusão da ascensão, na sexta iniciação; a única diferença é que, durante a ascensão, a pessoa se une à Luz, conservando o corpo físico. Durante o bardo, ela se une à Luz, sem o corpo físico.

Lembre-se do que eu disse anteriormente sobre a famosa afirmação de Krishna no *Bhagavad Gita*: ao morrer, é o último pensamento que temos na mente que determina o lugar para onde vamos. Assim, nosso último pensamento deve ser unicamente o de dissolver-nos na Luz, de unirmo-nos a Deus. Para alguns, esse pensamento pode ser a salvação e a libertação no leito de morte.

Lembre-se dos dois ladrões que foram crucificados com Jesus. Enquanto um bradava impropérios, o outro dizia merecer o castigo, e afirmava que Jesus era inocente. Então Jesus disse: "Hoje mesmo estarás comigo no paraíso." Apesar de esse homem ser um ladrão, Jesus, em sua infinita misericórdia e clemência divinas, deu a ele a oportunidade de regressar ao paraíso. O momento imediatamente anterior à morte é o momento derradeiro de toda a encarnação da extensão de alma.

Mas temos um problema: a maioria das pessoas pouco ou nada conhece sobre a arte e a ciência da morte e do morrer, e sobre a clara Luz de Deus e, por isso, perde essa rara oportunidade. E por que acontece isso? Por muitas razões. A primeira é que as pessoas não sabem que o seu desígnio é unirem-se à Luz, e não se esforçam nesse sentido. A segunda razão são as idéias religiosas preconcebidas ou medo da Luz. A terceira é que muitas pessoas, ao morrer, estão demasiadamente sedadas pelos médicos. Outras, excessivamente identificadas com a matéria, se esquecem completamente de Deus. Há, ainda, as que estão muito preocupadas com a família, com suas posses e com diversos outros aborrecimentos e inquietações pessoais. Provavelmente, os motivos são infinitos, mas o maior de todos é a falta de conhecimento dessa ciência tão importante.

No futuro, essa ciência será ensinada em todas as escolas, igrejas, templos e hospitais. Perder essa oportunidade é um verdadeiro desastre, porque a extensão de alma só terá um novo ensejo ao término da sua existência seguinte na Terra.

A união com a Luz pode significar a libertação da roda de renascimentos. Como na história do filho pródigo, Deus sempre nos acolhe com alegria, por mais que tenhamos pecado em nossas vidas anteriores.

A SEGUNDA FASE DO BARDO

Se a extensão de alma ainda não se uniu à clara Luz de Deus inicial, ela tem uma nova oportunidade na segunda fase do bardo. Essa Luz secundária é um pouco mais fraca, podendo ser mais adequada para alguns buscadores. Ainda assim, a união com essa Luz possibilita que se avance no desenvolvimento espiritual.

A TERCEIRA FASE DO BARDO

Na terceira fase do bardo, as duas primeiras oportunidades foram perdidas, e a extensão de alma normalmente passa um período de três dias revendo sua vida. Essa terceira fase geralmente é conhecida como o "vale do julgamento". Não se trata de um julgamento no sentido egóico do termo mas, antes, como a extensão de alma revê sua vida, isso acontece com uma clareza espiritual que provavelmente não tinha antes da experiência do bardo.

O processo de revisão não é como assistir a um filme; é como reviver realmente os momentos mais importantes da vida. A singularidade dessa experiência está em que a pessoa tem oportunidade de reavaliá-la e de se aperfeiçoar tomando por base as lições perdidas. Essa terceira fase do bardo é um teste espiritual, exatamente como a vida no plano terrestre também é um teste espiritual. A dimensão e o nível a que a pessoa tenderá, depois de concluir a experiência do bardo, serão determinados pelo modo como ela se desincumbe do teste da terceira fase do bardo.

Deus não julga a personalidade; a extensão de alma julga a si mesma. Na terceira fase do bardo, a extensão de alma é impelida a perceber o significado de suas más ações. Num certo sentido, a pessoa vê seu guardião do limiar. Durante o bardo, aquilo que ela desejou ansiosamente durante a vida passa a acontecer numa espécie de estado de sonho que parece totalmente real.

O MECANISMO DA MORTE

Quando o processo da morte tem início, várias coisas acontecem, embora não necessária e exatamente na ordem que se segue:

1. A remoção do fio da vida, ou cordão de prata;
2. A remoção do fio da consciência;
3. A saída dos três átomos permanentes. Eles são os dispositivos de registro localizados no plexo solar, na glândula pineal e no coração. São chamados de átomo-semente astral, átomo-semente mental e átomo-semente cardíaco;
4. A saída dos corpos etérico, astral e mental;
5. A subida da kundalini e a saída da extensão de alma.

Esse último evento é absolutamente fascinante enquanto a extensão de alma e a kundalini saem pelo chakra com que a pessoa esteve mais envolvida nessa existência. O ideal seria que essa saída se desse pelo chakra da coroa ou, pelo menos, pelo terceiro olho. Entretanto, as extensões de alma que mantiveram uma forte concentração astral sairão pelo chakra do plexo solar. Se seu ponto de convergência foi o amor, sairão pelo chakra do coração. Se convergiram mais para a vontade e para a comunicação, sairão pelo chakra da garganta. Se seu principal interesse foi a espiritualidade, sairão pelo terceiro olho. Se o objeto dos seus anseios foi Deus, partirão pelo chakra da coroa.

O chakra pelo qual a personalidade sair afetará também a experiência do bardo e provavelmente o plano para o qual ela será atraída após essa experiência.

Esse conhecimento faz parte da ciência e da arte de morrer. Na seção seguinte relaciono alguns pontos fundamentais que têm por objetivo assegurar que a kundalini e a extensão de alma saiam pelos chakras superiores, de preferência o da coroa. Tudo o que acontece durante a vida é, na verdade, uma preparação para esse momento.

PREPARAÇÃO PARA O INSTANTE DA MORTE COM VISTAS A UM PASSAMENTO ESPIRITUAL ELEVADO

1. É importante acender uma luz laranja no quarto, pois ela estimula os centros cerebrais, os quais despertam e preparam a kundalini para que ela possa fluir.
2. O sândalo é o incenso do primeiro raio, ou raio da destruição. A alma está no processo de abandonar sua habitação. É fundamental que esse seja o único tipo de incenso a ser queimado. O aroma do sândalo tem o efeito metafísico de dissipar as velhas energias. É exatamente essa qualidade da energia que se faz necessária no momento da morte.
3. O moribundo precisa ser orientado a unir-se com a clara Luz de Deus e a não dirigir a atenção para mais nada.
4. No leito de morte, é muito proveitosa a confissão com um amigo, com um membro da família ou com um sacerdote. Quanto mais karma for redimido, mais espiritualmente elevado será o passamento.
5. O corpo deve estar voltado para o leste, porque a corrente espiritual é mais forte nessa direção. (Recomenda-se essa direção também durante a meditação.) Os pés e as mãos devem ficar cruzados.
6. Nos momentos que antecedem a morte, devem ser feitas orações a Deus e aos Mestres, pedindo ajuda.
7. Nos momentos que antecedem a morte, todos os sedativos devem ser evitados. Os sedativos obscurecem a consciência da pessoa, levando-a a perder a oportunidade de unir-se com a clara Luz de Deus.
8. Certifique-se de que o testamento do moribundo esteja feito e que tudo o que se relaciona com suas posses esteja encaminhado para que ele não tenha preocupações materiais. O testamento pode incluir uma cláusula dizendo que a pessoa não quer ser mantida viva através de aparelhos.
9. Se o último pensamento da pessoa estiver voltado para Deus, é para Ele que ela irá.
10. O moribundo deve despedir-se dos seus familiares, permitindo que a extensão de alma se prepare para o passo seguinte de sua jornada.

11. Ele deve ter perdoado a todos.
12. Música espiritual de fundo é muito útil.
13. É de grande proveito que o moribundo entoe mantras ou que repita o nome de Deus. (Consultar o capítulo sobre as palavras de poder, os mantras e a repetição do nome de Deus.) Uma forma alternativa é deixar uma fita gravada tocando suavemente.
14. É especialmente proveitoso tocar uma fita gravada com um bardo real, preparada especificamente para o processo da morte. A Escola de Mistério de Astara (Earlyne Chaney) dispõe de uma fita assim, e eu tenho quase certeza que os rosacruzes também têm a sua. Uma rápida pesquisa poderia mostrar que muitas igrejas, grupos espirituais e escolas de mistério também possuem tal fita.
15. A extensão de alma deve receber orientação para que sua saída se dê pelo chakra da coroa.

O HORMÔNIO DA MORTE

No momento da morte, o átomo seminal do coração começa a liberar na corrente sangüínea do moribundo partículas atômicas e imagens sobre a proximidade da morte. Quando o sangue chega nas glândulas, ele faz com que elas criem uma substância misteriosa chamada de "hormônio da morte". Essa é a maneira natural que Deus criou para evitar que o nosso corpo físico sofra depois que a alma resolveu morrer. Em geral, esse hormônio preserva o corpo físico da dor, de modo que não há necessidade de sedativos nas horas finais que antecedem a morte.

Há duas drogas que os médicos recomendam. Segundo eles, essas drogas inibem a dor, mas não bloqueiam a consciência da experiência da morte da extensão de alma. Uma é o chamado Coquetel de Brompton e a outra é o Zeneperin. Obviamente, é indispensável a consulta a um médico, antes da administração dessas drogas.

A MORTE É MUITO SEMELHANTE AO NASCIMENTO

Quando uma pessoa nasce fisicamente, o corpo físico atravessa o canal do nascimento e entra no mundo. Na morte, a extensão de alma e a kundalini sobem pelo sushumna (a coluna de chakras, ou cordão de prata) e saem pela abertura do "canal do nascimento" que é o chakra da coroa. Quando a kundalini chega ao chakra da coroa, ela provoca um choque nos centros pituitário e pineal, o que causa a abertura do terceiro olho. (É isso também que acontece quando a kundalini sobe durante a meditação.) É nesse momento que o moribundo vivencia a primeira fase do bardo, vê a clara Luz de Deus e, espera-se, una-se com Ela. Geralmente é o átomo seminal astral que parte primeiro, em seguida, o mental e, por último, o do coração. Quando os átomos-sementes emocional e mental saem, a pessoa perde a consciência do plano terrestre. Quando o átomo-semente do coração parte, o cordão de prata se rompe, libertando completamente a extensão de alma. O átomo-semente do coração sai bastante rapidamente quando o moribundo é um iniciado, mas pode permanecer no corpo físico durante três dias no caso de uma extensão de alma menos evoluída.

ALGUMAS IDÉIAS A MAIS SOBRE A SEGUNDA FASE DO BARDO

Se a extensão de alma desperdiça a primeira fase do bardo, ela dispõe de uma segunda oportunidade para unir-se com a clara Luz de Deus; é a segunda fase do bardo. A extensão de alma, porém, precisa ter consciência de algumas coisas para não ficar confusa.

Como vimos, com a subida da kundalini, o terceiro olho se abre. Isso faz com que a pessoa se torne psíquica, podendo ver todo o tipo de imagens e de figuras e, possivelmente, ouvir música. O mais importante é que ela se concentre em alcançar o nível de realização divina mais elevado possível e se empenhe em unir-se com a Luz.

Muitas imagens e pessoas que o moribundo vê, embora pareçam totalmente reais, são apenas formas-pensamento. Os sonhos também parecem completamente reais; num certo sentido, a segunda fase do bardo é um período de sonhos.

A experiência do bardo é um teste espiritual e uma oportunidade para uma iniciação espiritual mais profunda. Extensões de alma mais iluminadas podem ver Mestres Ascensionados, anjos ou divindades de algum tipo. Uma extensão de alma menos evoluída, que saiu pelo chakra do plexo solar ou mesmo pelo segundo chakra, pode ver imagens de mulheres nuas dançando. Nesse estado do bardo, é possível participar dessa dança e envolver-se com essas imagens.

É de fundamental importância não se deixar seduzir por esses "falsos deuses", por assim dizer. Aquilo que a pessoa põe como prioridade em sua vida é, na verdade, o deus que ela cultua. Ninguém que realmente deseje a libertação, a iniciação e a realização divina pode deixar-se seduzir por quaisquer imagens ou formas-pensamento de pessoas reais ou imaginárias que não sejam Deus e a clara Luz. Como disse Jesus: "Sê fiel até a morte, e eu te darei uma coroa de vida."

O CORPO QUE A PESSOA OCUPA DEPOIS DA MORTE

Depois da morte, os corpos físico e etérico morrem. A alma comum ocupa seu corpo astral. O seu grau de evolução é que determinará se ela será atraída para o nível inferior, médio ou superior do plano astral depois da experiência do bardo.

As extensões de alma que são discípulos ou iniciados e que estão mais polarizadas e/ou identificadas com seu corpo mental ocuparão esse corpo depois da morte. Esse é um passamento de nível superior. Esta dimensão de realidade, que trata do plano mental da realidade, é chamada de Devachan. Os iniciados e Mestres que forem ainda mais evoluídos ocuparão seu corpo espiritual — o corpo de Luz búdico, átmico ou glorificado.

A cada iniciação a pessoa morre para um corpo e passa a ocupar o seguinte, de vibração mais refinada. É na ascensão que ela ocupa o corpo de Luz glorificado, e então opera nas dimensões monádica e logóica da realidade. Não disse Jesus: "Na casa de meu Pai há muitas moradas"?

Os corpos astral e mental são realmente libertados nesses níveis superiores de maestria e iniciação. Quanto mais elevada for a dimensão para a qual a pessoa é atraída, maior será o nível do céu e mais bela e maravilhosa será a vida ali. Por isso, é muito importante esforçar-se para obter o maior desenvolvimento espiritual e a maior realização divina possíveis nesta vida e compreender os princípios da arte de morrer. Fazendo isso, podemos chegar ao passamento mais elevado possível.

A MORTE E A RETIRADA DA ENERGIA DOS QUATRO CORPOS

No processo da morte, a alma, ou eu superior, retira primeiro a energia do corpo físico. O segundo estágio da morte é a retirada da energia do corpo etérico. O terceiro estágio é a retirada da energia do corpo astral, e o quarto, a retirada do corpo mental.

Depois que o hormônio da morte é liberado, uma espécie de tremor psíquico acontece no sistema de quatro corpos; esse tremor afrouxa e começa a romper a ligação que existe entre os nadis (o sistema nervoso etérico) e o sistema nervoso físico. O corpo etérico fica então livre para sair pelo ponto escolhido, dissolve-se gradualmente, e morre.

No iniciado avançado, essa dissolução do corpo vital pode ocorrer rapidamente, mas é um processo lento numa extensão de alma menos evoluída. Depois da saída dos corpos astral, mental e espiritual, a extensão de alma ocupará o corpo mais apropriado a seu nível de evolução, como vimos anteriormente.

Em casos de morte súbita por acidente, suicídio, assassinato, ataque cardíaco inesperado, guerra e assim por diante, o processo da morte ocorre muito mais rapidamente.

8

ENTRE EXISTÊNCIAS

Um santo é um pecador que nunca desistiu
Paramahansa Yogananda

No último capítulo, analisei detalhadamente o tema da morte, do morrer e da ciência do bardo. Este capítulo trata do que acontece depois dos três dias da experiência do bardo — para onde as pessoas vão e como passam o tempo antes da decisão de encarnarem novamente. Esse é um assunto muito amplo, comparável à tentativa de escrever num único capítulo toda a vida neste planeta. Eu poderia escrever centenas de livros sobre uma única cidade na Terra; que dizer sobre a Terra inteira e o universo material?!

Neste capítulo, tentarei apresentar um relance do que acontece nos planos de consciência astral, mental, búdico, átmico, monádico e logóico, depois da morte da extensão de alma. O lugar para onde a extensão de alma vai depois da morte é definido pelo modo como ela viveu suas vidas anteriores, incluindo a última, e como passou pela experiência do bardo. Como um ímã, ela gravitará em torno do plano que for mais apropriado ao desenvolvimento de sua alma.

Cada dimensão da realidade acima mencionada pode ser subdividida. As opções que uma extensão de alma tem para entrar pela primeira vez no mundo espiritual são:

1. um breve retorno à vida na Terra,
2. as regiões infernais,
3. o purgatório,
4. o plano astral inferior,
5. o plano astral médio,
6. o plano astral superior,
7. o plano mental inferior,
8. o plano mental superior,
9. o plano búdico,
10. o plano átmico,

11. o plano monádico,
12. o plano logóico.

Esses doze estados ou regiões da consciência são os lugares para onde irão todas as extensões de alma. Não há entre eles uma linha divisória real, como num mapa. Podemos, porém, descrevê-los rapidamente como se segue.

UM BREVE RETORNO À VIDA NA TERRA

Para a pessoa comum, seria impensável um retorno imediato à reencarnação na Terra, mesmo que ela tivesse alcançado algum nível de iluminação, por menor que fosse. A pessoa comum gravita em torno do plano astral médio. Paramahansa Yogananda disse que a pessoa que tem um mínimo de crença espiritual na vida terá um passamento agradável.

Vez por outra, porém, extensões de alma de natureza pouco evoluída resolvem encarnar quase imediatamente, não dedicando tempo suficiente a nenhum tipo de avaliação. Parte da razão por que Deus e as Forças Superiores criaram a reencarnação como um sistema de desenvolvimento espiritual está em possibilitar às extensões de alma um período de descanso e de avaliação entre as existências. Em geral, são os impulsos inferiores da vida terrena que impelem a alma para uma reencarnação imediata, sem dar-lhe tempo para uma revisão ou avaliação. Esse caminho poucas vezes é seguido.

AS REGIÕES DO INFERNO

Existe muita confusão em torno da existência de uma região infernal de fato. As religiões mais fundamentalistas dizem que ela existe, e que se você não aceitar Jesus Cristo como seu Salvador, você queimará para sempre. Algumas escolas de pensamento metafísicas negam a existência de uma região infernal, afirmando que tudo não passa de um estado mental.

Na minha opinião, a verdade está nas duas coisas. O inferno é definitivamente um estado mental, e é também um local, embora não com a descrição que as religiões fundamentalistas lhe dão.

As pessoas estão no inferno quando são governadas pelo ego negativo, pelo desejo material e astral e, assim, estão desligadas de sua alma. Há um enorme número de pessoas que, no planeta Terra, neste momento estão vivendo no inferno. Portanto, ele não é um lugar de danação eterna; na verdade é apenas o nível mais baixo do plano astral. Alguns se referem a ele como as trevas exteriores. Extensões de alma como Adolf Hitler gravitam em torno dessa região da consciência.

A região infernal é como um prolongamento do terceiro estágio do bardo, em que os rostos e as formas de pessoas prejudicadas por outras aparecem diante destas, acusando-as e lembrando a maldade que cometeram. As extensões de alma permanecerão ali indefinidamente, até assumirem a responsabilidade por suas ações, ou até que, não podendo mais suportar a tortura de suas consciências iludidas, supliquem pela ajuda de Deus.

Sempre que recorrerem a Deus pedindo ajuda, um anjo da guarda virá e lhes oferecerá alguma assistência. Ao longo do tempo, uma extensão de alma que se encontre nessas condições começará a emergir da escuridão. Não existe condenação eterna no plano ou na consciência de Deus. Na sua infinita misericórdia e clemência, Deus propicia a todas as extensões de alma, por mais iludidas que estejam, uma oportunidade de voltar para casa. Hitler, porém, terá de enfrentar todo o karma negativo que pôs em movimento, pois esta é a lei.

O PURGATÓRIO

As religiões fundamentalistas também confundem muito o termo purgatório. Ele tem uma conotação bastante negativa, sendo às vezes associado ao inferno, o que não corresponde à realidade. O purgatório é uma região para onde vão as extensões de alma que não são tão más quanto as que estão nas regiões infernais; elas apenas se extraviaram e não se instruíram apropriadamente na Terra. São as extensões de alma que se desviaram, adotando práticas religiosas errôneas, as que se deixaram dominar pelo vício, as descrentes, as obsidiadas por desejos e apegos materiais, as insanas, e assim por diante. O purgatório é como uma região astral inferior. Com freqüência, é muito difícil despertar e motivar pessoas com essas características para o seu caminho espiritual. Uma grande massa da humanidade vive nessa região de consciência.

A VIDA NA TERRA COMPARADA COM A VIDA DEPOIS DA MORTE

É preciso compreender agora que a vida depois da morte não é muito diferente da vida na Terra. Os planos astral, mental e os superiores têm toda uma vida florescente, com cidades, praias, montanhas, casas, ruas, concertos, livrarias, auditórios, clubes, igrejas e templos, exatamente como temos na Terra.

Quando morrem, muitas extensões de alma nem sequer percebem que morreram. Elas estão em seu corpo astral, praticamente idêntico ao corpo físico que ocupavam. Uma diferença específica da vida após a morte é que o corpo astral se desloca com a mente. Se a extensão quer ir à praia, ela apenas pensa "praia" e imediatamente está lá. Não há necessidade de tomar um carro, um trem ou um avião para viajar.

Freqüentemente, quando extensões de alma não percebem que morreram elas pensam nos familiares que acabaram de deixar e, imediatamente, passam a acompanhar um determinado membro da família. Mas elas não percebem que estão em outra dimensão e que seus familiares não podem ouvi-las nem vê-las. Isso confunde muito as pessoas que não percebem que morreram.

Algumas extensões de alma estão tão apegadas ao mundo material, que não conseguem atravessar o túnel para o outro lado. Por isso, embora estejam em seu corpo astral, ficam presas no plano terreno. Elas são chamadas de "almas presas à Terra", e podem continuar a viver na mesma casa em que moravam antes de morrer. Elas não compreendem que é a consciência que as mantém presas à Terra, não permitindo que prossigam em sua evolução espiritual.

Existem extensões de alma que conservam certa quantidade de força vital e pregam peças em pessoas que ainda estão em seu corpo terreno. Nós as chamamos de "poltergeists". O filme com esse título apresenta esse fenômeno de uma forma hollywoodiana bastante demoníaca, mas a idéia central baseia-se na verdade.

Depois de morrer, muitas pessoas continuam pelas proximidades e acompanham seus próprios funerais, antes de passar para o plano astral. As extensões de alma de natureza mais evoluída gravitarão em torno dos reinos astrais superiores e talvez do reino mental. Muitas extensões de alma dormem por um longo período, antes de acordar nos planos interiores. Isso se aplica especialmente às que tiveram uma doença prolongada ou uma atribulação profunda e às que têm um desejo incontrolável de continuar vivendo num corpo físico.

Quando uma pessoa morre, ela normalmente encontra amigos e parentes da vida terrena que morreram antes. Geralmente há uma celebração e um período de repouso. Na Terra, ninguém pode ser obrigado a nada; no mundo espiritual acontece a mesma coisa. Mas a pessoa comum começa a se aborrecer só com festas e descanso e passa a restabelecer o contato com a vontade que a alma tem de progredir.

Segue-se um processo de avaliação das vidas pregressas, e a extensão de alma começa a freqüentar aulas e a consultar conselheiros esclarecidos para definir a melhor forma de utilizar o tempo e para encontrar meios de servir aos outros.

Quando uma pessoa vai para o outro lado, ela mantém o mesmo nível de consciência que tinha no plano terrestre ao morrer. Por essa razão, as pessoas que canalizam precisam ter certeza de canalizar um ser mais evoluído do que elas próprias.

Uma pessoa no corpo astral pode atravessar objetos físicos no plano terrestre se acreditar que isso é possível; caso contrário, irá bater numa parede criada por seu próprio pensamento. É preciso certa prática para que a extensão de alma se reajuste às leis dos mundos astral e mental. O pensamento constrói casas e tudo o que existe. Uma pessoa pode construir uma casa com sua própria mente ou pode fazer com que outras pessoas a construam para ela. Um martelo e pregos, e mesmo um depósito de tábuas, não são mais necessários. É preciso certa habilidade e treino para poder concentrar e preparar a mente.

O mesmo se aplica às flores. Com o treinamento adequado da mente, a pessoa pode criar um jardim inteiro. A natureza no outro lado é muito mais bela e encantadora do que neste. Quanto mais a extensão se eleva nas dimensões da realidade, mais encantadora é a beleza. O corpo astral contém todos os sentidos do corpo físico, e outros mais. Por isso, quando sonhamos podemos ver, ouvir, saborear, tocar e cheirar, apesar de nosso corpo físico estar dormindo.

OS SUICIDAS

É contra a lei universal tirar a própria vida. Deus não julga essa ação, mas a pessoa perde a oportunidade de se unir com a clara Luz de Deus nas etapas iniciais do bardo. A extensão de alma que mata seu corpo está simplesmente adiando o aprendizado da mesma lição até uma vida e encarnação futuras. Quem comete suicídio é exatamente a mesma pessoa, com o mesmo estado de consciência e as mesmas lições depois que morre, de modo que ela não se livrou de muita coisa suicidando-se.

O PROCESSO DA REENCARNAÇÃO

Depois de levar o tempo necessário para descansar e rever sua vida mais recente, a extensão de alma começa a planejar sua encarnação seguinte. Ela escolhe os pais, os irmãos e as irmãs, as oportunidades de educação, um corpo masculino ou feminino, o país, a cor da pele e a configuração astrológica em que quer nascer. Tudo isso é decidido pela extensão de alma, pela alma e pelos orientadores e guias superiores.

É comum muitas extensões de alma desejarem uma mãe em particular. Quando esse conflito ocorre, uma espécie de computador celeste indica imediatamente a extensão de alma que é mais adequada e capacitada a alcançar as metas que lhe foram designadas.

O verdadeiro trauma não é a morte, mas o nascimento. Um espírito livre retorna aos limites de um corpo físico ainda pouco desenvolvido. A morte é uma satisfação para quem tem um mínimo de espiritualidade. Muitas vezes, bebês sadios morrem inesperada e inexplicavelmente; isso acontece quando a extensão de alma entra no corpo físico, mas alguma coisa a faz mudar de idéia e retornar ao espírito. Quanto maiores forem os obstáculos que a extensão de alma escolher, maiores serão as oportunidades para o desenvolvimento espiritual e para o pagamento de dívidas cármicas.

A EXPERIÊNCIA DO BARDO DO PRÉ-NASCIMENTO

Há uma segunda experiência do bardo pela qual toda extensão de alma passa e que está relacionada com o período de tempo que antecede imediatamente o renascimento num novo corpo físico. A primeira providência da extensão de alma antes de reencarnar é entrar em contato com seu espírito-guia ou anjo da guarda. O espírito-guia, junto com a alma e/ou com o eu superior, ajuda no processo de escolha dos pais adequados. Essa escolha também é definida por uma combinação de livre-arbítrio e de dívida kármica que a pessoa ainda está saldando.

Escolhidos os pais adequados e depois que o computador cósmico e a futura mãe concordaram com a escolha, a extensão de alma faz uma revisão de todas as suas vidas passadas. Sem julgar, ela examina todos os fracassos e sucessos de missões anteriores na Terra.

Depois de reunir essas informações, a pessoa examinará minuciosamente sua futura existência, determinando, com a ajuda de guias, a missão e os objetivos dessa existência, as lições específicas a serem aprendidas, as qualidades da alma a serem desenvolvidas e as características do eu inferior a serem superadas.

Uma vez concluídos esses processos, a alma e o espírito guardião induzirão a extensão de alma a um sono hipnótico profundo. Nesse estado, ela é projetada para sua encarnação. Durante esse estado de sono, sugestões pós-hipnóticas são passadas para a mente subconsciente a fim de estimular a pessoa a seguir na direção certa depois de crescer no novo corpo físico em que ela está prestes a entrar.

Basicamente, a extensão entra no corpo físico pelo chakra da coroa, logo após o nascimento. O tipo de corpo físico, astral e mental será definido pelos três átomos-semente permanentes, que são, repetindo, os dispositivos de registro do karma físico, mental e emocional de todas as vidas anteriores.

A genética assume um papel importante na aparência física; esta é também afetada pelos átomos-semente à medida que a pessoa se desenvolve. Esses átomos-semente atraem os átomos e as moléculas que irão compor os novos corpos da pessoa, dependendo do nível da vibração, do karma e da evolução da alma. Quanto mais a pessoa aprimora, purifica e desenvolve os corpos e os átomos-semente nesta existência, menos trabalho terá na próxima encarnação.

VISITAS A OUTRAS PESSOAS

Nos planos astral, mental e superior pode-se visitar outras pessoas apenas pensando nelas. A única exceção ocorre quando a outra pessoa está ocupada e não quer uma companhia. Não existe a possibilidade de invadir o espaço dos outros. O que acontece é algo assim: se a pessoa apanha um telefone que está tocando, quem chamou se apresenta imediata e instantaneamente; se não há resposta, isso significa que a pessoa não quer ser perturbada.

TEMPLOS DE SABEDORIA

As extensões de alma mais avançadas e os discípulos têm a oportunidade de estudar nos grandes templos de sabedoria. Nesses templos são ensinados os segredos do universo. Neles, as pessoas recebem treinamento avançado em meditação, filosofia, oração, psicologia espiritual e realização divina. Cada extensão de alma extrai desses ensinamentos aquilo de que necessitam.

IDADE

Ao morrer, toda extensão de alma está no auge da vida, independentemente da idade com que tenha morrido. Ela se manifestará no outro lado com a idade que julgar ser a melhor. Não existem doenças nem sofrimento.

Com muita freqüência, quando uma extensão de alma morre, ela começa a lembrar-se de suas vidas passadas. Crianças que morrem são acolhidas por auxiliares angelicais especialmente treinados para ajudá-las. Na realidade, todas as extensões de alma são almas adultas; lenta e amorosamente, elas são novamente ensinadas a readquirir essa percepção.

As pessoas ou crianças que morreram de forma traumática são levadas para centros de reabilitação no plano interior. No mundo espiritual não há troca ou necessidade de dinheiro. As pessoas servem e ajudam umas às outras porque essa é a única maneira de crescer, de evoluir e de encontrar a paz e a realização divinas.

ASSASSINATO

Ao passar para o mundo espiritual, quem cometeu crime de assassinato vai para o plano astral inferior. Ali, quando a alma desperta, fica estarrecida com o que fez, com as oportunidades que desperdiçou e com o karma que criou para si mesma.

Em alguns casos, o assassino terá uma oportunidade de encontrar-se com a pessoa que ele matou. Esse pode ser um extraordinário momento de verdade para a extensão de alma. Geralmente, a pessoa assassinada evoluiu, e perdoará o assassino, porque este é o único caminho para a realização divina. Esse ato de perdão poderá elevar o assassino até o ponto em que ele possa gradualmente assumir seu lugar legítimo na consciência de alma para começar a longa trajetória de volta à realização divina.

Em outros casos, o assassino pode suplicar a Deus em aflição desde as regiões infernais; então, guias espirituais virão em seu auxílio e darão início ao lento processo de reabilitação e de crescimento dessa pessoa.

MAUS HÁBITOS

É da maior importância refrear os maus hábitos agora, antes de passar para o mundo interior. É muito mais difícil livrar-se deles lá, porque não existe corpo físico ou meio ambiente físico com que praticar. Alcoólatras que morrem freqüentemente se encostam em beberrões, deleitando-se com as exalações, sensações e ambientes com que conviviam no plano terrestre.

Fumantes inveterados e viciados em drogas e na prática do sexo fazem a mesma coisa. Se a pessoa é escrava do corpo astral e do corpo de desejo neste lado, ela também o será no outro. Falhas de caráter são levadas para o outro lado, e não existe avanço enquanto a pessoa não se libertar delas.

O crescimento espiritual é muito mais lento no plano interior do que no mundo terrestre, porque nesse plano não há tentações físicas a vencer. É por isso que nascer num corpo físico é um grande prêmio. Se as pessoas soubessem como é difícil conseguir um, valorizariam ao máximo o corpo em que estão, o que raramente acontece.

Quando um viciado em heroína ou morfina morre, ele continua procurando essas drogas no outro lado, embora já não esteja em seu corpo físico. Como não as encontra, os guias espirituais o induzem a um sono longo e profundo, até que ele finalmente desperte e peça a ajuda divina.

Freqüentemente, os viciados em drogas são levados a uma espécie de sanatório ou clínica especializada. Ali, essas extensões de alma readquirem gradualmente sua força e tomam a decisão de nunca mais deixar que o fato se repita. E então, quando estão prontas, reencarnam, determinadas a manter-se incólumes. Ao longo do tempo, parte da energia dos maus hábitos se dispersa porque ela não é realimentada.

O DESLOCAMENTO A OUTROS PLANETAS

Com muita freqüência, as extensões de alma têm a oportunidade de escolher entre reencarnar e deslocar-se para outros planetas, como forma de crescimento espiritual. Todas as extensões de alma têm essa possibilidade em algum ponto de sua evolução espiritual. A visita a esses outros planetas não é no sentido físico, mas espiritual.

Neste sistema solar, cada planeta encarna espiritualmente uma determinada qualidade de energia. Se as extensões de alma, na sua consciência, assimilaram as lições que cada planeta representa, elas têm uma experiência muito agradável; caso contrário, passarão por tempos bastante difíceis.

Um dos planetas mais tranqüilos é Vênus, porque congrega a qualidade do amor perfeito. Este se relaciona com o amor a Deus e com o amor aos irmãos e irmãs em Deus. Quando as extensões de alma se projetam na atmosfera de Vênus, elas se sentem muito à vontade se já tiverem aprendido suas lições de dar e de receber amor incondicional. Caso contrário, sua consciência colidirá com a atmosfera espiritual, e elas se sentirão bastante embaraçadas. Uma pessoa sem ligação de alma pode sentir-se pouco à vontade com o enlevo espiritual desse tipo de amor.

Quando uma pessoa se projeta em Marte, precisa aprender a vencer sua índole fogosa e seus hábitos belicosos. Em Marte, ela se defronta com as aversões que ela tem pelos outros, com as antipatias que os outros têm por ela e com o modo como ela lida com isso. É um teste para tudo o que há de pior na natureza humana. A extensão de alma precisa aprender a resistir à atmosfera áspera e ardente do planeta e ao seu próprio espírito beligerante e agitado, e também a manter-se calma e estável. Assim, permanecer nessa atmosfera ajuda a limpar a alma dessas características rudes da raiva e da hostilidade, preparando-a para o estágio de consciência seguinte. Muitas extensões de alma preferem não ir a Marte, porque é bastante desagradável chocar-se em consciência com essa atmosfera espiritual.

Em Urano, a extensão de alma aprende a estabelecer uma trégua, a firmar um tratado de paz e a não se apegar a ressentimentos, indignação ou ira. Aprendendo a dirigir a atenção para outras coisas, ela consegue fazer com que esses sentimentos negativos se afastem do corpo espiritual. Com isso, a extensão de alma compreende que era o seu próprio pensamento distorcido que criava a energia negativa.

Arthur Ford, no livro de Ruth Montgomery, *A World Beyond*, conta a história de sua ida a Urano, depois de uma encarnação em Florença, onde ele morreu cheio de ressentimentos atrozes. No plano interior, ele se deslocou furiosamente para Urano; ali chegando, chocou-se violentamente com a atmosfera do planeta e ficou irremediavelmente preso em sua matriz de energia por meio de laços que se estreitavam cada vez mais; na realidade, esses laços eram a sua própria raiva, que o envolvia. Urano nos atormenta com as coisas que deixamos de fazer.

Netuno tem uma energia mais benéfica e tranqüila; em sua atmosfera, a pessoa pode depor sua carga e despreocupar-se totalmente, pois ela representa um estado de repouso e uma região de testes. Em Netuno, a extensão de alma tem uma sensação de inexistência e muitas extensões se sentem tentadas a ficar ali por muito tempo, por causa da tranqüilidade e da ausência de cuidados e preocupações. Essa tentação é sedutora, se a pessoa não mantiver uma perspectiva apropriada.

Júpiter é uma experiência bastante agradável, se a pessoa for introspectiva e avaliar suas imperfeições. Ele ajuda a formar o refreamento e a determinação de alcançar a maestria espiritual. É uma energia expansiva que não permite a presença do ego. Sempre que uma extensão de alma leva para Júpiter um complexo de superioridade, a atmosfera lhe lembrará que ao orgulho segue-se a queda. Aqui o ego encontrará o seu maior antagonista.

Mercúrio é um estado de consciência em que a pessoa pode rever todas as suas vidas anteriores e definir a direção positiva ou negativa do seu comportamento e das suas ações. É um bom lugar para realizar algumas mudanças de atitude com relação aos próprios motivos e direção e para obter as pepitas de ouro da sabedoria de cada encarnação. Para algumas pessoas, visitar Mercúrio pode ser uma lição penosa, porque elas avaliam todos os erros de todas as suas encarnações passadas.

Plutão é uma parada menos importante relacionada com os modos de fortalecer a determinação da pessoa em alcançar seus objetivos. É uma espécie de estação de reavaliação no caminho espiritual. Plutão é uma experiência maravilhosa para os que estão verdadeiramente no caminho da realização divina. Se, em Plutão, a pessoa alimenta outros pensamentos que não os da união com Deus, esse planeta desaparece.

Saturno representa um estado de consciência de elevação espiritual. Em geral, a maioria das extensões de alma deixa para visitar este planeta em último lugar. Saturno tem uma atmosfera de felicidade, cheia de louvor a Deus. Ele também representa o teste final da alma.

A razão para ir a esses planetas é encontrar a si mesmo. Esses deslocamentos se constituem num processo de nivelamento para aprimorar a consciência. As pessoas se submetem a eles para livrar-se do ego e, assim, poder compreender Deus mais rapidamente.

UMA COMPREENSÃO ASTROLÓGICA DA VISITA AOS PLANETAS

Podemos ter uma compreensão mais sucinta das visitas aos planetas considerando o significado astrológico desses corpos celestes. Seus atributos serão vivenciados e trabalhados durante a permanência neles entre uma vida e outra.

Sol	A qualidade da individualidade e da auto-expressão através do ego A influência mais forte na vida humana comum
Lua	Instinto e sentimentos O subconsciente carregando o passado O eu desconhecido
Mercúrio	A qualidade da mente que analisa e classifica A mente racional ou o intelecto que rege as capacidades mentais e o senso comum
Vênus	Os valores pessoais e a qualidade das emoções, especialmente do amor Magnetismo e harmonia A personalidade social, com ênfase dada à beleza e à graça
Marte	A qualidade da energia — física, criativa e espiritual A vontade ativa Força
Júpiter	A mente e o saber superiores Idealismo e concepção filosófica pela qualidade da expansão
Saturno	A contração e a qualidade de limitação que equilibra a expansividade de Júpiter O poder da pureza como disciplinadora O dispensador de lições
Urano	Princípios mentais abstratos ou a mente maior que quebra estruturas, despersonaliza e provoca a revolução de idéias
Netuno	O nível coletivo dos sentimentos O aspecto visionário ou místico, promovendo um sentido de unidade, regendo tanto a ilusão/engano como os sonhos/visões

Plutão	Reforma pela morte/as regiões inferiores, trazendo a preparação para a regeneração e o renascimento

O PLANO ASTRAL

Do ponto de vista dos Mestres Ascensionados, o plano astral e o corpo astral são invenções que têm origem no uso descontrolado da imaginação criativa. Enquanto uma extensão de alma não inicia o caminho do discipulado, o plano astral é muito real. À medida que o discípulo evolui, ele passa pelo que metafisicamente se chama de segunda morte. Essa é a morte derradeira do corpo astral e, portanto, do envolvimento com o plano astral.

Na realidade, esse processo de morte também ocorrerá com os corpos mental, búdico e átmico. À medida que a pessoa evolui, morre para um nível e plano de consciência e nasce para um plano mais elevado.

OS SETE NÍVEIS DE INICIAÇÃO E A MORTE

O nível de iniciação de uma pessoa indica também o lugar para onde vai ao morrer. As extensões de alma da primeira e da segunda iniciação provavelmente irão para as regiões astrais superiores. O iniciado do terceiro grau irá para as regiões do plano mental superior; o do quarto grau, para o plano de consciência búdico; o de quinto grau, para o plano de consciência átmico. O Mestre Ascensionado vive no plano de consciência monádico e o iniciado de sétimo grau opera no plano logóico.

A MORTE E A ORAÇÃO

As extensões de alma que passam para o mundo espiritual são muito ajudadas pelos pensamentos positivos e pelas orações dos que estão na Terra. Depois de ser assassinado, John F. Kennedy provavelmente teria dormido por um longo período; entretanto, as orações dos americanos e das pessoas do mundo inteiro o elevaram de uma maneira muito bonita.

No sentido inverso, as pessoas que sentem um pesar excessivo e se apegam demasiadamente a seus entes queridos, muitas vezes os impedem de partir e de continuar sua missão e educação no mundo espiritual.

OS MORIBUNDOS E OS ESPÍRITOS GUIAS

Às vezes, depois de um curto período de treinamento no mundo espiritual, extensões de alma retornam à Terra para atuar como espíritos guias para as pessoas que elas amam e que ainda estão neste planeta. É importante compreender também que, durante o estado de sono, as pessoas da Terra visitam amigos e parentes que morreram. Alguns sonhos que temos com mortos na verdade são visitas reais. O ponto-chave aqui é que a morte é uma ilusão. Não existe isso que chamamos de morte. O que existe é apenas a transferência de uma dimensão para outra.

Uma história pessoal interessante: Meu avô morreu há uns dez anos; eu e minha irmã éramos muito chegados a ele. Minha irmã, de modo especial, tinha com ele uma ligação singular e muito bonita, e quando ele morreu, ela ficou absolutamente desolada.

Três anos depois, fui consultar um sensitivo para obter respostas a algumas questões pessoais. Espontaneamente, sem que eu lhe perguntasse, o sensitivo me disse que minha irmã estava prestes a se casar e ter um filho. Embora o sensitivo não conhecesse minha irmã, isso era verdade. Ele continuou dizendo que meu avô queria ser a extensão de alma a entrar no bebê de Judith! Ficamos todos abismados, mas isso fazia sentido.

A MORTE E A LEI DA ATRAÇÃO

Depois de morrer, a primeira coisa com que a extensão de alma depara ao despertar é um mundo que ela mesma criou. Se a pessoa viveu uma vida egoísta, as pessoas ao seu redor serão egoístas. Uma pessoa que passou a vida satisfazendo seus desejos materiais despertará num ambiente de pobreza total. A casa, a vizinhança e as roupas da pessoa refletirão seu estado de consciência ou a falta dela.

O PLANO ASTRAL E A LIBERDADE

Quando passam ao plano astral, muitas pessoas não se dão conta da liberdade que adquirem porque não estão num corpo físico. Em geral, elas acham que ainda precisam de alimento, de dinheiro, de automóveis, de um emprego, e assim por diante.

Um exemplo disso é a alimentação. Quando morremos fisicamente, não precisamos mais de alimento. Ao morrer, muitas pessoas passam um longo tempo preparando suas refeições e comendo, mas isso não passa de um resquício ilusório da existência no plano físico.

Outro exemplo pode ser o da pessoa que constrói sua casa, tijolo por tijolo, prego por prego, quando ela ou outras pessoas poderiam construí-la num tempo incrivelmente curto com o poder da mente.

POSSESSÃO

Esporadicamente, quando uma extensão de alma está totalmente presa à Terra, ela tentará apossar-se do corpo físico e da consciência de outra pessoa.

Essa possessão só pode acontecer se a pessoa na Terra é muito fraca psicologicamente, se é alcoólatra ou viciada em drogas.

É fundamental lembrar que se uma pessoa resolve ser vítima da mente subconsciente, do ego negativo, dos corpos emocional, mental, físico ou da criança interior, ela também pode ser vitimada por um espírito maléfico ou enganoso. Muitas pessoas que cometem crimes em nossa sociedade atualmente são induzidas a tais atos por espíritos inconscientes das trevas.

Se uma extensão de alma se firma em seu poder pessoal, no serviço do amor e de Deus, ela não precisa se preocupar com essas coisas. Se um desses espíritos sombrios se aproximar, basta que a extensão de alma invoque o poder pessoal que ela tem e, com amor irredutível, peça para que ele se afaste, fazendo imediatamente algumas orações, entoando um mantra ou repetindo o nome de Deus.

Esses espíritos lúgubres só conseguem entrar numa vibração muito fraca e baixa.

AS RESIDÊNCIAS NOS PLANOS ASTRAL E MENTAL

Toda extensão de alma possui uma residência no plano astral. O que há de fascinante nesse processo é que essas residências refletem as características das pessoas que nelas vivem. Uma pessoa pobre de espírito terá uma casa e um ambiente que refletem essa atitude.

De algum modo, as casas são construídas misticamente com a substância espiritual específica do nível de evolução que a extensão de alma alcançou. Quanto maior a evolução, mais belos se tornam a casa e o ambiente. Cada ato de bondade, de amor e de serviço a um semelhante pode ser imediatamente percebido em algum aperfeiçoamento no ambiente e na casa.

As casas no mundo espiritual não desabam nem se deterioram, pois não sofrem a ação do tempo. Elas durarão enquanto seus moradores necessitem delas. Quando são abandonadas, e deixam de ter um objetivo, desaparecem. Como mencionei muitas vezes neste livro, "Como dentro, assim fora; como em cima, assim embaixo"; esses aforismos podem ser muito bem vistos em ação aqui.

O mesmo processo que descrevi para as residências se aplica às roupas que as pessoas usam. Todos têm roupas, e as pessoas podem optar entre vestir o que costumavam usar na Terra e o que considerarem mais apropriado à cidade e ao distrito onde moram.

Ocorre aqui um processo um tanto mágico: quanto mais uma extensão de alma evolui, mais aprimorada é a qualidade das roupas e dos tecidos em que ela se vê envolvida. O estágio evolutivo de uma pessoa pode ser imediatamente visto nas suas roupas e na sua residência. Isso novamente me lembra o que a Bíblia diz: "Com efeito, de que adianta ganhar o mundo inteiro, mas perder a tua alma." No mundo espiritual, as verdadeiras riquezas não são o dinheiro, mas a realização espiritual, o amor e o serviço ao próximo.

ÁGUAS REJUVENESCEDORAS E MELODIOSAS

Nos planos astrais superiores e acima deles existe o que se conhece como as "águas melodiosas". Elas não são realmente água, mas fluem como um regato na Terra. Ao mergulhar nelas, a pessoa não se sente molhada, mas envolvida por uma incrível sensação de cura e de recuperação das próprias energias.

A maioria das residências nos planos astrais médios e acima possui essas águas. Um termo mais adequado poderia ser "ducha de Luz líquida". Quando essa fonte de Luz líquida sobe e desce, ela parece emitir notas musicais reais.

FLORES

As flores velhas nunca morrem; elas só fenecem quando a pessoa quer mudar um arranjo floral. Não existem ervas daninhas nem mudança de estações. As flores vivem enquanto a pessoa precisa delas. Existem também aves de todas as espécies, com plumagens muito mais belas do que as das aves da Terra.

CIDADES

No astral médio e superior, as cidades são muito mais bonitas do que as da Terra, pois não há carros, poluição, indústrias e tráfego. Freqüentemente, elas são planejadas e construídas de dentro, desde um centro, para fora, como uma roda. Nas cidades assim formadas, o centro é ocupado por um Templo das Sete Esferas, que é uma igreja que serve a todos os credos.

Mestres descem dos planos superiores. Há prédios dedicados às artes e à aprendizagem. Quanto mais se sobe, mais belas se tornam as cidades e os subúrbios. As casas mais retiradas se transformam em belas mansões e propriedades com paisagens impossíveis de descrever. Nesses planos superiores, a meta de todas as extensões de alma é o sucesso espiritual, não o material.

Numa das cidades mais avançadas do plano mental superior, o edifício central é uma pirâmide gigantesca, de um branco cristalino, com sete andares de altura. O térreo é um espaço social para os cidadãos do lugar. O segundo andar é reservado para sinfonias, concertos, óperas, peças teatrais, balé e cinema. O terceiro andar é uma galeria de arte que expõe as peças artísticas mais primorosas tanto da Terra como do plano mental superior. O quarto andar é um museu com as esculturas mais maravilhosas do mundo. O quinto andar é uma biblioteca que desafia tudo o que se possa encontrar na Terra. O sexto andar é para o ensino da meditação, do desenvolvimento psíquico e da auto-realização. O sétimo andar é o espaço sagrado do culto. É também nesse espaço que os grandes mestres espirituais que descem dos planos superiores para ensinar fazem suas palestras.

Todas as casas nesses planos superiores têm uma sala espiritual particular para a contemplação e a meditação. Nessas cidades, todos são ao mesmo tempo professores e alunos. Não existem ali poeira, assoalhos sujos, roupas sujas, insetos, sistemas de calefação e nem medo de arrombamentos.

Cada cidade tem uma alma-mestre responsável, semelhante a um governador. Em geral, esse mestre mora próximo ao centro da cidade. Do mesmo modo que recebe ordens de uma inteligência superior acima dele, também tem muitas pessoas sob suas ordens.

Essas cidades dispõem também de um escritório de estatística vital que é dirigido por seres espirituais altamente desenvolvidos. Essa organização centraliza todas as informações espirituais de cada membro da sociedade. Seus agentes conhecem os problemas dos recém-chegados e, por isso, podem indicar os guias e instrutores apropriados. Eles também advertem os membros envolvidos da comunidade quando um ente querido está prestes a chegar da Terra.

Todas as cidades têm um setor de registros que é também um centro de radiotransmissão. Esse setor apresenta instantâneos de notícias importantes provenientes da Terra, como a de Bill Clinton sendo eleito presidente dos Estados Unidos.

Muitas pessoas ficarão contentes em saber que seus animais de estimação poderão estar com elas nos planos superiores por algum tempo. Em algum ponto, os animais precisarão continuar sua evolução e, possivelmente, reencarnar no plano terreno, exatamente como acontece com as pessoas enquanto não se livrarem da roda dos renascimentos.

Nessas diferentes cidades astrais e mentais, muitas vezes as pessoas se reúnem de acordo com suas crenças religiosas. As pessoas que professam a fé islâmica, por exemplo, podem ocupar um certo distrito. No plano astral, não é raro encontrar comunidades inteiras ainda praticando seus antigos ritos religiosos da Terra. Esses rituais ainda podem incluir preconceitos e crenças espirituais distorcidas e deturpadas. Como eu mencionei anteriormente, o fato de as pessoas estarem no outro lado não implica que tenham alcançado qualquer forma de iluminação.

Essas extensões de alma sabem que morreram, mas pensam que sua vida atual é uma forma de recompensa celestial, quando na realidade não sabem o que estão perdendo. Os instrutores descem dos reinos superiores para iluminá-las, mas do mesmo modo como ocorre na Terra, as pessoas podem ser bastante teimosas e irredutíveis em seu modo de ver as coisas. Deus não impõe a verdade a ninguém. Ele apenas envia Seus mensageiros quando as pessoas recorrem a Ele, porque todos têm livre-arbítrio.

O que eu disse aqui aplica-se a todas as religiões, e não apenas à fé islâmica, que citei como exemplo. Quanto mais se sobe, menos esse processo de isolamento religioso acontece.

A VIDA NOS PLANOS ASTRAIS INFERIORES

Existe um tipo de zona fronteiriça que está acima das regiões do purgatório e do inferno e que realmente se sobrepõe à vida na Terra. Nessa zona estão as pessoas boas que encontraram o que consideram uma vida bem-aventurada em áreas próximas à Terra. Essa área específica reproduz a vida na Terra, com a única diferença de que está no plano astral. A vida ali é tão parecida com a da Terra, que muitas vezes a pessoa nem percebe que morreu. Em algum ponto, essas extensões de alma começam a aspirar a algo melhor.

MÉTODOS DE COMUNICAÇÃO

No mundo espiritual, de modo geral, as pessoas se comunicam telepaticamente, embora a fala como a conhecemos não seja abandonada inteiramente. Nos planos astrais inferiores, a arte da telepatia requer algum treinamento, mas se revela facilmente aos que estão nos planos astral superior e mental. Nos planos superiores, as pessoas podem entender-se instantaneamente, mesmo falando línguas diferentes.

PROFISSÕES

As oportunidades de estudo e desenvolvimento são inumeráveis. Algumas pessoas pintam, tocam instrumentos musicais, esculpem e constroem casas com suas mentes. Existem jardineiros, cientistas, inventores, professores, conselheiros e agentes de cura.

Muitos cientistas trabalham para implantar suas idéias na consciência das pessoas na Terra. Inúmeros conselheiros trabalham com pessoas que acabaram de morrer, ajudando-as a se adaptar. As oportunidades são infinitas, tanto para aprender como para servir aos outros. As pessoas podem viajar à vontade, por todo o mundo onde vivem ou em torno do mundo terrestre, conforme lhes aprouver.

Alguns conselheiros e professores viajam aos planos inferiores para ajudar a despertar seus irmãos e irmãs para a vida superior que está à sua frente. Nos planos superiores, os escritores podem usar uma máquina que digita o livro à medida que eles vão ditando. Os pesquisadores podem ler livros de uma forma que é muito mais parecida a ver um filme do que realmente a ler. Nesses planos superiores, a pessoa pode entrar numa biblioteca e rever a história da Terra em forma de filme pictórico acontecendo bem diante dos olhos.

Não seria fascinante entrar numa biblioteca e ver de fato o que aconteceu na crucificação e ressurreição de Jesus Cristo num filme em terceira dimensão? Outra possibilidade seria voltar ao passado e observar as civilizações da Atlântida e da Lemúria em terceira dimensão. Todas as informações do universo estão disponíveis quando alcançamos esses níveis superiores de consciência.

Algumas profissões deixam de existir no mundo espiritual, como as de advogado, de cabeleireiro, de agente funerário e de político. Ótimo que essa última desapareça mesmo, não?! Os pintores aprendem a pintar com a mente, sem utilizar pincéis.

Quadros e tabelas utilizados com fins de ensino passam diante dos alunos como num filme, envolvendo-os num cenário em movimento. Isso me lembra uma exibição na Disneylândia onde um filme cerca as pessoas por todos os lados. Há também aulas que ensinam os que querem rever suas encarnações passadas.

RESUMO

Este capítulo foi uma síntese da ponta do *iceberg* das coisas que acontecem nos mundos espirituais depois da morte. Espero que ele tenha despertado o interesse do leitor para algumas das infinitas possibilidades e maravilhas que esperam todos e cada um de nós à medida que evoluímos e realizamos nossa divindade.

Ao terminar este capítulo, gostaria de ressaltar a importância de nos mantermos atentos à vida que temos na Terra. Devemos buscar agora o maior desenvolvimento possível no caminho espiritual. As tentações e seduções no mundo em que vivemos atualmente são tantas, que podemos desviar-nos do caminho.

Convoco todos os leitores a reunir toda sua energia neste momento, e que pelo resto de sua vida se concentrem no único desejo válido, que é a libertação e a realização em Deus. As pessoas podem abandonar todo o desejo material, pois ele não representa nada. Que se concentrem sempre no amor incondicional, no perdão e no serviço à humanidade. Se fizerem isso, descobrirão que são realmente ricas na vida presente e que serão ainda mais ricas quando passarem para o mundo espiritual!

9

A ALMA

A matéria é o veículo de expressão da alma neste plano, do mesmo modo que, num plano superior, a alma é o veículo de expressão do espírito
Djwhal Khul
Canalizado por Alice A. Bailey

Podemos definir e compreender a alma ou eu superior de muitas maneiras. Para começar, podemos dizer que a alma é a mediadora entre a personalidade encarnada na Terra e a mônada ou espírito no céu. Em todas as encarnações, até a quarta iniciação, a alma é o guia e instrutor da personalidade. Na quarta iniciação, o corpo da alma, ou corpo causal, é queimado de um modo místico, e a alma retorna para a mônada, seu propósito e função para todas as encarnações através dos tempos. A mônada se torna então o guia e instrutor da alma.

A matéria é o veículo de expressão da alma neste plano, do mesmo modo que, num plano superior, a alma é o veículo de expressão do espírito. A alma não é espírito nem matéria, mas a relação entre os dois. É o elo intermediário entre Deus e a forma. A alma é outro nome para o aspecto de Cristo.

A alma é também a qualidade sutil que cada forma manifesta. Ela é a qualidade sutil que distingue um elemento de outro. No reino vegetal, ela determina se uma flor ou uma cenoura se manifestará. A alma exerce a mesma função no reino animal. Tudo o que foi criado tem uma alma. A alma autoconsciente do homem está relacionada com as almas de todas as coisas. Ela faz parte da alma universal.

A nova onda da psicologia poderá provar no futuro a existência da alma. É trágico constatar que, no campo da psicologia, 98% dos ramos dessa ciência atualmente ensinados não reconhecem a existência da alma ou do espírito em seus estudos. Carl Jung, Abraham Maslow e o psicólogo italiano Roberto Assagioli são os únicos que integram esse aspecto espiritual em suas teorias, pelo que consigo me lembrar. Hoje temos um novo ramo da psicologia, denominado psicologia transpessoal, que revolucionará as teorias tradicionais. (Leia algum livro sobre psicologia da alma.)

O processo de contato com a alma começa quando o aspirante recebe as primeiras impressões da alma; daí em diante, a alma vai assumindo progressivamente o controle da personalidade tríplice, até que, na terceira iniciação, temos a identificação total com a alma, que recebe o nome de fusão da alma.

Outro aspecto importante com relação à alma ou eu superior é que ela não dá maior atenção à personalidade encarnada até que esta comece a se interessar pelas questões espirituais. A alma se ocupa com a meditação e com o serviço. Assim que a personalidade encarnada demonstra interesse efetivo, a alma começa a agir prontamente. O mesmo conceito pode ser aplicado à mônada com relação à alma. A mônada passa a se interessar pela alma só depois da terceira iniciação, quando tem início o contato monádico.

O quadro a seguir apresenta uma síntese da mônada, da alma e da personalidade.

Mônada	**Alma**	**Personalidade**
Pai	Filho	Mãe
Espírito	Consciência	Corpo
Vida	Ego	Forma
Eu Divino	Eu Superior	Eu Inferior
Espírito	Individualidade	Eu Pessoal
O Ponto	A Tríade	O Quaternário
Mônada	Anjo Solar	Senhores Lunares

A alma também pode ser definida como a força de atração do universo físico criado, que mantém todas as formas coesas para que Deus possa se manifestar e se expressar por meio delas. Os corpos físico, emocional e mental são as vestes da alma. Mais adiante, no processo da evolução, eles serão a vestimenta para o espírito da mônada.

Podemos ainda descrever a alma como o fator consciente presente em todas as formas. O fenômeno da síndrome da morte infantil inesperada ocorre quando a alma e/ou a nova extensão de alma (personalidade encarnada) decide não permanecer no corpo e parte. Quando isso acontece, o corpo físico morre. É a alma que sente, que percebe, que atrai e repele e que mantém todas as formas em atividade.

A alma pode ser descrita como o filho de Deus Pai e da Mãe Terra que veio a este planeta com o objetivo de revelar a natureza de Deus que é amor. Ela também pode ser definida como o princípio de inteligência presente em todas as formas. Nos seres humanos, esse princípio se manifesta como mente e como consciência mental, que revelam a capacidade de analisar, de discriminar e de ser autoconsciente.

Também é muito importante compreender que a alma, ou eu superior, está num estado de evolução. Quero deixar claro aqui que quando falo em alma estou distinguindo-a da personalidade encarnada na Terra, que é chamada de extensão de alma. A alma, ou eu superior, está, em seu nível, no processo de aprendizado e de crescimento. Nem todas as almas, ou eus superiores, estão no mesmo nível de evolução. Um dos principais meios que a alma utiliza para evoluir são as realizações das doze extensões de alma em suas encarnações materiais.

Durante muito tempo alimentei a falsa percepção de que a alma é perfeita, o que não é verdade. De certo modo, ela é mais evoluída que as personalidades encarnadas, mas está no caminho evolutivo tanto quanto nós. O mesmo se pode dizer sobre a mônada. Nem todas as mônadas estão no mesmo nível evolutivo. Algumas são mais evoluídas que outras. Isso, repito, tem muito que ver com o que suas doze almas e as cento e quarenta e quatro extensões de alma fizeram em todas as suas encarnações. É importante perceber aqui que dependemos da orientação de nossa alma e de nossa mônada, e que a mônada e a alma também dependem de nós.

O trabalho do aspirante é aprender a ver a si mesmo como uma alma e, mais adiante no processo de iniciação, a ver-se como a mônada, como o espírito ou como Deus em encarnação. Para compreender isso perfeitamente, é fundamental aprender a ver também as outras pessoas da mesma maneira. O que vemos nos outros é apenas um reflexo daquilo que de fato vemos em nós mesmos.

A ALMA DA HUMANIDADE

Os sinais de que a alma da humanidade está sendo despertada podem ser vistos nos seguintes acontecimentos em nossa sociedade:

1. O crescimento de sociedades, de organizações e de movimentos de massa para o aperfeiçoamento da humanidade;
2. O interesse crescente da população pelo bem-estar comum;
3. O grande interesse por ações humanitárias e filantrópicas;
4. Os esforços ingentes para educar as crianças de todas as nações num nível nunca antes atingido;
5. A constatação crescente de que o homem comum está se tornando um fator ponderável nas questões mundiais.

A APROPRIAÇÃO DOS CORPOS PELA ALMA

Muitas vezes temos dificuldade para compreender que a alma toma posse dos corpos físico, emocional e mental por meio de um processo lento e gradual. A alma penetra no corpo um pouco antes ou logo após o nascimento. Djwhal Khul disse que a alma geralmente entra em contato com o cérebro físico da criança entre o quarto e o sétimo anos de vida. Ela se apropria ou se apodera do corpo astral entre os sete e os quatorze anos, e do corpo mental entre os vinte e um e os vinte e cinco anos. O contato com a alma em geral acontece entre os trinta e cinco e os quarenta e dois anos. A possibilidade de contatar a mônada começa depois que a alma passa pela terceira iniciação. Entretanto, esse processo pode ser acelerado gradativamente. Essa é a descrição que Djwhal Khul apresentou nos livros de Alice Bailey.

ALMAS VELHAS

Todas as mônadas ou centelhas espirituais individualizadas foram criadas, no início, no mesmo momento. Nesse sentido, todas as mônadas têm a mesma idade. O termo "alma velha" se refere ao número de existências terrenas ou encarnações materiais que a alma teve. Djwhal disse que a alma comum, com suas doze personalidades ou extensões, tem aproximadamente duas mil existências. As almas velhas têm duas mil e quinhentas ou até três mil existências.

CARACTERÍSTICAS DA ALMA

Amor incondicional, inclusividade, alegria, felicidade, capacidade de ficar sozinha, indiferença divina, impessoalidade, desapego, liberdade, serenidade, tranqüilidade interior, responsabilidade, sabedoria e intuição; todas essas são características da alma.

Essas são as qualidades descritas por Djwhal Khul na obra de Alice Bailey. Djwhal faz outra distinção muito interessante entre felicidade, alegria e bem-aventurança. Ele diz que a felicidade é uma reação da personalidade, que a alegria é uma qualidade da alma e que a bem-aventurança é a fusão com a mônada.

A LUZ DA ALMA

A personalidade encarnada atrai a atenção de um Mestre pelo brilho da Luz que ela tem dentro de si. Quando a Luz atinge uma determinada intensidade e a aura um certo matiz e a vibração como um todo um nível e medida específicos, o Mestre se manifesta. A escolha que o Mestre faz é orientada pelo karma passado, pelas associações passadas e pelo raio em que a personalidade encarnada se encontra.

A ALMA E A HIERARQUIA

A Hierarquia Espiritual é basicamente o mundo das almas. No que diz respeito à alma, há três tipos de trabalhadores hierárquicos.

1. Almas: são os iniciados que receberam a quarta iniciação e nos quais o corpo da alma ou corpo causal foi destruído. Elas são as guardiãs do Plano.
2. Personalidades infusas de alma: são os discípulos e iniciados das três primeiras iniciações; por intermédio deles, as almas executam o Plano.

3) Aspirantes inteligentes: são os que ainda não chegaram à condição de personalidades infusas de alma, mas que reconhecem o Plano Divino e trabalham pelo bem-estar dos seus semelhantes.

ESTÁGIOS INICIAIS DA EVOLUÇÃO DAS PERSONALIDADES ENCARNADAS

O estágio mais primitivo da evolução consiste na abertura da linha de comunicação entre a personalidade e a alma, de modo que a alma possa afirmar-se progressivamente pela personalidade. À medida que a extensão de alma se desenvolve, a alma se capacita a dominar e a controlar inteiramente a personalidade, de modo que esta não tenha mais pensamento ou vontade separados.

A pessoa absolutamente inexperiente na Terra não tem praticamente nenhuma comunicação com a alma. Qualquer pessoa que veja o noticiário ou que observe os acontecimentos do dia-a-dia deve ficar atônito com as coisas horríveis que as pessoas são capazes de praticar. Esta é parte da explicação: elas não têm ligação com a alma, e por isso são dirigidas pela personalidade ou pelo ego negativo. Estão desligadas da intuição, da consciência, da vontade de praticar o bem e de amar, atributos esses pertencentes à alma. Do mesmo modo que a evolução da personalidade consiste em aprender a expressar apenas a alma, assim também a evolução da alma é expressar somente a mônada. Uma extensão de alma não desenvolvida esquece essa ligação com sua alma e se sente bastante independente e separada.

A alma se envolve num torvelinho de atividades em seu próprio plano. Se uma pessoa quer atrair a atenção da alma, precisa demonstrar a ela que a personalidade pode ser-lhe útil. A alma sabe que só pode chegar a certos estágios da evolução se contar com a colaboração das suas personalidades na Terra. Se observarmos muitas delas neste planeta, veremos extensões de alma com corpos astrais cheios de emoções negativas e com corpos mentais interessados em dinheiro, poder, prazer e televisão. Não é difícil perceber que a alma não tem interesse nisso e que desloca sua atenção para outra das suas onze extensões de alma.

Em seu plano, a alma é tão expansiva, que não lhe é possível manifestar-se plenamente por meio de uma de suas extensões de alma. Nesse sentido, também a mônada, em seu plano, não consegue manifestar-se por meio de uma única alma.

A TRÍADE ESPIRITUAL

A tríade espiritual é o espírito tríplice por meio do qual a mônada se expressa. O espírito tríplice inclui a vontade espiritual, a intuição e a mente superior. A mônada se expressa por meio desses princípios, do mesmo modo que a alma se expressa pela tríade espiritual inferior da personalidade tríplice, constituída pelos corpos físico, emocional e mental.

A ALMA E A MÔNADA

O discípulo precisa aprender a controlar e a treinar sua mente para receber comunicações de três fontes:

1. do mundo material ordinário;
2. da alma, tornando-se conscientemente um discípulo, um trabalhador num dos ashrams do Mestre;
3. da tríade espiritual (vontade espiritual, intuição e mente superior) que atua como mediadora entre a mônada e o cérebro da personalidade encarnada na Terra. Isso acontece porque, na terceira iniciação, a personalidade e a alma se uniram, de modo que a orientação pode agora vir da tríade espiritual e da mônada. A dualidade substitui a triplicidade, sendo a triplicidade constituída pela extensão de alma anterior à união, pela alma e pela mônada. A alma e a extensão de alma se uniram, de modo que uma orientação de nível superior é agora possível.

A ALMA E O ANTAKARANA

Na quarta iniciação, o antakarana, ou ponte para a linha de comunicação, foi construído desde a personalidade encarnada, passando pelo corpo causal ou da alma, até a tríade espiritual e a mônada. Com a construção do antakarana, o corpo causal é queimado e a alma volta a unir-se à mônada. (Ver o Capítulo 5 para compreender o antakarana e o modo de construí-lo.)

OS RELACIONAMENTOS DA ALMA EM SEU PRÓPRIO PLANO DE EXISTÊNCIA

Em seu plano, a alma percebe conscientemente sua relação com o Mestre e procura transmitir essa percepção à personalidade encarnada. A alma não é impedida pelo tempo e pelo espaço. No nível da alma, o tempo e o espaço não existem no mesmo sentido linear que eles têm na Terra. Em seu próprio plano, a alma também se relaciona com outras almas, geralmente almas do mesmo raio. (Analisamos detalhadamente a questão dos raios no Capítulo 10.) A alma trabalha para a formação da consciência de grupo e gostaria que essa consciência existisse também no plano terrestre. Isso acontecerá quando a maioria das extensões de alma neste plano receber sua terceira iniciação.

Da perspectiva do Mestre, o mais importante é a capacidade da alma de controlar seu instrumento, a personalidade encarnada, e de trabalhar por meio dele.

A ALMA E O ASHRAM DO MESTRE

Muitos Mestres Ascensionados possuem ashrams nos planos interiores. Um ashram é um grupo internacional composto por almas encarnadas e também por almas não-encarnadas. O ashram é uma associação de iniciados de vários graus e de discípulos aceitos. O Mestre também tem um grupo que é diferente daquele do ashram. Podemos encontrar muitas pessoas no grupo do Mestre, mas as que estão no ashram são escolhidas fora do grupo. No ashram somente encontraremos o que pertence à alma. Nada do que pertença à personalidade tem permissão de entrar. (Quero dizer com isso, nada do eu inferior.)

Assim, um ashram é constituído basicamente por aqueles que, por sua dedicação ao caminho, passaram do grupo ao centro interior que é o ashram. São grupos de almas reunidas para o objetivo do serviço.

A chave para o discípulo é viver de tal modo que sua vida promova o propósito do grupo, intensifique sua força e traga para mais perto o objetivo para o qual o grupo foi formado. O discípulo também procura ser útil à realização dos planos do Mestre.

A ALMA E A VONTADE DIVINA

Quando a força de atração da matéria se esgota e o desejo é dominado, então o poder de atração da alma passa a predominar. O eu individual perde sua importância e cede seu lugar às metas e aos esforços do grupo. A atração da alma também coincide agora com a atração da Hierarquia Espiritual e do trabalho dos Mestres Ascensionados. Quando esse deslocamento ou polarização acontece — fato que, tenho certeza, todos os que estão lendo este livro podem testemunhar — podemos sentir a influência dinâmica do "aspecto vontade divina", que passa a entrar em ação.

A ALMA E AS FORÇAS NEGRAS

Irmãos negros são almas confusas que escolheram o caminho da esquerda ao invés do da direita. Seguir o caminho da esquerda é servir ao eu em vez de servir a Deus e à unidade de toda a existência. O irmão negro (não é necessário dizer que não estou me referindo à raça negra) vê as pessoas não como almas ou deuses semelhantes, mas como objetos que podem ser explorados e usados para sua própria vantagem egoísta. Ele não se importa com o sofrimento ou com a dor que possa causar. A tarefa de todas as outras almas é proteger-se dessas almas confusas, tanto neste plano material como no plano interior. As leis do karma acabarão por atingi-las, e as dores e os sofrimentos pelos quais hão de passar farão com que procurem novamente a verdade num período posterior.

Um outro fato muito interessante sobre os irmãos negros é que, se uma personalidade encarnada permanece nesse caminho enganoso por muito tempo, ela pode atrair sobre si uma destruição definitiva para todo o manvantara ou ciclo, na definição de Djwhal Khul. No processo, de algum modo, o "átomo físico permanente" fica totalmente destruído e a alma perdida perde o contato com o eu superior por eons de tempo.

O ALINHAMENTO DA ALMA COM A PERSONALIDADE

O ideal para a personalidade encarnada é alinhar os três veículos ou corpos com o eu superior ou alma. Quando isso acontece, o corpo mental se acalma e se tranqüiliza; o corpo emocional se mantém estável, equilibrado e satisfeito, e o corpo físico se conserva saudável, com energia boa e estável durante todo o dia.

Existe um nível superior de alinhamento também para o discípulo. Esse nível tem relação com

1. o alinhamento da alma e da personalidade com o ashram apropriado, resultando num relacionamento consciente com o Mestre do ashram;
2. o alinhamento do iniciado de um grau superior com a tríade espiritual, o que resulta no reconhecimento consciente da energia monádica;
3. o alinhamento de todos os chakras no corpo etérico do discípulo.

O CAMINHO DE PROGRESSO DA ALMA

Não há limites para o desenvolvimento que uma personalidade encarnada pode alcançar numa determinada existência. Depende inteiramente da sua capacidade em manter-se atenta e disciplinada, totalmente devotada ao ideal espiritual. Com freqüência, extensões de alma que fazem grandes avanços devem o fato ao que adquiriram em encarnações anteriores.

Embora o desenvolvimento pareça excessivamente acelerado para alguns, mesmo estes estão apenas se preparando para um novo período de crescimento lento, meticuloso e exigente. Esse esforço lento e freqüentemente laborioso é o método sólido de todos os que evoluem no caminho espiritual, independentemente do nível de evolução espiritual em que se encontrem. Não existem atalhos. A pessoa conquista suas metas de momento a momento, de hora a hora, de dia a dia. Muitas vezes as pequenas coisas — um sorriso, um abraço, uma mão prestativa — são as mais significativas.

A ALMA E O DISCIPULADO

Há três principais objetivos com os quais o discípulo deve se comprometer acima de tudo:

1. Servir à humanidade;
2. Cooperar com o Plano dos Grandes Seres;
3. Desenvolver os poderes da alma e obedecer a ela, e não aos ditames dos três corpos inferiores e do ego negativo.

IMPRESSÕES ESPIRITUAIS DO PLANO INTERIOR

Existem quatro fontes de impressões espirituais que o aspirante espiritual e discípulo deve conhecer:

1. Impressões da sua própria alma;
2. Impressões do ashram ao qual está ligado;
3. Impressões provenientes diretamente do Mestre;
4. Impressões da tríade espiritual e da mônada por meio do antakarana.

A ALMA E O SUTRATMA

O sutratma é o cordão de prata que, iniciando na mônada, passa pela alma e vai até a extensão de alma encarnada na Terra. A alma domina sua forma por meio do sutratma, também conhecido como o "fio da vida". O antakarana é um cordão de energia que os que estão na Terra precisam construir para a alma, para a tríade espiritual e para a mônada.

Existindo desde o nascimento, o sutratma é a linha de energia de retorno ao Pai do Céu. Ele é o "cano espiritual", por assim dizer, por onde passa a nossa energia e nos mantém vivos. Esse fio da vida vitaliza nossos corpos físico, emocional e mental e estabelece comunicação com o nosso cérebro.

10

A PSICOLOGIA ESOTÉRICA E A CIÊNCIA DOS DOZE RAIOS

Conhece-te a ti mesmo
Gravado no portal do Oráculo de Delfos

Os sete raios são a primeira diferenciação de Deus na manifestação e revelam todo o espectro da expressão divina na forma manifestada. Eles são materializações de sete tipos de força que demonstram sete qualidades de Deus. Essas sete qualidades exercem um efeito sétuplo sobre a matéria e a forma em todas as partes do universo infinito de Deus. Os sete grandes raios são materializações de sete grandes seres, que são:

1. O Senhor do Poder ou da Vontade
2. O Senhor do Amor/Sabedoria
3. O Senhor da Inteligência Ativa
4. O Senhor da Harmonia, da Beleza e da Arte
5. O Senhor do Conhecimento Concreto e da Ciência
6. O Senhor da Devoção e do Idealismo
7. O Senhor da Ordem Cerimonial ou da Magia

Na verdade, os raios são um assunto bastante complexo, havendo muitas maneiras e pontos de referência para compreendê-los. O estudo dos raios é praticamente uma ciência desconhecida em nosso mundo. Considero-me um estudante sério dessa área e estou envolvido com quase todas as religiões e escolas de mistérios do planeta, mas foi só quando li os livros de Alice Bailey sobre psicologia esotérica que o significado profundo dos raios tocou a minha percepção. Os raios são ainda mais importantes que a astrologia. No entanto, o que vou partilhar com você neste capítulo não é abordado pelas pessoas envolvidas em 99,99% dos caminhos espirituais na Terra. A compreensão dos raios pode ser a única ciência espiritual mais importante para compreender a si mesmo e ao mundo como um todo. São esses raios que governam toda a criação.

OS RAIOS DE ASPECTO E OS RAIOS DE ATRIBUTO

Em seus escritos, Djwhal Khul dividiu os sete grandes raios em duas categorias: os chamados raios de aspecto e os raios de atributo.

Raios de aspecto:

1° raio do Poder, da Vontade ou do Propósito
2º raio do Amor/Sabedoria
3º raio da Inteligência Ativa, Criativa

Raios de Atributo:

4º raio da Harmonia, através do Conflito, da Beleza e da Arte
5º raio da Ciência Concreta ou do Conhecimento
6º raio do Idealismo Abstrato ou da Devoção
7º raio da Ordem Cerimonial, da Magia, do Ritual ou da Organização

O RAIO DE ESTRUTURA DE TODO SER HUMANO ENCARNADO

Toda extensão de alma que encarna no plano terrestre é constituída de seis raios. Todas as extensões têm um raio diferente para a mônada, para a alma, para a mente, para as emoções, para a personalidade e para o corpo físico.

O raio monádico e o raio da alma são basicamente os mesmos ao longo de todas as encarnações da pessoa. Os demais raios podem mudar de existência para existência. Toda personalidade encarnada se localiza num dos sete raios. As extensões de alma com raios de alma localizados no quarto, quinto, sexto e sétimo raios devem fundir-se com os três primeiros raios principais, depois de passar pela terceira iniciação. Entretanto, o raio monádico de toda personalidade encarnada é um dos três primeiros raios.

Na pessoa não evoluída, os raios dos corpos físico, emocional e mental dominam. À medida que ela desenvolve uma personalidade mais realizada, o raio da personalidade passa a dominar e os raios dos três corpos se subordinam a ele.

À medida que a pessoa continua a evoluir, ela passa a se polarizar na alma. Uma batalha é travada entre o eu inferior e o eu superior, ou entre o raio da personalidade e o raio da alma. Quando o raio da alma começa a dominar e vence essa batalha, e o discípulo começa a exercer o controle sobre a personalidade, o raio da personalidade se subordina ao raio da alma.

O processo continua até que o raio monádico começa a transbordar, o que acontece depois da terceira iniciação. À medida que o discípulo aprende a se polarizar na mônada, o raio da alma vai se subordinando ao raio monádico.

Continuando. Cada um dos sete grupos de almas é sensível ao raio do Logos Planetário (Sanat Kumara), que está no terceiro raio. Na verdade, todos estamos num sub-raio desse raio, do mesmo modo que o Logos Planetário está num sub-raio do Logos Solar (Hélio), localizado no segundo raio. Hélio está num sub-raio do Logos Galáctico e o Logos Galáctico está num sub-raio do Logos Universal (Melquisedeque). Esse processo se estende até a Divindade. Toda a criação está num sub-raio da Divindade. Cada nível vai se reduzindo, obtendo-se no final uma configuração hierárquica.

As pessoas que estão no mesmo raio tendem a ver as coisas de modo semelhante, mas isso pode mudar, dependendo do raio e da iniciação com que estão identificadas. No tempo da faculdade, duas pessoas podem ter personalidades do quarto raio e, assim, ter muitas coisas em comum. Isso pode mudar à medida que elas se abrirem a seus raios da alma, se estiverem em raios da alma diferentes. Isso não quer dizer que pessoas de raios diferentes não possam se dar bem. Há muitos outros fatores que precisam ser levados em conta. Todavia, os raios exercem uma influência realmente forte.

Pessoas que têm uma estrutura de raio dois, quatro ou seis normalmente tendem a ser mais introvertidas e voltadas para a espiritualidade. As que têm uma estrutura de raio um, três, cinco ou sete são mais extrovertidas e voltadas para o nível da forma e do mundo concreto. Quando uma extensão de alma percorre dois terços de sua caminhada espiritual, o raio da alma começa a governar a personalidade. Será de grande proveito ao aspirante ou discípulo procurar compreender os seis raios que integram sua constituição espiritual.

O raio da personalidade realiza sua atividade principal no corpo físico. O raio da alma exerce sua influência específica no corpo astral; o raio monádico, no corpo mental. O raio da personalidade provoca uma atitude de separação. O raio da alma favorece uma atitude de consciência grupal e de desapego do aspecto da forma da vida. O raio monádico só pode ser sentido depois da terceira iniciação e traz consigo o aspecto vontade do Criador.

Esses raios exercem uma influência incrivelmente forte sobre a vida de cada ser humano. O raio do corpo físico define substancialmente as características do corpo físico. Os raios determinam a qualidade do corpo emocional e afetam sobremaneira a natureza da mente.

Os raios predispõem cada pessoa a certas forças e a certas fraquezas. Determinadas atitudes mentais são fáceis para um tipo de raio e extremamente difíceis para outro. Essa é a razão por que a personalidade que está na roda das encarnações muda a estrutura do raio de uma vida para outra até que todas as qualidades sejam desenvolvidas e manifestadas.

Dados esses fatos, o conhecimento dos raios é absolutamente essencial para o conhecimento de si mesmo e também para toda a ciência da psicologia. É extremamente espantoso constatar que a psicologia, atualmente, não tem nenhuma compreensão dos raios. Esse é um dos muitos motivos pelos quais essa ciência é pouco eficaz nestes tempos.

O pouco entendimento dos raios se deve ao fato de que não temos praticamente nenhuma compreensão da alma. De todos os ramos da psicologia ensinados nas escolas e praticados por profissionais licenciados, 98% não têm nenhuma ligação com a alma e com os níveis monádicos de consciência. A nova onda do futuro será o estudo da psicologia transpessoal ou espiritual. (Eu gostaria de recomendar a leitura do meu livro sobre esse assunto intitulado *Soul Psychology*.)

Não são apenas as pessoas que possuem raios. Países, cidades, grupos e organizações também os têm. Em geral, porém, eles estão limitados ao raios da alma e ao raio da personalidade. A maioria dos países na Terra, por exemplo, ainda está atuando através de seus raios da personalidade.

Quando o raio da alma traspassa inteiramente o discípulo, este está pronto para receber a terceira iniciação. O raio da personalidade então é extinto ocultamente. O guardião do limiar foi subjugado e dominado. A alma é que escolhe os raios para as personalidades ou extensões de alma encarnadas em cada existência.

Cada raio trabalha primeiramente por meio de um chakra. O conhecimento da estrutura dos raios oferece uma ótima percepção do caráter, das forças e fraquezas da pessoa, do mesmo modo que um horóscopo astrológico meticuloso. O estudo da psicologia esotérica e da ciência dos doze raios é tão importante quanto o estudo da astrologia. Na verdade, esse estudo ainda pode ser mais importante, uma vez que os raios, num nível cósmico, chegam a afetar, influenciar e anteceder a criação das estrelas e constelações em todo o infinito universo de Deus.

É importante compreender que uma pessoa pode utilizar todos os raios, quer os tenha ou não na sua estrutura de raio. Pode-se invocar qualquer um dos doze raios e suas respectivas qualidades para o serviço pessoal e planetário.

UMA ANÁLISE DOS DOZE RAIOS

O PRIMEIRO RAIO — DA VONTADE OU DO PODER

O primeiro raio é uma energia de vontade, de poder e de impulso. Ele está relacionado com a vitalidade, com a iniciativa, com o ímpeto. Ele destrói o antigo e abre o caminho para o novo. Trata-se de uma energia muito dinâmica. Sua cor é o vermelho. Os que estão nesse raio têm um forte poder pessoal que pode ser usado tanto para o bem como para o mal.

As pessoas do primeiro raio estarão sempre na frente de qualquer linha de trabalho. Elas se destacarão em suas profissões. Elas nascem líderes. As pessoas do primeiro raio que não são moderadas pelo amor/sabedoria do segundo raio podem ser extremamente cruéis e duras.

As obras literárias das pessoas do primeiro raio poderiam ser sólidas e vigorosas, mas, em geral, elas dão pouca importância ao estilo ou ao acabamento de seus trabalhos. Lutero, Carlyle e Walt Whitman podem ser exemplos desse tipo de pessoa. Sua busca do caminho espiritual se faz por meio da pura força de vontade.

As pessoas do primeiro raio são excelentes comandantes e chefes. Como exemplos temos Napoleão, Winston Churchill, general George Patton, general Douglas MacArthur, Indira Gandhi e Cristóvão Colombo (Saint Germain).

Muitos destaques esportivos pertencem a esse tipo. Normalmente, depois da investida do primeiro raio, os demais raios assumem o controle. Num certo sentido, o primeiro raio está ligado à energia de Áries. A pessoa do primeiro raio inicia os projetos, mas logo em seguida se dedica a outros afazeres.

O primeiro raio é de grande ajuda quando a pessoa está sufocada pelas suas emoções; ela pode usar a energia da vontade para livrar-se delas. O uso de roupas vermelhas pode sintonizar a pessoa com essa energia. Esse é um raio muito forte, que deve ser usado com cuidado e na medida certa.

A maioria das pessoas precisa invocar muito menos esse primeiro raio do que os demais. A cor vermelha intensifica todas as condições já existentes. O primeiro raio cria um efeito quase instantâneo. Uma pequena quantidade em geral é o que basta.

As manifestações negativas do primeiro raio podem ser vistas, por exemplo, nas guerras que são deflagradas no planeta. O primeiro e o segundo raios formam uma boa dupla para rebater essas manifestações negativas. Uma pessoa com uma mente de primeiro raio se concentra definida e intensamente. Um corpo emocional de primeiro raio é muito forte, com reações emotivas intensas.

Um corpo do primeiro raio tende a ser alto, musculoso e entroncado, superando qualquer obstáculo. Freqüentemente, militares e policiais são do primeiro raio. Uma pessoa com esse corpo pode ser um excelente jogador de futebol americano. Uma personalidade de primeiro raio pode ser um tanto ríspida.

Outras pessoas famosas do primeiro raio foram Hércules, Rama, Mao Tsé Tung, Abraham Lincoln e Janet McClure (fundadora da Fundação Tibetana).

As virtudes especiais do primeiro raio são a força, a coragem, a firmeza, a veracidade, o destemor, uma liderança forte, a capacidade de apreender grandes questões com mente aberta e a habilidade de dirigir pessoas. Os vícios desse raio são o orgulho, a ambição, a teimosia, a severidade, a arrogância, o desejo de controlar os outros, a obstinação e a cólera. As virtudes a serem adquiridas são a ternura, a humildade, a simpatia, a tolerância e a paciência.

O SEGUNDO RAIO — DO AMOR/SABEDORIA

Esse raio representa a qualidade Divina do amor e do anseio pelo conhecimento puro e pela verdade absoluta. Sua cor é o azul-escuro intenso. As pessoas desse raio são amorosas, tolerantes, atenciosas, amistosas e responsáveis.

A alma do segundo raio é geralmente um professor ou talvez um arquiteto por causa da grande capacidade conceitual desse raio. Esse tipo de pessoa tem muito tato e uma aguçada percepção, podendo se tornar um excelente embaixador, um professor ou diretor de faculdade. Além disso, ela tem a habilidade de mostrar às pessoas as coisas como elas são e de fazê-las adotar seu ponto de vista.

A pessoa desse raio pode ser um excelente artista, desde que se proponha a ensinar arte, pois ela é intuitiva, e não é precipitada nem impulsiva. Ela pode ser um pouco lenta no agir.

A busca do caminho se faz por meio do estudo rigoroso e diligente dos ensinamentos, até que eles se tornem uma parte tão integrante da pessoa, que deixam de ser apenas conhecimento intelectual e se transformam em norma de vida espiritual.

Uma mente do segundo raio pode ser muito receptiva, embora não seja comum. Um tipo emocional do segundo raio pode ser muito tranqüilo, estável e maduro. Um tipo físico do segundo raio é incomum, embora aumentem as encarnações desse tipo no futuro. Esses tipos de corpos físicos geralmente são baixos e de compleição delicada. Eles são refinados e sensíveis.

Cada tipo de raio tem um aspecto superior e um inferior. A pessoa do tipo inferior do segundo raio tentará obter conhecimento para propósitos egoístas e não para o serviço altruísta da humanidade. O eu inferior leva-a à desconfiança, à frieza e à dureza. Muitas vezes ela se deixa absorver excessivamente pelos estudos e menospreza as limitações mentais dos outros.

Suas virtudes especiais são a calma, a força, a paciência, a resistência, o amor à verdade, a fidelidade, a intuição, uma inteligência lúcida e um temperamento sereno. As virtudes a adquirir são o amor, a compaixão, o altruísmo e a energia.

Deve-se lembrar também que todas as almas encarnadas neste planeta têm relação com o segundo raio porque vivemos num sistema solar de segundo raio, pois é nesse raio que Hélio, nosso Logos Solar, atua. Outros sistemas solares estão em raios diferentes. Todos os outros raios são sub-raios desse grande segundo raio cósmico.

O Senhor Maitreya e o Buda são ambos do segundo raio, ao qual pertencem os grandes mestres do mundo. Djwhal Khul é um mestre do segundo raio, como seu mestre, o Mestre Kuthumi.

O TERCEIRO RAIO — DA INTELIGÊNCIA ATIVA

Esse é o raio do pensador abstrato, do filósofo e do metafísico. As pessoas desse raio têm uma imaginação fértil e são excelentes em matemática superior. Elas sonham e teorizam idealisticamente. Elas percebem todos os ângulos de uma questão de maneira lúcida.

Uma de suas principais características é a perseverança. Elas são hábeis em se fixar numa coisa e não a deixam até concluí-la, mesmo que seja necessária uma existência inteira. Os membros do terceiro departamento são os organizadores da Hierarquia. São as almas que estão ou não encarnadas que "providenciam para que as coisas sejam feitas".

Seu método de busca do caminho espiritual é através do trabalho filosófico e metafísico profundo, até alcançarem a realização. Thomas Edison foi um exemplo notável de um tipo do terceiro raio. Outros foram Eleanor Roosevelt, Paramahansa Yogananda e Ernest Holmes.

Os tipos do terceiro raio muitas vezes são perfeccionistas. Eles podem ignorar tudo, exceto seus projetos favoritos, que executarão com grande precisão. Tendem a ser independentes. Sob o aspecto negativo, eles têm a capacidade de fazer com que todos compartilhem suas próprias percepções.

Eles são equilibrados, concretos, lógicos, lúcidos e organizados; entretanto, nem sempre têm consciência das conseqüências. Uma de suas grandes habilidades é manterem-se fiéis na busca da perfeição e da verdadeira divindade, não se desviando dessa direção até que a meta seja alcançada.

As virtudes especiais da pessoa do terceiro raio são: visão ampla de todas as questões abstratas, sinceridade de propósito, um intelecto lúcido, capacidade de concentração em estudos filosóficos, paciência, cautela e despreocupação com ninharias. Os vícios desse raio são o orgulho intelectual, a frieza, o isolamento, o descuido com os detalhes, a distração, a obstinação, o egoísmo e a crítica exagerada aos outros. As virtudes a serem adquiridas são a simpatia, a tolerância, a devoção, a precisão, a energia e o senso comum.

O QUARTO RAIO — DA HARMONIA ATRAVÉS DO CONFLITO

Esse raio é chamado de "raio da batalha". Ele tem um aspecto superior e um inferior, como todos os demais raios. Quando esse raio é governado pelo eu inferior, o resultado é o conflito e a destruição. Quando é governado pelo eu superior, o resultado é a harmonia.

O quarto raio tem relação com o corpo emocional, com o chakra do plexo solar e com a existência física. Ele tem a qualidade do reflexo intenso, a qual, num certo sentido, obriga a pessoa a olhar para aquilo que ela ainda não concluiu. Nesse sentido, ele funciona como se fosse um espelho.

Sua cor é o verde-esmeralda. Esse raio está muito ligado às artes. Algumas das mais belas obras de arte, da música e da escultura deste planeta foram criadas por pessoas do aspecto superior desse raio. Mozart, Leonardo da Vinci, Richard Strauss e Rubens tinham todos uma grande quantidade de energia do quarto raio. Mozart, acredite ou não, tinha a alma, a personalidade, a mente e o corpo emocional no quarto raio, naquela encarnação.

O perigo desse raio é a possibilidade de enredar-se no corpo emocional, tendência da maioria das pessoas. É por isso que o quarto raio trabalha bem com o primeiro raio da vontade, com o terceiro ou com o quinto raio, que são de uma natureza mais mental. A pessoa do quarto raio precisa desses raios para manter-se equilibrada.

Djwhal Khul mencionou que esse raio parece produzir um equilíbrio semelhante sobre as qualidades descritas no Oriente como rajas (atividade) e tamas (inércia). A pessoa comum vive em combate mortal entre essas duas energias até alcançar a infusão e a fusão da alma. Exemplos desse tipo são Vincent van Gogh e Pablo Picasso. Eles tinham uma grande habilidade artística, mas não tinham equilíbrio nos aspectos mental, emocional e da alma, o que os tornou extraordinários num nível, mas absolutamente atormentados em outro.

A pessoa do quarto raio muitas vezes vive numa "montanha russa emocional" até que possa alcançar a serenidade da mente. O estudo do *Bhagavad Gita* pode oferecer um bom modelo de ensino para a pessoa do quarto raio.

Como as pessoas do quarto raio estão muito ligadas à Terra e à estética, muitas vezes elas têm dificuldade para meditar e dedicar-se à espiritualidade. Os tipos do quarto raio costumam estar muito voltados para uma série de atividades físicas como caminhadas, alpinismo, equitação, automobilismo e as relacionadas com animais. Isso é bom, desde que essas atividades estejam em equilíbrio com os aspectos espirituais.

Um dos perigos para as pessoas do quarto raio é que elas tendem a se tornar manipuladoras. Geralmente, gostam que todos tenham a mesma visão de vida que elas. É fundamental que os tipos do quarto raio dediquem suas vidas ao caminho espiritual. Caso contrário, eles tendem a ser maníaco-depressivos. O método de busca do caminho espiritual é através do autocontrole, que conduz à serenidade da mente e ao equilíbrio das forças agressivas de sua natureza.

As virtudes especiais do quarto raio são as afeições fortes, a simpatia, a coragem física, a generosidade e a agilidade intelectual e perceptiva. Os vícios do quarto raio são o egocentrismo, a preocupação, a imprecisão, a falta de coragem moral, as paixões fortes, a indolência e a extravagância. As virtudes a serem adquiridas são a serenidade, a confiança, o autocontrole, a pureza, o altruísmo, a exatidão e o equilíbrio mental e moral.

O QUINTO RAIO — DA MENTE CONCRETA

Esse é o raio da ciência e da pesquisa. A pessoa desse raio tem um intelecto aguçado e gosta de grande precisão de detalhes. Este raio está ligado ao corpo mental. Muitas pessoas, no período atual da nossa história, estão apaixonadas pelo corpo mental e não se dispõem a abrir-se à intuição e ao corpo da alma. Esse é o perigo do quinto raio.

Por estar fixada na mente, a pessoa do quinto raio fica impedida de se interessar pelos estudos esotéricos. A partir do momento em que a pessoa do quinto raio se abre para o caminho espiritual e inicia os estudos correspondentes, ela compreenderá essa área muito melhor que as pessoas dos outros raios.

Neste momento, o quinto raio é muito importante para a Terra neste momento. As pessoas com características predominantemente emocionais tendem a não participar da energia do quinto raio. Elas não aprenderam a usar essa energia para equilibrar seus corpos emocionais. Por outro lado, o tipo do quinto raio precisa aprender a "desligar" a mente de vez em quando. Por isso, a meditação é muito importante para esse tipo. A cor desse raio é o alaranjado.

A pessoa do quinto raio é extremamente confiável e dispõe de muito conhecimento e informações. O perigo que ela corre é o de se tornar pedante e de ser excessivamente preocupada com os detalhes mais triviais. Esse é o raio do químico competente, do eletricista prático, do engenheiro de categoria, do grande cirurgião, do chefe de algum departamento técnico especial.

É raro encontrar um artista nesse raio, porque sua energia é muito científica. A busca do caminho espiritual é feita pela pesquisa científica levada a conclusões definitivas. Esse tipo de pessoa é capaz de penetrar no âmago de uma questão.

Uma mente do quinto raio pode examinar qualquer experiência de aprendizado e extrair dela a sua própria essência. A pessoa do terceiro raio tem uma mente excelente, mas lhe falta a capacidade de mergulhar no âmago das coisas como a pessoa do quinto raio.

Onde houver muita energia do quinto raio haverá muitas igrejas da Nova Era. Essas igrejas estão ligadas ao movimento do "novo pensamento", uma força do quinto raio. A Hierarquia espera que a grande quantidade de energia do quinto raio que se concentra no planeta atualmente leve as pessoas à essência das coisas, que é, em última análise, a alma e o espírito. Nesse sentido, o quinto raio está ajudando a chamar a atenção para a Nova Era. Ele orienta a mente para esse movimento, enquanto o sétimo raio e os raios superiores lhe dão sustentação e impulsionam à atividade.

Outra qualidade do padrão do quinto raio, da qual poucas pessoas têm consciência, é o amor incondicional. A presença dessa qualidade se deve ao fato de que o quinto raio tem acesso ao corpo mental superior, que é o reino da alma. O quinto raio ajuda no processo de encontrar equilíbrio e integração na psique.

As virtudes especiais do quinto raio incluem fazer afirmações estritamente exatas, justiça, bom senso, probidade, independência e intelecto aguçado. Os vícios do quinto raio são: crítica áspera, estreiteza mental, arrogância, temperamento rancoroso, falta de simpatia e de respeito e preconceito. As virtudes a ser adquiridas são respeito, devoção, simpatia, amor e mentalidade aberta.

O SEXTO RAIO — DA DEVOÇÃO

O sexto é o raio da devoção e do idealismo. A pessoa desse raio está plena de fervor religioso. Ela vê tudo como perfeito ou como intolerável. É um raio com base emocional que também está ligado à mente subconsciente. Sua cor é o índigo. Ele tem a capacidade de ajudar as pessoas a transcenderem as coisas da Terra.

Esse tipo de pessoa também precisa de um deus pessoal ou da encarnação de uma divindade a quem possa adorar e se dedicar. O tipo superior de pessoa desse raio se torna santo. O tipo inferior, o da pessoa dirigida pela personalidade, se transforma no intolerante e fanático da pior espécie. Os cristãos fundamentalistas têm uma relação muito forte com esse raio. Todas as guerras e cruzadas religiosas tiveram origem no mau uso desse raio.

A pessoa deste raio normalmente é muito gentil, mas pode facilmente entrar num estado de grande cólera e indignação. É possível que renuncie à própria vida em favor de um ideal de devoção de sua escolha. Esse tipo de pessoa, como soldado, detestará lutar, a menos que seja incitado por uma grande causa em que acredite; nesse caso, lutará como um possesso. O sexto raio produz um grande pregador e orador, mas um político e um empresário medíocres.

A pessoa do sexto raio muitas vezes é um poeta ou um escritor de livros religiosos, tanto em poesia como em prosa. Ela aprecia a beleza e a estética, mas nem sempre será criativa. O método de cura para esse tipo de pessoa é a fé e a oração. A busca de Deus é feita através da oração e da meditação.

O sexto raio está em processo de extinção em nossa época. Sua manifestação mais elevada foi a vida de Jesus Cristo e do Senhor Maitreya. O sexto raio esteve disponível há dois ou três mil anos porque a humanidade permanecia num estágio de evolução de apenas "dez anos de idade". Por isso, o sexto raio era perfeito para conduzir a humanidade ao passo seguinte.

A humanidade agora está madura, e esse raio não é mais necessário. Ele está sendo substituído em larga escala pela energia do sétimo raio. O aspecto positivo do sexto raio em nossa história procurou levar a humanidade a dedicar-se e a obedecer a Deus e às Suas leis. Ele possibilitou à humanidade sair do padrão a que ela estava presa. No momento presente, a energia do sexto raio é mais pesada porque seu propósito foi alcançado. Grande parte da tarefa do sexto departamento, dirigido pelo Mestre Jesus, consiste em unificar as religiões do mundo.

Quando a Terra estiver em plena Nova Era, após a virada do século, o sexto raio não será mais necessário, pois ele terá concluído seu serviço. A maioria das igrejas está atualmente utilizando a energia desse raio em seus serviços.

O sexto raio também esteve relacionado com a devoção a um guru, a um instrutor ou a um Mestre. Na Nova Era e no ciclo do sétimo raio, o objetivo será o de que a pessoa reconheça o seu próprio poder e a sua própria igualdade intrínseca com os instrutores espirituais, pois, na verdade, todos são o eu eterno.

Alguns exemplos de almas do sexto raio são João Calvino, Meister Eckhart e São Francisco (Kuthumi). São Francisco tinha alma, mente e personalidade do sexto raio.

As virtudes especiais da pessoa do sexto raio são a devoção, o propósito definido, o amor, a ternura, a intuição, a lealdade e a reverência. Os vícios desse raio são o amor egoísta e ciumento, a dependência excessiva dos outros, a parcialidade, o auto-engano, o sectarismo, a superstição, o preconceito, as conclusões precipitadas e a cólera. As virtudes a ser adquiridas são a força, o auto-sacrifício, a pureza, a verdade, a tolerância, a serenidade, o equilíbrio e o bom senso.

O SÉTIMO RAIO — DA ORDEM E DA MAGIA CERIMONIAL

O sétimo raio está ligado à chama violeta da transmutação. O dirigente do departamento do sétimo raio é Saint Germain. Esse é o raio do sumo sacerdote ou da suma sacerdotisa, do organizador da comunidade, do camarista da corte. O lema desse tipo de pessoa é "faça tudo com decência e ordem".

É Saint Germain que, num certo sentido, está girando a chave que abre a nova Era de Ouro neste planeta. Ele usa sua chama violeta da transmutação para transformar e transmutar as regiões de conflito ao redor do planeta.

O sétimo raio ajuda a integrar o céu e a Terra e firma a espiritualidade no mundo físico material. Ele é o raio da forma e, por isso, uma pessoa desse raio se torna o escultor perfeito. A combinação do quarto e do sétimo raios produz o tipo superior de artista. Leonardo da Vinci tinha uma alma do quarto raio, uma personalidade e uma mente do sétimo, um corpo emocional do quarto e um corpo físico do sétimo raio. Temos aqui o exemplo máximo dos ensinamentos de Djwhal.

A obra literária da pessoa do sétimo raio é extraordinária. Ela deleita-se com cerimônias, formalidades, rituais, procissões e exibições, inspeções de tropas e de navios de guerra, árvores genealógicas e regras de precedência.

Uma pessoa não evoluída do sétimo raio é supersticiosa e muito influenciada por presságios, sonhos e fenômenos espiritualistas. O tipo evoluído tem a determinação de fazer sempre a coisa certa e de sempre dizer a coisa certa no momento certo. Por isso, ele tem grande sucesso social.

A pessoa do sétimo raio busca o caminho espiritual pela observância de regras de conduta e de rituais, podendo invocar facilmente a ajuda de forças elementais. Ela também gosta de organizar todos os aspectos de sua vida para que estejam a serviço da harmonia e em harmonia com Deus.

As virtudes especiais da pessoa do sétimo raio são: a força, a perseverança, a coragem, a cortesia, o extremo cuidado com detalhes e a autoconfiança. Os vícios desse raio são: o formalismo, a intolerância, o orgulho, a estreiteza, os julgamentos superficiais e a auto-indulgência excessiva. As virtudes a ser adquiridas são: a realização da unidade, a mentalidade aberta, a tolerância, a humildade, a delicadeza e o amor.

Outro exemplo de pessoa do sétimo raio foi Nicolas Roerich, o canal para o Mestre Ascensionado El Morya, que escreveu os livros sobre Agni Ioga. Ele tinha alma, personalidade, mente e corpo de sétimo raio.

OS RAIOS SUPERIORES

No início da década de 1970, uma dispensação divina de cinco raios superiores foi concedida a este planeta por causa da sua iminente entrada na quarta dimensão e na Nova Era. Esses raios superiores são combinações dos sete primeiros raios com uma pequena quantidade de Luz da Fonte, ou Luz branca, que lhes confere uma qualidade luminosa.

Muitas extensões de alma recém-chegadas têm agora esses raios superiores em suas estruturas de raio. Outras estão começando a ter acesso a eles de uma forma integrada. Esses são raios extraordinários, e eu recomendo enfaticamente que você os invoque regularmente para cura pessoal e planetária.

Esses raios chegam através do nosso Logos Planetário, Sanat Kumara. Na verdade, existem outros raios no universo além desses doze, mas esses são os que estão planejados para a Terra neste período. Hélio, nosso Logos Solar, os envia a Sanat Kumara, que por sua vez os põe à nossa disposição.

O OITAVO RAIO

O oitavo raio é um raio de limpeza. Ele ajuda a eliminar aquelas características e qualidades do eu que não são mais necessárias e das quais queremos nos livrar. Esse raio tem uma luminosidade verde-violeta. Ele é composto pelo quarto e pelo sétimo raios, e pelo quinto raio com um toque de Luz branca, todos misturados.

Antes de introduzir o raio seguinte, que começa a atrair o corpo de Luz, é importante que o sistema de quatro corpos esteja limpo e purificado. O oitavo raio é bom para a limpeza da mente subconsciente. Ele ajuda a elevar a pessoa a um nível maior de vibração e de freqüência.

O NONO RAIO

A qualidade principal do nono raio é a alegria. Ele também atrai a potencialidade máxima da pessoa. Esse raio começa a atrair o corpo de Luz. Além disso, dá continuidade ao processo de limpeza que o oitavo raio iniciou de modo muito eficiente. Ele é composto pelo primeiro raio, pelo segundo raio e por Luz branca.

A luminosidade desse raio é azul-esverdeada. O corpo de Luz é um manto que lembra o arco-íris, ou ainda é um corpo de energia belo, magnético, transparente, branco, luminoso, elétrico, cheio de força vital que, idealmente, a pessoa veste para começar cada novo dia. No decorrer do tempo, ele passa a integrar normalmente o ser da pessoa.

O nono raio é utilizado para atrair o corpo de Luz, enquanto o décimo faz com que ele se fixe firmemente no ser da pessoa. Integrar e firmar perfeitamente o corpo de Luz é fundamental para o processo de ascensão.

O DÉCIMO RAIO

O décimo raio favorece todas as mudanças que a pessoa esteve procurando fazer para viver em reclusão. A divindade é realmente reconhecida quando a pessoa medita nesse raio. Ele tem uma luminosidade nacarada, facilita a experiência de fusão da alma e ajuda a codificar o padrão da divindade no corpo físico.

O décimo raio é uma combinação do primeiro, segundo e terceiro raios com Luz branca. Deve-se entender aqui que a Terra como um todo também tem um corpo de Luz. Quando a pessoa fixa seu corpo individual de Luz, isso ajuda a Mãe Terra a também fixar o seu próprio corpo de Luz.

O décimo raio permite que a unidade do eu seja vivida e possibilita a integração dos aspectos *yin e yang* no eu. A oportunidade que o décimo raio oferece é de a pessoa realizar plenamente o corpo de Luz enquanto ainda vive no corpo físico.

No passado, o corpo de Luz não era aceito na Terra e vivia numa dimensão mais elevada. A pessoa precisa refinar e purificar o seu ser ou elevar sua vibração para que essa integração ocorra. O corpo de Luz não é a alma em si, mas é o nível da alma que contém esse aspecto do eu.

O corpo de Luz também está relacionado com o nível monádico. A pessoa pode começar a sentir essa ligação antes de receber a terceira iniciação. O corpo de Luz não estará completamente recluso senão depois dessa iniciação. No final deste capítulo, há uma meditação para facilitar o ancoramento do corpo de Luz.

O DÉCIMO PRIMEIRO RAIO

Esse raio continua o processo e é uma ponte para a Nova Era. Sua cor é de uma luminosidade rosa-alaranjada. Ele ajuda a pessoa a entrar em contato com o amor/sabedoria Divinos, sendo uma combinação do primeiro, do segundo e do quinto raios com Luz da Fonte branca.

Esse raio é usado para se chegar à Nova Era, a fim de prosseguir para o nível seguinte. A pessoa pode invocá-lo e, com ele, envolver a si mesma ou uma área particular da Terra que precise desse impulso para entrar na Nova Era. Este raio tem um dos tipos de matriz energética mais penetrantes e equilibrado. Ele elimina tudo o que o oitavo raio deixou quando fez sua limpeza.

O DÉCIMO SEGUNDO RAIO

O décimo segundo raio é o raio dourado da Nova Era, pois é responsável pelo ancoramento da consciência de Cristo na Terra. Ele é a culminância de todos os raios superiores. Djwhal Khul e Vywamus predisseram que a Nova Era começaria oficialmente em 1996. O décimo segundo raio é uma combinação de todos os raios com um borrifo de Luz branca e da consciência de Cristo.

Embora contenha os onze raios, as proporções não são todas exatamente as mesmas. Por exemplo, há uma quantidade menor do primeiro raio do que do segundo. E a porção do sexto raio também é pequena porque ele está saindo de manifestação.

O décimo segundo raio também facilita as realizações interiores. Diante de uma situação confusa, basta atraí-lo para a consciência e para a situação, e ele facilitará a compreensão adequada da mesma.

O décimo segundo raio introduz a invocação mais elevada da Nova Era, quando ele será o principal ponto de convergência. Representa a energia mais elevada à disposição da Terra, excluindo-se a energia do Mahatma, o Avatar da Síntese, que é de uma freqüência ainda mais elevada. É recomendável invocar ambos regularmente.

COMO IDENTIFICAR OS RAIOS PESSOAIS

O meio mais apropriado de que uma pessoa dispõe para identificar seus raios é o estudo atento deste material e o uso das mentes racional e intuitiva. Além disso, ela pode usar um pêndulo para confirmar as conclusões do cérebro esquerdo. Em terceiro lugar, é possível receber canalizações dos Mestres Ascensionados através de um canal qualificado ou de um médium experiente que poderá fornecer essas informações. Recomendo a utilização dos três métodos.

COMO UTILIZAR OS RAIOS

Cada raio contém uma certa qualidade de energia. O objetivo agora é estudar este tema e conhecer o funcionamento de cada raio. A pessoa pode invocar qualquer tipo de energia que seja necessária num dado momento. Se quiser mais vontade e poder, ela invocará o primeiro raio. Se quiser mais amor, invocará o segundo raio. Se quiser mais devoção, invocará o sexto raio. Se quiser a chama violeta da transmutação, invocará o sétimo raio. Se quiser purificação, invocará o oitavo raio. Se quiser o corpo de Luz, invocará o décimo raio. Se quiser a consciência de Cristo e a Nova Era, invocará o décimo segundo raio. Tudo o que a pessoa tem a fazer é dizer, mentalmente ou em voz alta, "Invoco agora o décimo segundo raio". Um raio pode ser invocado pelo número, pela cor ou pela qualidade de energia. Por exemplo, pode-se dizer, "Invoco neste momento o raio dourado". Ou então, "Invoco neste momento o raio do amor/sabedoria". Pode-se usar um desses métodos ou uma combinação deles. Por exemplo: "Invoco neste momento o décimo segundo raio dourado." A energia e o raio fluirão imediatamente, independentemente do nível de evolução da pessoa. Tudo o que ela tem a fazer é pedir.

A pessoa pode invocar os raios não apenas para si mesma, mas também para o serviço no mundo. Espiritualmente, não é permitido enviar um raio para outra pessoa, a menos que ela tenha dado sua permissão ou tenha solicitado. Todavia, pode-se enviar raios a determinadas partes do mundo para cura planetária. Por exemplo, talvez se queira enviar o segundo raio do amor/sabedoria para a Bósnia ou para o Oriente Médio. Uma região do mundo poderia precisar da chama violeta da transmutação ou algum dos raios superiores. Os dois únicos raios que não são apropriados enviar para cura planetária são o primeiro e o quarto. Eles só devem ser usados sob a direção de um Mestre Ascensionado. O primeiro raio é muito explosivo e tem uma qualidade destrutiva que pode ser mal usada. O quarto raio da harmonia através do conflito é um raio que a maioria das pessoas não está usando com eficiência. Ele é um raio de base emocional que, ao ser conduzido pela personalidade ou pelo ego negativo, só cria mais conflito e ruína.

Exceção feita a essas restrições, a pessoa tem toda a liberdade para usar sua intuição e imaginação nesse sentido. Os raios superiores (do oitavo ao décimo segundo) são excelentes para o serviço pessoal e planetário.

Apresento a seguir um quadro extraído do livro de Alice Bailey sobre psicologia esotérica. Ele expõe as expressões superiores e inferiores de cada raio. À semelhança dos signos astrológicos, os raios também têm uma expressão superior e uma inferior. É a própria pessoa que, com seu livre-arbítrio, determina o tipo de expressão para o raio, dependendo se ela está servindo à sua personalidade ou à sua alma.

MÉTODO DOS RAIOS PARA ENSINAR A VERDADE

Raio I	Expressão superior:	A ciência do estado e do governo
	Expressão inferior:	Diplomacia moderna e política
Raio II	Expressão superior:	O processo de iniciação conforme ensinado pela Hierarquia dos Mestres
	Expressão inferior:	Religião
Raio III	Expressão superior:	Meios de comunicação ou de interação; rádio telégrafo, telefone e meios de transporte
	Expressão inferior:	O uso e a disseminação do dinheiro e do ouro

Raio IV	Expressão superior:	O trabalho maçônico baseado na formação da Hierarquia e relacionado com o Raio II
	Expressão inferior:	Construção arquitetônica; planejamento da cidade moderna
Raio V	Expressão superior:	A ciência da alma, psicologia esotérica
	Expressão inferior:	Sistemas educacionais modernos
Raio VI	Expressão superior:	Cristianismo e religiões diversas; observe relação com o Raio II
	Expressão inferior:	Igrejas e organizações religiosas
Raio VII	Expressão superior:	Todas as formas de magia branca
	Expressão inferior:	Espiritualismo em seus aspectos inferiores

OS RAIOS E AS PROFISSÕES CORRESPONDENTES

O quadro a seguir mostra os raios e as profissões correspondentes. O leitor deve compreender que o tipo de trabalho com o qual a pessoa está envolvida pode mudar, dependendo de ela estar polarizada no raio do corpo, no raio da personalidade, no raio da alma ou no raio monádico. É por isso que muitas pessoas mudam de profissão na maturidade e quando próximas à velhice.

Raio I	Governo e política; relações internacionais
Raio II	Educação e ensino; escrever, falar, rádio, TV
Raio III	Finanças, comércio, negócios e economia
Raio IV	Sociologia; cooperação e conciliação de raças e de culturas; artes
Raio V	Ciências, incluindo a medicina e a psicologia
Raio VI	Religião, ideologia, filosofia
Raio VII	Estruturação da sociedade; organização do poder por meio da cerimônia, do protocolo e do ritual.

RELAÇÃO ENTRE OS CHAKRAS E OS RAIOS

O centro da coroa	Raio I	Raio da Vontade ou do Poder
O centro ajna	Raio V	Raio do Conhecimento Concreto
O centro da garganta	Raio III	Raio da Inteligência Ativa
O centro do coração	Raio II	Raio do Amor/Sabedoria
O plexo solar	Raio VI	Raio da Devoção
O centro sacro	Raio VII	Raio da Magia Cerimonial
A base da coluna	Raio IV	Raio da Harmonia

INFLUÊNCIA DOS RAIOS NA HUMANIDADE

Para demonstrar a grande influência dos raios sobre a vida das pessoas, damos a lista a seguir:

1. O raio do sistema solar
2. O raio do Logos Planetário da Terra
3. O raio do reino humano propriamente dito
4. O raio racial específico, o raio que determina a raça ariana
5. Os raios que governam qualquer ciclo em particular
6. O raio nacional, ou a influência do raio que influencia particularmente uma nação específica
7. O raio da mônada
8. O raio da alma
9. O raio da personalidade
10. Os raios que governam:
    a. o corpo mental
    b. o corpo emocional ou astral
    c. o corpo físico

OS RAIOS E O SISTEMA SOLAR

O pensamento ocultista compreende que as personalidades encarnadas evoluem por meio de sete sistemas solares progressivos. As personalidades que estão na Terra estão passando pelo segundo sistema solar. O primeiro sistema solar operou sob o terceiro raio. O sistema solar atual opera sob o segundo raio. O próximo sistema solar irá operar sob o primeiro raio.

Com relação a este sistema solar, os sete raios emanam e são expressões das sete grandes vidas materializadas pelas sete estrelas da constelação da Ursa Maior. Uma vez que este sistema solar, governado por Hélio, pertence ao segundo raio, os outros seis raios são realmente sub-raios do segundo raio cósmico.

Os raios das sete estrelas da Ursa Maior chegam até o Sol através das doze constelações. Cada raio transmite sua energia através de três constelações e chega à Terra através de um dos sete planetas sagrados. Há também sete sistemas solares no setor galáctico do qual a Terra e seu sistema solar fazem parte.

OS RAIOS E OS PLANETAS

A lista a seguir mostra os oito planetas sagrados e os raios com os quais eles se relacionam. Um planeta passa à condição de sagrado quando o Logos Planetário recebe sua terceira iniciação cósmica.

OS PLANETAS SAGRADOS E SEUS RAIOS

Terra*	Raio IV
Plutão	Raio I
Mercúrio	Raio IV
Vênus	Raio V
Júpiter	Raio II

Saturno	Raio III
Netuno	Raio VI
Urano	Raio VII

OS PLANETAS NÃO-SAGRADOS E SEUS RAIOS

Marte	Raio VI
Terra*	Raio III
Plutão	Raio I
Lua (encobrindo um planeta oculto)	Raio IV
Sol (encobrindo um planeta oculto)	Raio II

*Houve um pequeno ajuste nesse entendimento, apresentado nas obras de Alice Bailey, uma vez que a Terra tornou-se um planeta sagrado.

OS RAIOS E AS DIMENSÕES DA REALIDADE

O diagrama a seguir mostra os sete raios e o plano ou a dimensão da realidade com que cada um se relaciona. Djwhal Khul descreveu sete dimensões de realidade pelas quais a humanidade está trabalhando. Elas recebem o nome genérico de plano cósmico físico. Há também sete dimensões cósmicas. As sete dimensões relacionadas aqui são os sete subplanos do plano cósmico físico, conforme descritos no livro de Alice Bailey, *Esoteric Psychology*.

Raio I	Vontade ou Poder	Plano da Divindade
Raio II	Amor/Sabedoria	Plano da mônada
Raio III	Inteligência ativa	Plano do espírito, atma
Raio IV	Harmonia	Plano da intuição
Raio V	Conhecimento Concreto	Plano mental
Raio VI	Devoção, Idealismo	Plano astral
Raio VII	Ordem Cerimonial	Plano físico

OS RAIOS MANIFESTADOS E OS NÃO-MANIFESTADOS

O diagrama seguinte mostra os raios que estão ativos atualmente, num sentido planetário.

Raio I	Não está em manifestação
Raio II	Em manifestação desde 1575 d.C.
Raio III	Em manifestação desde 1425 d.C.
Raio IV	Entrará lentamente em manifestação depois de 2025

Raio V	Em manifestação desde 1775 d.C.
Raio VI	Saindo rapidamente de manifestação. Começou a desaparecer em 1625 d.C.
Raio VII	Em manifestação desde 1675 d.C.

OS RAIOS E O MÉTODO DE DESENVOLVÊ-LOS

O quadro a seguir, extraído do livro de Alice Bailey sobre a cura esotérica, mostra os sete raios e os métodos de desenvolvê-los. O quadro mostra também os planetas, de acordo com a descrição de Annie Besant, ex-dirigente da Sociedade Teosófica.

Características		**Método de Desenvolvimento**	**Planeta**
Raio I	Vontade ou Poder	Raja Ioga	Urano
Raio II	Sabedoria Equilíbrio Intuição	Raja Ioga	Mercúrio
Raio III	Mente Superior	Precisão de Pensamento Matemática Superior Filosofia	Vênus
Raio IV	Conflito	Intensidade da Luta	Saturno
Raio V	Mente Inferior	Precisão na Ação	Lua
Raio VI	Devoção	Bhakti Ioga Necessidade de um Objeto	Marte
Raio VII	Ordem Cerimonial	Cerimônia Observâncias Controle sobre as Forças da Natureza	Júpiter

OS SETE TIPOS DE PESSOAS E AS PRINCIPAIS DIVISÕES DA HUMANIDADE

O que faz as pessoas serem tão diferentes umas das outras? Por que uma pessoa se torna artista, outra contador, outra ainda um empresário e uma quarta um sacerdote? Djwhal Khul dividiu em cinco categorias principais os fatores que fazem com que as pessoas sejam como são.

1. A "divisão racial" de uma pessoa; em outras palavras, ela é do tipo lemuriano, atlante, da raça-raiz ariana ou do tipo meruviano?

2. Os doze grupos astrológicos, que influenciam significativamente a visão de vida da pessoa.

3. Se a pessoa está adormecida, acordada para sua individualidade, acordada para a alma e/ou acordada para a mônada. Isso, sem dúvida, tem relação com o desenvolvimento psicológico e espiritual e com o nível de iniciação da pessoa.

4. Se a pessoa é observada a distância pela Hierarquia, como estando entre os que permanecem despertos e atraídos para a Hierarquia Espiritual ou entre os que estão sendo integrados à Hierarquia, chamados de "o Novo Grupo de Servidores do Mundo".

5. A última categoria que determina o tipo de consciência que a pessoa tem são os sete principais tipos de raio. São eles:

a. O tipo poder	cheio de vontade e de capacidade para governar
b. O tipo amor	cheio de amor e de poder de fusão
c. O tipo ativo	cheio de ação e de energia de manipulação
d. O tipo artístico	cheio do sentido de beleza e de aspiração criativa
e. O tipo científico	cheio da idéia de causa e efeitos; matemático
f. O tipo devotado	cheio de idealismo
g. O tipo empresário	cheio de poder organizador; dado à cerimônia ritualística

OS CINCO GRUPOS DE ALMAS

Em seus escritos através de Alice Bailey, Djwhal Khul relacionou cinco grupos de almas que abrangem toda a humanidade. Alguns lugares de origem das almas podem surpreendê-lo.

1. Egos lemurianos, nossa verdadeira humanidade terrena
2. Egos que chegaram com a Atlântida
3. Egos da cadeia da Lua vindos da Lua
4. Egos de outros planetas
5. Egos raros e avançados aguardando encarnação.

De fato, algumas almas se desenvolveram primeiro na Lua, antes de vir para a Terra. Não é só Djwhal Khul que menciona o fato. A teosofia também fala disso, bem como as canalizações de Earlyne Chaney. Existem aparentemente sete raças e o que se chama de "sete rondas". Djwhal Khul disse que a individualização na cadeia da Lua ocorreu na terceira ronda da quinta raça.

Estamos agora na quarta ronda da quinta raça-raiz, que é a raça-raiz Ariana. A individualização na Lemúria ocorreu na quarta ronda da terceira raça-raiz. Na Atlântida, essa individualização teve início na quarta ronda da quarta raça-raiz. O desdobramento na cadeia da Lua ocorreu muito antes da nossa história terrestre, e por isso sabemos muito pouco sobre esse acontecimento.

Um fato esotérico interessante é que o Senhor Maitreya foi o primeiro da humanidade da Terra a alcançar a ascensão, enquanto Buda foi o último da humanidade da cadeia da Lua a realizá-la.

Na cadeia da Lua, 75% das almas pertenciam ao terceiro raio e 25% ao primeiro e segundo raios. Das almas lemurianas, 75% eram do segundo raio e

25% do primeiro e terceiro raios. Das almas atlantes, 80% pertenciam ao primeiro raio e 20% ao segundo.

SÍNTESE DOS DOZE RAIOS

Raio I	Vermelho	Vontade, poder dinâmico, singularidade de propósito, desapego, visão clara
Raio II	Azul	Amor/Sabedoria, brilho, atração, expansão, inclusão, poder de salvar
Raio III	Amarelo	Inteligência ativa, poder de manifestar, poder de evoluir, iluminação mental, perseverança, tendência filosófica, organização, clareza mental, perfeccionismo
Raio IV	Verde-esmeralda	Harmonia através do conflito, pureza, beleza, desenvolvimento artístico
Raio V	Alaranjado	Ciência concreta, pesquisa, intelecto aguçado, atenção ao detalhe, veracidade
Raio VI	Índigo	Devoção, idealismo, religiosidade
Raio VII	Violeta	Ordem cerimonial, ritual, magia, diplomacia, tato, a Chama Violeta, o físico, a ordem e a disciplina
Raio VIII	Verde-mar	O Raio Superior de Purificação
Raio IX	Verde-azulado	Alegria, atração do Corpo de Luz
Raio X	Nacarado	Ancoramento do Corpo de Luz, convite à fusão da alma
Raio XI	Alaranjado-róseo	A ponte para a Nova Era
Raio XII	Dourado	O ancoramento da Nova Era e da consciência de Cristo

OBSERVAÇÃO

Para os que desejarem estudar este assunto mais profundamente, recomendo a leitura dos três livros de Alice Bailey: *Esoteric Psychology*, volumes I e II, e *The Rays and the Initiations*.

11

O REAPARECIMENTO DO CRISTO E A EXTERNALIZAÇÃO DA HIERARQUIA

Livra-te desse desânimo, levanta-te e luta.
Essa autopiedade e auto-indulgência são
indignas da grande alma que és
Krishna, falando a Arjuna,
no *Bhagavad-Gita*

Todas as grandes religiões do mundo fazem referências à vinda de um grande Mestre no final dos tempos. Na religião cristã, a referência é feita à segunda vinda de Cristo; no judaísmo, à chegada do Messias. Para os hindus, trata-se da chegada do Avatar Kalki e, para os muçulmanos, da vinda do Imã Mahdi. Para o budismo, esse grande Mestre é o Buda Maitreya, que teve sua vinda prevista pelo Buda Gautama há mais de dois mil e quinhentos anos.

Bem, estou feliz em anunciar que o Instrutor do Mundo, o esperado de todas as grandes religiões, está na Terra. Seu nome é Senhor Maitreya, o dirigente da Hierarquia Espiritual. Ele é o Mestre dos Mestres e o Senhor dos anjos e dos homens. Ele ocupa uma posição que poderia ser chamada de presidência da Grande Fraternidade Branca, formada pelos Mestres de todas as religiões que superaram este plano e retornaram ao espírito.

Esses grandes e nobres seres passaram pelo processo iniciático e tiveram de aprender as mesmas lições que os seres humanos estão aprendendo agora. Sua devoção ao longo de muitas existências à Paternidade de Deus e à fraternidade dos homens e seu serviço voltado a esse ideal tornaram-nos dignos de serem admitidos nesse grupo extraordinário. Esses Mestres, imbuídos dos mais nobres propósitos, continuam trabalhando, do mundo espiritual onde habitam com a humanidade na Terra para ajudar a libertar da ilusão e do sofrimento a espécie humana e para ajudá-la a criar um céu na Terra, livrando todos os homens da roda de renascimentos. Foi com esse objetivo que o Senhor Maitreya veio. Ele é um ser gloriosíssimo. Foi, e ainda é, o instrutor de Jesus, de Kuthumi, de El Morya, de Saint Germain, de Djwhal Khul e de todos os grandes Mestres, santos e sábios que conhecemos. É uma bênção excelsa o fato de ele estar entre nós neste planeta.

Numa vida anterior, o Senhor Maitreya foi o grande Mestre Krishna do hinduísmo, um dos maiores Mestres orientais que o mundo já conheceu. O Senhor Maitreya voltou a aparecer no tempo de Jesus Cristo. Foi ele que, no momento do batismo de Jesus no rio Jordão, "ofuscou" Jesus.

Esse ofuscar foi um processo pelo qual o Senhor Maitreya uniu sua consciência do mundo espiritual com o corpo físico e com a consciência de Jesus. Num certo sentido, eles compartilharam o mesmo corpo físico durante os três últimos anos da vida de Jesus. A maioria das pessoas não compreende isso. Muitos milagres e declarações atribuídos a Jesus foram de fato do Senhor Maitreya, que no Governo Espiritual ocupa a posição conhecida como o Cristo. Jesus encarnou perfeitamente a consciência do Cristo, de modo a possibilitar ao Senhor Maitreya, que é o Cristo Planetário, unir sua consciência à dele.

Com esse grande sacrifício e renúncia, junto com a experiência da crucificação, Jesus mereceu passar pela quarta iniciação, que é a libertação da roda de renascimentos. Na verdade, foi o Senhor Maitreya que ascensionou naquela existência e ressuscitou o corpo físico de Jesus, e não Jesus. O Senhor Maitreya passou pela sua sexta iniciação na crucificação e, por isso, a profecia da segunda vinda de Cristo tem de fato dois sentidos: é a segunda vinda do Senhor Maitreya, predita há dois mil anos, e é também a segunda vinda da consciência do Cristo em todas as personalidades encarnadas na Terra.

A consciência do Cristo é a consciência da alma, e não a do ego negativo baseado no medo, separado e egoísta. Devemos entender que todos estamos destinados a encarnar a consciência do Cristo; cada pessoa é o Cristo. Não apenas Jesus ou o Senhor Maitreya foram ou são o Cristo. Na verdade, cada pessoa é o Cristo, quer ela tenha compreendido isso ou não. Aproveitando a terminologia cristã, cada pessoa é o Buda, o Atma, o Eu Eterno.

Não há escolha nesse caso porque foi assim que Deus criou os seres. A lei da mente, entretanto, é que os pensamentos criam a realidade. Assim, quem pensa que é apenas um corpo físico está errado, mas pensar desse modo é viver no pesadelo da criação do próprio pensamento.

Desde o tempo em que se incorporou em Jesus, o Senhor Maitreya vem guiando a humanidade e a Terra de seu posto de dirigente da Hierarquia Espiritual. O Senhor Maitreya planejava se incorporar em outro iniciado, como fez com Jesus, no final deste ciclo de 2 mil anos, que é agora. Na astrologia planetária, estamos no fim da Era de Peixes e no começo da Era de Aquário. O grande iniciado que o Senhor Maitreya planejava se incorporar era Krishnamurti.

A HISTÓRIA DE KRISHNAMURTI

Às vésperas do final desta Era de Peixes, a Grande Fraternidade Branca produziu duas grandes dispensações de ensinamentos. A primeira foi o movimento teosófico iniciado por Madame Blavatsky e levado adiante por C. W. Leadbeater e Annie Besant. A segunda foram as informações contidas nos livros de Alice Bailey recebidas do Mestre Tibetano Djwhal Khul. A história de Krishnamurti está vinculada ao movimento teosófico.

C. W. Leadbeater era um eminente instrutor espiritual e clarividente que, enquanto residia na Índia, encontrou casualmente um menino. Segundo Leadbeater, esse menino tinha uma das mais belas auras que ele havia visto e seria o próximo Instrutor do Mundo. Isso pareceu muito estranho aos pais e professores de Krishnamurti porque ele era um aluno medíocre, pouco asseado e não muito bonito. Mas Leadbeater estava absolutamente convencido, e apresentou-o a Madame Blavatsky e a Annie Besant. Para encurtar uma longa história, Krishnamurti recebeu treinamento desse grupo teosófico para ser o próximo Instrutor do Mundo, que seria o grande iniciado em que o Senhor Maitreya se incorporaria, do mesmo modo como fizera com Jesus Cristo.

Krishnamurti, porém, ao chegar à idade adulta, mudou de idéia e decidiu que não queria ser o veículo ou o instrumento do Senhor Maitreya. A mesma decisão foi tomada por Maitreya e pelos Mestres Ascensionados nos planos interiores. Krishnamurti abandonou o movimento teosófico e tornou-se mestre independente, sem nenhum vínculo com movimentos ou grupos espiritualistas.

Nesse meio tempo, vários outros iniciados estavam sendo analisados. Foi, porém, durante o Festival de Cristo, na Lua cheia de junho de 1945, que o Senhor Maitreya anunciou que ele retornaria à Terra. Dessa vez, ele não se incorporaria em nenhum iniciado, mas viria ele mesmo. O impacto e as implicações dessa importante decisão foram enormes, como se pode imaginar. Na ocasião, ele estabeleceu algumas condições que precisariam ser cumpridas antes que ele retornasse:

1. A paz deveria ser restaurada no mundo, pelo menos em parte;
2. O princípio da participação deveria fazer parte do processo de controle da economia;
3. A energia da boa vontade deveria estar se manifestando e conduzindo à implementação das corretas relações humanas;
4. As organizações políticas e religiosas em todo o mundo deveriam cessar de exercer uma vigilância autoritária sobre as crenças e pensamentos dos seus seguidores.

A GRANDE INVOCAÇÃO

Foi nessa época, em junho de 1945, que o Senhor Maitreya ofereceu à humanidade a oração chamada "A Grande Invocação". Essa é uma das orações mais eficazes no mundo hoje. Seu poder é equivalente, ou ainda maior, ao da oração que ele ensinou quando se incorporou em Jesus, o "Pai Nosso". Ela atrairá as energias necessárias para transformar o mundo e para acelerar a realização das palavras do Senhor Maitreya. Recomendo enfaticamente que você a reze regularmente.

Do ponto de Luz na mente de Deus,
Flua Luz à mente dos homens.
Que a Luz desça sobre a Terra.
Do ponto de Amor no coração de Deus,
Flua Amor ao coração dos homens.
Que Cristo possa retornar à Terra.

Do centro onde a Vontade de Deus é conhecida,
Guie o propósito as pequenas vontades dos homens —
O propósito que os Mestres conhecem e a que servem.

Do centro que chamamos de raça dos homens,
Realize-se o Plano de Amor e Luz,
E possa ele selar a porta onde habita o mal.

Que a Luz, o Amor e o Poder restabeleçam o Plano sobre a Terra.

O SENHOR MAITREYA

O Senhor Maitreya reside atualmente em Londres, na Inglaterra. Ele não nasceu num corpo de bebê, mas materializou um corpo. Na terminologia esotérica, esse processo se denomina corpo Mayavirupa, e consiste na energização do corpo etérico e na sua subseqüente precipitação no plano material.

O Senhor Maitreya manifestou esse corpo e veio à Terra em 1977. Ele fez muitas aparições no mundo todo, mas não anunciou sua presença abertamente, a não ser aos seus iniciados mais íntimos. Há planos para que ele anuncie publicamente, num futuro muito próximo, sua presença como Instrutor do Mundo.

Uso o termo Instrutor do Mundo porque é exatamente isso que ele é. Instrutor do Mundo é também uma denominação que não favorece nenhuma orientação religiosa, e por isso não exclui nenhum grupo. Quero deixar bem claro que ele é o Mestre que todas as religiões estão esperando. O problema é que, como no tempo de Jesus, a humanidade não está pronta para aceitá-lo totalmente.

Na verdade, Jesus Cristo era o Messias que o povo judeu estava esperando. Ele era de fato um rabino judeu. O problema é que os judeus não compreenderam isso. Eles se agarraram à antiga forma e não permitiram que a nova dispensação de ensinamentos de Peixes aperfeiçoasse o que já havia sido ensinado.

O Senhor Maitreya defronta-se com o mesmo problema hoje, não apenas com a religião judaica, mas com todas as grandes religiões, grupos espiritualistas, escolas de mistérios, ateus e agnósticos. A pergunta-chave a se fazer é se o mundo está preparado para aceitar que um ser de dimensões espirituais tão excelsas está entre nós. Pense nisso! Como os fundamentalistas reagirão? Como o povo judeu reagirá? Como os budistas, os hindus, os muçulmanos reagirão? Talvez você possa entender por que o Senhor Maitreya vem adiando o anúncio de sua presença há tanto tempo. Sinto-me feliz, entretanto, em dizer que o tempo está próximo. Djwhal Khul me disse, e o próprio Senhor Maitreya também nos disse, que ele anunciará sua presença antes do final deste século. Talvez isso aconteça em 1995 ou em 1997. Como já mencionei, ele está esperando que uma certa dimensão da consciência do Cristo se estabeleça neste mundo antes de dar esse passo gigantesco.

UMA SEQÜÊNCIA DE EVENTOS AINDA MAIS EXTRAORDINÁRIOS

Além da vinda do Senhor Maitreya em pessoa, estamos atualmente testemunhando uma seqüência de eventos ainda mais extraordinários em nosso planeta. Duas entidades cósmicas estão unindo suas poderosas energias às do Senhor Maitreya. São elas o Espírito da Paz e o Avatar da Síntese. Esses dois seres cósmicos estão ofuscando o Senhor Maitreya de modo semelhante ao modo como ele ofuscou Jesus há dois mil anos. Pela primeira vez, talvez, estejamos em contato com Mestres Ascensionados cósmicos, e não apenas planetários. Além disso, Buda está contribuindo com sua sabedoria cósmica através de Maitreya. Esses três grandes seres cósmicos formam um triângulo, cujas energias o Cristo canaliza para nós.

Acrescente-se a isso que, na Índia, reside sua Santidade, o Senhor Sai Baba, o Cristo Cósmico encarnado neste planeta, enquanto o Senhor Maitreya é o Cristo Planetário. Como Cristo Cósmico, Sai Baba é a encarnação de Brahma, Vishnu e Xiva, vivendo no mesmo corpo. Ele é um avatar que alcançou a perfeição Divina. Como Regente Espiritual de outra galáxia, ele recebeu a missão de salvar este planeta da destruição e de ajudá-lo a entrar na Nova Era. Não vou dizer mais nada sobre Sathya Sai Baba aqui, pois dediquei o próximo capítulo a ele. Leia esse capítulo; asseguro-lhe que sua vida jamais será a mesma. É difícil descrever com palavras toda a magnificência da sua natureza e do seu ser. É absolutamente surpreendente o fato de estarem neste planeta o Senhor Maitreya, o Espírito da Paz e do Equilíbrio, o Avatar da Síntese e o Senhor Sai Baba. Mas estou feliz em dizer que há mais!

A EXTERNALIZAÇÃO DA HIERARQUIA ESPIRITUAL

Se o que mencionei até aqui não é suficiente para despertar admiração, devo dizer que, neste momento, estão neste planeta quarenta dos membros mais antigos da Hierarquia espiritual. Eles vieram de planos espirituais e se externalizaram com o Senhor Maitreya para ajudá-lo e apoiá-lo em seu trabalho. Djwhal Khul informou-me que dez desses Mestres se materializaram realmente em corpos físicos, a exemplo do Senhor Maitreya. Outros dez ou quinze estão incorporados em discípulos e iniciados, como o Senhor Maitreya fez com Jesus. Os dez ou quinze restantes encarnaram em corpos de bebês e estão crescendo ou já atingiram a idade adulta.

Um desses Mestres é conhecido como John of Penial, embora esse não seja seu nome verdadeiro. Ele é a encarnação de João, o discípulo amado de Jesus, que ascensionou naquela existência. Ele é também uma encarnação do Mestre Kuthumi, e está neste planeta como um aspecto desse Mestre. Djwhal disse-me que os Mestres que estão no nível de John of Penial podem encarnar em mais de uma personalidade ao mesmo tempo. Ele é o grande Mestre que, segundo Paul Solomon, o Edgar Cayce dos nossos dias, abriria as câmaras dos registros da Grande Pirâmide e da Esfinge e divulgaria todos os documentos da Atlântida. Djwhal disse-me também que Saint Germain, Hilarião e Paulo, o Veneziano, estão envolvidos no processo de externalização.

O planejamento desse grande evento vem acontecendo há muitos e muitos séculos, tendo iniciado em torno de 1400. A externalização de fato começou em 1860, com a primeira dispensação dos ensinamentos da Hierarquia Espiritual por meio do movimento teosófico. Madame Blavatsky, C. W. Leadbeater, Annie Besant e o Coronel Olcot participaram dessa fase inicial da externalização. Djwhal Khul predisse esses eventos em dois livros de Alice Bailey publicados no início do século XX, intitulados *O Reaparecimento do Cristo* e *A Externalização da Hierarquia*. Djwhal disse que a externalização da Hierarquia Espiritual aconteceria em três fases.

1. No estágio inicial, teríamos a externalização dos iniciados do terceiro grau.

2. Nos estágios mais adiantados, a externalização seria dos membros mais antigos da Hierarquia Espiritual, o que está acontecendo agora.

3. No estágio final, o Cristo, o Senhor Maitreya, se externalizaria. Finalmente, no tempo e no momento apropriados, e só por ele conhecidos, o Senhor Maitreya anunciará ao mundo sua identidade, seus objetivos e sua missão. Na mesma ocasião, ele também apresentará os Mestres que se externalizaram com ele.

A EVOLUÇÃO PROGRESSIVA DA HUMANIDADE

Quando o Buda Gautama veio a este planeta, quinhentos anos antes de Cristo, ele apresentou à humanidade o princípio da sabedoria. Quinhentos anos depois, Jesus e o Senhor Maitreya corroboraram a sabedoria de Buda e introduziram o amor, ou a revelação de Deus, que era a dispensação seguinte. Em sua missão atual, dois mil anos depois, o Senhor Maitreya está consolidando a sabedoria do Buda, o princípio do amor de sua missão anterior, e estabelecendo a energia da vontade e o princípio de Shambala. Essa energia encarna o propósito e o plano de Deus e do Logos Planetário, Sanat Kumara. (No Capítulo 16, dedicado a Sanat Kumara e à Hierarquia Planetária, explanarei detalhadamente quem é Sanat Kumara e como atua essa energia.) Está claro que em cada etapa da evolução humana e planetária uma nova peça do quebra-cabeça se revela e firma na Terra. Cada etapa produz uma maior expansão do Plano Divino.

O CRISTO ESTÁ SE REVELANDO DE TRÊS FORMAS

O Senhor Maitreya está se aproximando de nós de três formas, basicamente:

1. Incorporando-se em todos os iniciados e discípulos com sua presença cósmica;
2. Impregnando todas as pessoas com a consciência do Cristo;
3. Aparecendo fisicamente entre os homens.

OS TRÊS SERES MAIS ELEVADOS NO PLANETA

Djwhal Khul disse-nos que os três seres mais elevados no planeta são o Senhor Maitreya, em Londres, o Senhor Sai Baba, na Índia, e um terceiro Mestre que reside na costa leste dos Estados Unidos, cujo nome será revelado quando Maitreya fizer seu anúncio.

O NOVO GRUPO DE SERVIDORES DO MUNDO

É também importante compreender que, em termos de externalização, já se encontram no planeta muitos outros grandes Mestres, além dos que mencionei. Djwhal os denominou coletivamente como o Novo Grupo de Servidores do Mundo. Num sentido, somos, na Terra, as forças que estão preparando o caminho para o Senhor Maitreya e para seu grande ashram que está em processo de externalização completa.

É muito importante entender que o Senhor Maitreya e os Mestres que vêm com ele não vão mudar o mundo para nós. A mensagem que eles nos trazem é que cada um de nós é o Cristo e que, na verdade, somos iguais a eles; eles nos dizem que a única maneira que este mundo tem para mudar é cada um de nós assumindo a responsabilidade de dividir o fardo e de ser o guardião dos seus irmãos. Maitreya disse, "Quando compartilhamos, reconhecemos Deus em nosso irmão".

A MISSÃO DOS MESTRES

A missão dos Mestres é múltipla e multifacetada. Djwhal esclareceu alguns pontos importantes, como segue:

1. A criação e a vivificação de uma nova religião mundial;
2. A reorganização da ordem social, livre da opressão, do preconceito, do materialismo e do orgulho;
3. O estabelecimento do sistema de iniciação; este incluirá o treinamento exotérico, ou externo, de discípulos.

Djwhal disse-me que, no futuro, a cerimônia mais sagrada da Igreja será a primeira iniciação. Ele disse também que uma terceira fase de revelação dos ensinamentos da Grande Fraternidade Branca aconteceria em todo o mundo pelo rádio e pela televisão. Essa seria a terceira revelação, depois do movimento teosófico e dos livros de Alice Bailey. Parte da missão e do objetivo de minha esposa, Terri, e minha também, é ajudar Djwhal Khul nesse trabalho. Essa próxima dispensação de ensinamentos ocorrerá nos anos finais deste século.

Djwhal disse-me ainda que Jesus Cristo assumiria a direção da Igreja Cristã desde o plano espiritual; caberia a Djwhal parte da tarefa de unir os pensamentos oriental e ocidental, demonstrando a universalidade de todas as religiões.

Djwhal continuou dizendo-me que um iniciado seria um Messias específico para o povo judeu, com a incumbência de manifestar essa forma particular de pensamento religioso. Ainda segundo ele, Buda enviaria dois iniciados treinados para reformar a religião budista.

Grupos de financistas espiritualizados, membros conscientes do ashram do Cristo, assumirão a responsabilidade pela situação econômica do mundo e provocarão mudanças importantes e necessárias. No futuro, cada país estocará os recursos que lhe forem necessários e depositará todo o excedente num fundo comum que ficará à disposição dos países menos favorecidos. Em essência, o sistema econômico passará por uma revolução total, a qual terá como base a participação.

A direção das agências internacionais, como as Nações Unidas, será exercida por um Mestre ou, pelo menos, por um iniciado do terceiro grau. Assim essas entidades poderão ficar sob a influência direta de um membro avançado da Hierarquia. O Senhor Maitreya estará muito ocupado com a liberação de energias, com o ensino, com o trabalho iniciático e com a tarefa de estimular e inspirar a formação de uma nova religião mundial. Essa nova religião reconhecerá que todos os caminhos levam ao Criador e promoverá o fim da competição entre as religiões.

Maitreya disse que as relações humanas corretas formam a base da vida de todos. O primeiro passo para desenvolver essas relações corretas é repartir eqüitativamente os recursos deste abundante planeta.

Maitreya trará consigo anjos ou devas que trabalharão com a humanidade, ensinando muitos aspectos da arte de viver.

TODOS OS ASPIRANTES SÃO A EXTERNALIZAÇÃO DA HIERARQUIA

É essencial compreender que todos os que estão lendo este livro neste instante também são a externalização da Hierarquia espiritual; todos os aspirantes, discípulos e iniciados fazem parte desse grande trabalho. Não devemos considerar esses membros mais antigos da Hierarquia Espiritual que estão vindo com o Senhor Maitreya como separados ou diferentes de nós. Todos fazemos parte da mesma família, da mesma consciência e do mesmo propósito de grupo. Eles dependem da humanidade tanto quanto, ou até mais, do que a humanidade depende deles. O trabalho só será realizado se todos se unirem e perceberem essa unidade. A única diferença que existe entre os seres humanos e os membros da Hierarquia é que nós somos integrantes dessa grande fraternidade que já estão na Terra. Num sentido, os homens têm uma grande vantagem: estando na Terra há mais tempo e, portanto, adaptados às condições daqui, eles podem prestar um grande serviço aos Mestres que chegaram mais recentemente.

Não importa o nível de iniciação em que cada um de nós se encontra; todos fazemos parte de uma grande fraternidade de almas que tem como objetivo servir ao plano de Deus. Todos devemos reconhecer e admitir indiscutivelmente que fazemos parte dessa externalização da Hierarquia e que estamos, na verdade, preparando o caminho para o futuro trabalho e anúncio da Hierarquia.

RESUMO

O reaparecimento do Cristo e a externalização da Hierarquia são essencialmente uma encarnação de grupo que nos está levando a uma Era de Ouro na Terra. Estamos vivendo um dos momentos mais extraordinários da história deste planeta. Estamos terminando um ciclo de dois mil anos, um ciclo de seis mil anos, um ciclo de doze mil anos e um ciclo de trinta e seis mil anos na astrologia solar e planetária. Estamos também precisamente no final do calendário maia que termina em 2012. Todo período da história que esteja vinculado com o término de ciclos é extremamente importante. Esta é a hora para que este planeta ascenda à sua oitava mais elevada seguinte do Plano Divino. É tempo para que o planeta e todos os seus habitantes avancem a uma consciência de quarta dimensão, a consciência do Cristo.

O momento é agora. Passar para o outro lado e entrar na Idade de Ouro exigirá um trabalho diligente e dedicado de todas as almas da Terra. Vywamus disse que a humanidade está se aproximando também de um período de ascensão em massa, ou do que ele chama de colheita, por causa do término de todos esses ciclos. Vywamus diz que existe uma janela de cem anos que está aberta e que estamos nos aproximando do término desse período no final deste século.

Está também previsto que no final deste ciclo, quando o Senhor Maitreya prosseguir em sua evolução cósmica, o Mestre Kuthumi o substituirá no comando da Hierarquia Espiritual. Maitreya retornará num ciclo futuro como o Cristo Cósmico. Essa é uma perspectiva realmente estimulante para o futuro do nosso querido planeta Terra.

12

O CRISTO CÓSMICO: O ADVENTO DE SATHYA SAI BABA

Mãos que ajudam são mais santas
que lábios que oram
Sathya Sai Baba

Um grande Mestre, de nome Sri Sathya Sai Baba, vive na Índia em nosso tempo, tão glorioso em sua grandeza espiritual, que as palavras não conseguem fazer-lhe justiça.

Os milagres que Jesus Cristo realizou nos três últimos anos de sua vida, como ressuscitar mortos, transformar água em vinho e andar sobre as águas, Sai Baba vem fazendo há sessenta e cinco anos. É difícil acreditar que um ser dessa magnitude — Sai Baba é o Cristo Cósmico — esteja realmente vivendo na Terra.

O Senhor Maitreya é o Cristo Planetário. Ele é o dirigente da Hierarquia Espiritual para este planeta. Sai Baba é o equivalente cósmico. Assim, de fato, o Cristo Planetário e o Cristo Cósmico estão neste planeta ao mesmo tempo. Na história da Terra, e num sentido espiritual, não houve época melhor para se estar encarnado.

A vinda de Sai Baba foi profetizada há mais de cinco mil anos no *Mahabharata*, um dos livros sagrados da Índia. Ele contém o *Bhagavad Gita*, que narra, repito, a história de Krishna — a encarnação passada do Senhor Maitreya. Nesse livro, Vishnu, um dos integrantes da trindade hindu formada por Brahma, Vishnu e Xiva, prevê uma era futura de declínio moral chamada Kali Yuga. Vishnu afirmou que nesse tempo, identificado com o atual período da história, retornaria como um grande avatar espiritual. Um avatar é um ser que já nasce com a perfeição Divina. Nem Jesus nem Buda eram avatares no sentido em que defino o termo. Em outras palavras, um avatar não precisa se dedicar a nenhuma prática espiritual para alcançar a auto-realização, pois ele já nasce auto-realizado. Foi isso que aconteceu com Sai Baba.

O *Mahabharata* e outras profecias antigas predisseram detalhadamente há mais de cinco mil anos as características específicas desse futuro avatar. Vou expor-lhes algumas dessas previsões.

As profecias dizem que esse avatar seria baixo e que teria uma espessa e vasta cabeleira; que poderia materializar o que quisesse com o poder de sua mente; que já nasceria com todas as qualidades necessárias; que usaria uma túnica rubra; que adotaria o nome Verdade. (O primeiro nome de Sai Baba é Sathya, que em hindi significa verdade.) Esse ser teria uma encarnação tríplice de Avatar; nasceria no sul da Índia, num corpo indiano e com o sinal do Avatar na planta do pé. Seus pais seriam seguidores de Krishna. Ele seria totalmente divino e teria alcançado a plena realização em Deus. Além disso, seria onisciente e o ser vivo mais grandioso do mundo. Ele teria a capacidade de prolongar a vida e de estar em muitos lugares ao mesmo tempo. Todos os que o vissem se beneficiariam imensamente com isso.

Cada uma dessas profecias descreve perfeitamente Sai Baba. Em meus contatos e envolvimentos pessoais com instrutores espirituais, mestres, livros, caminhos espirituais e escolas de mistério, jamais encontrei um ser com o poder e a grandiosidade de Sai Baba. Não tenho nenhum interesse pessoal em dizer isso, porque quase todo o meu trabalho está voltado para o ashram do segundo raio de Djwhal Khul e de Kuthumi. Nunca estive na Índia nem vi Sai Baba pessoalmente. Entretanto, tenho muitas experiências e encontros pessoais com ele em sonhos e em meditações. Tudo o que posso dizer é que toda pessoa que entrar em contato com Sai Baba jamais será a mesma; isso eu asseguro. Com humildade e satisfação, quero agora contar-lhe algumas histórias da vida de Sai Baba e transmitir-lhe alguns dos seus ensinamentos.

HISTÓRIAS SOBRE SAI BABA

Há tantas histórias incríveis sobre Sai Baba que é difícil saber por onde começar. No momento do seu nascimento, instrumentos musicais começaram a tocar sozinhos. Em criança, ele podia materializar lápis, doces, alimentos ou o que precisasse, como se tirasse tudo do ar. Por ocasião de uma das festas sagradas dos hindus, quando todos os homens santos desfilam em pequenos carros alegóricos, as pessoas que observavam o desfile viram Sai Baba, então com cinco anos, sentado no lugar de honra do carro principal. Elas perguntaram por que aquela criança estava sentada ali. Todos os santos e rishis responderam que aquela criança de cinco anos de idade viria a ser o guru daquelas pessoas.

Aos treze anos, Sai Baba foi picado por um escorpião e ficou desacordado por vinte e quatro horas. Quando acordou, todos os seus familiares estavam à sua volta; disse-lhes que na sua vida anterior havia sido o grande santo e avatar Shirdi Sai Baba. Os familiares e os amigos que estavam presentes não acreditaram nele. Shirdi Sai Baba foi um dos maiores santos da Índia no final do século XIX e início do século XX. Ele foi também um avatar. No seu tempo, muçulmanos e hindus se odiavam; mas isso não impedia que ambos venerassem Shirdi

Sai Baba. Ele tinha muitos dos mesmos poderes que Sai Baba tem nesta existência.

Em seu leito de morte, Shirdi Sai Baba havia dito a seus devotos que renasceria oito anos após sua morte, numa determinada vila no sul da Índia. Oito anos depois nasceu Sai Baba, cumprindo a profecia. Contudo, a família e os amigos de Sai Baba não acreditaram nele; então, o menino apanhou um vaso de flores e o jogou ao chão. Pedaços do vaso voaram por toda parte, e quando as flores caíram formaram as palavras "Shirdi Sai Baba".

Foi pouco depois desse incidente que ele disse à sua família: "Meus devotos estão esperando por mim. Estou saindo de casa para sempre." Sai Baba saiu de casa e iniciou a formação do seu ashram.

Outra história da infância: na escola, todas as outras crianças o chamavam de guru, e ele ensinava-lhes cantos religiosos e as orientava na encenação de peças teatrais espirituais. Um dia, entretanto, durante a aula, um professor substituto o acusou injustamente de mau comportamento e o pôs de castigo no fundo da sala, de pé numa cadeira; ele só poderia sair dali com autorização. Quando a sineta para o intervalo tocou, todas as crianças saíram, menos Sai Baba, que teve de continuar de castigo.

Enquanto isso, o professor permanecia sentado no seu lugar, na frente da sala, inexplicavelmente colado à cadeira. Ele tentava se levantar para ir à sua outra aula, mas não conseguia. O professor seguinte chegou e perguntou-lhe por que ele ainda não havia saído. O professor substituto explicou sua estranha situação; foi então que o recém-chegado viu Sai Baba de pé na cadeira, bem no canto da sala, e entendeu o que havia acontecido, pois todos os professores conheciam seus poderes extraordinários. Ele disse para Sai Baba descer da cadeira. Quando Sai Baba desceu, o professor substituto pôde se soltar da sua cadeira.

Sai Baba disse que sua vinda é uma encarnação tríplice de Avatar. Em sua vida passada, ele foi Shirdi Sai Baba. Nesta vida é Sathya Sai Baba. Ele encarnará mais uma vez como Prema Sai Baba. Sai Baba está atualmente (1992) com sessenta e cinco anos e diz que viverá até os noventa e seis. Aos noventa e seis anos, ele passará para o mundo do espírito; dois anos depois, encarnará novamente como Prema Sai Baba. Ele chegou a materializar para um devoto um anel em que ele aparece em sua futura encarnação como Prema Sai Baba.

Com o passar dos anos, a fama de Sai Baba se espalhou por toda a Índia e pelo mundo inteiro. Estima-se que ele possa ter em torno de setenta e cinco milhões de devotos. Em seu último aniversário, mais de dois milhões de pessoas compareceram ao seu ashram para celebrar. Sai Baba disse que em sua encarnação como Shirdi Sai Baba, ele foi a encarnação de Xiva ou energia do pai. Em sua encarnação atual, como Sathya Sai Baba, ele é a encarnação de Xiva e de Shakti, ou energia da mãe. Em sua próxima vida como Prema Sai Baba, ele será a encarnação apenas da energia Shakti.

Sai Baba pode materializar tudo o que ele quer instantaneamente, apenas com um giro das mãos, e ele faz isso regularmente. Há um vídeo intitulado "Aura da Divindade" que mostra Sai Baba materializando várias coisas. Você pode solicitar esse vídeo à Bodhi Tree Bookstore, em Los Angeles; além desse, essa loja dispõe ainda de outros sete vídeos, que você pode alugar ou comprar. Recomendo enfaticamente que você alugue ou compre esse material, especialmente o que acabo de sugerir.

A VIDA ADULTA DE SAI BABA

No início de sua vida adulta, muitas vezes Sai Baba deixava o corpo quando um devoto longe de onde ele estava lhe pedia ajuda. Quando isso acontecia, seus discípulos mais próximos cuidavam do seu corpo físico. Certa vez, ele precisou deixar o corpo no início da noite, e então os discípulos o deitaram na cama. De repente, o corpo levitou e começou a flutuar ao redor do quarto. Cinzas sagradas emanavam dos seus pés em abundância. Os devotos ouviram-no murmurar: "Maharshi está aos meus pés de lótus." Pouco depois, ele desceu e se acomodou na cama. No dia seguinte, o ashram recebeu a notícia de que Ramana Maharshi, o santo da Índia que havia alcançado a realização em Deus, morrera às 21h da noite anterior, exatamente no momento em que Sai Baba levitara.

Em outra ocasião, Sai Baba proferiu uma palestra em seu ashram, embora todos soubessem que ele estava numa casa em outra parte da Índia. Em outras palavras, ele esteve em dois lugares ao mesmo tempo durante dois dias. Uma outra vez, seu carro ficou sem gasolina. Sai Baba disse ao motorista para ir até o rio encher o balde com água. O motorista foi ao rio, apanhou a água e entregou o balde a Sai Baba. Sai Baba pôs o dedo na água e a transformou em gasolina; depois de despejá-la no tanque, eles continuaram a viagem.

Outra vez, ainda, ele viajava com algumas pessoas, e pararam para almoçar. Sai Baba perguntou: "Que fruta vocês querem comer?" Cada um queria uma fruta exótica, algumas das quais nem existiam na Índia. Sai Baba disse-lhes: "Vão até aquela árvore e apanhem-na." Ao olhar para a árvore, viram que ela havia produzido a fruta que cada um desejara.

Uma das histórias mais notáveis é a de que um dia Sai Baba estava caminhando com um dos seus discípulos ocidentais mais antigos, Jack Hislop. Sai Baba inclinou-se, apanhou um graveto e, por uns dez segundos, imprimiu à mão um movimento que em geral indicava que iria materializar alguma coisa. De repente, um belo crucifixo de madeira se fez visível, com uma imagem em metal de Jesus Cristo pregada nele. Sai Baba disse-lhe que o crucifixo representava exatamente a aparência que Jesus assumira na cruz ao ser crucificado. E disse também uma coisa ainda mais extraordinária: que a madeira do crucifixo era a mesma da cruz em que Jesus havia sido crucificado. Sai Baba acrescentou que não era fácil materializar essa madeira porque havia se decomposto na terra, o que lhe exigira um tempo a mais para realizar a materialização. Sai Baba presenteou o crucifixo a Jack Hislop, que ficou profundamente sensibilizado. Ao voltar aos Estados Unidos, ele submeteu o crucifixo ao teste do carbono para precisar sua data. O cientista confirmou: o crucifixo tinha dois mil anos.

Um casal de americanos idosos de nome Sr. e Sra. Walter Cowan eram devotos de Sai Baba há longo tempo. Eles viajavam pela Índia quando, certa manhã, Walter Cowan teve um ataque cardíaco e morreu numa cidade distante do ashram de Sai Baba. A esposa tentou enviar um telegrama a Sai Baba, mas não conseguiu entrar em contato com ele.

Seis ou sete horas depois, Sai Baba, tendo recebido o telegrama, apareceu no hospital. A família e os amigos de Walter já haviam saído. Sai Baba disse aos administradores do hospital que gostaria de ver o corpo de Walter Cowan. Eles o conduziram até o quarto e se retiraram. Cinco minutos depois, Sai Baba e um Walter Cowan *totalmente vivo* saíram do quarto caminhando. Os funcionários e os médicos do hospital ficaram desconcertados, para dizer o mínimo. Walter Cowan, então, voltou para sua mulher e para sua família; quando o viram, também eles quase tiveram um ataque do coração.

Walter disse aos seus familiares que, enquanto estivera morto, Sai Baba permanecera com ele no mundo espiritual. Ele fora levado junto com Sai Baba através de dimensões da realidade até uma câmara de conselho repleta de pessoas dispostas em torno de um presidente. O presidente tinha junto de si pergaminhos que continham o registro das vidas passadas de Walter, e durante duas horas lera esses pergaminhos em voz alta. Walter Cowan estava surpreso com todas as suas vidas dedicadas ao serviço e à ajuda das pessoas. Terminada a leitura, Sai Baba disse ao presidente que Walter ainda não havia terminado sua missão na Terra e que queria levá-lo de volta para que ele pudesse concluí-la. O presidente concordou, e então Sai Baba levou Walter de volta para seu corpo físico, onde ele despertou perto de Sai Baba!

Outra história ainda mais impressionante é sobre um casal de indianos, devotos de Sai Baba. O marido recebeu o diagnóstico de uma doença extremamente grave, e todos os médicos diziam que ele morreria a qualquer momento. Sua mulher passou um telegrama para Sai Baba, pedindo ajuda. Sai Baba respondeu que iria visitá-los. O homem piorou e acabou morrendo. Sua mulher voltou a telegrafar para Sai Baba, que novamente disse que iria vê-los. Passou-se um dia, passaram-se dois dias. A rigidez da morte tomava conta do corpo. Um terceiro dia se passou, e a família desistiu de Sai Baba. Foi quando ele, inesperadamente, apareceu.

Todos os familiares do morto lamentavam sua perda. Sai Baba disse-lhes que queria ficar a sós com o corpo morto. Ele fechou a porta e, segundo a história, pronunciou um dos seus "faça-se", muito semelhante ao que Jesus fez quando disse: "Lázaro, levanta-te!" O homem acordou depois de ficar morto durante três dias! Sai Baba deu-lhe um chá quente e lhe disse que sua família estava preocupada, e que ele deveria sair e consolá-los.

Uma outra vez, Sai Baba caminhava com um geólogo conservador, bastante fechado às coisas do espírito. Enquanto caminhavam por um bosque, Sai Baba apanhou uma pedra e perguntou ao geólogo, "O que é isto?" O geólogo respondeu: "É uma pedra, Baba." Sai Baba disse, "Não, não! Mais fundo, mais fundo!" O cientista respondeu, "São átomos e moléculas vibrando a uma certa velocidade." Sai Baba, "Não, não! Mais fundo, mais fundo!" O geólogo ficou perturbado e disse, "Eu não sei, Baba; o que é?" Segurando a pedra, Sai Baba soprou nela e a transformou instantaneamente numa estátua do Senhor Krishna, bem diante dos olhos do geólogo, que ficou em estado de choque. Então Sai Baba disse: "Coma-a." O geólogo disse, "O quê?" Sai Baba repetiu, "Coma-a." A estátua era feita de doce de pedra.

Em outra ocasião, Sai Baba estava fazendo algumas palestras para estudantes na escola onde ele havia começado seus estudos. Num determinado dia, ele lhes contava uma história sobre um colar de esmeraldas que Krishna usara sete mil anos antes. De repente, Sai Baba perguntou: "Vocês gostariam de ver esse colar de esmeraldas?" Com um movimento da mão, ele materializou o colar de Krishna e o passou pela sala para que todos pudessem vê-lo e tocá-lo. Quando todos fizeram isso, ele desmaterializou o colar e o mandou de volta para o seu lugar de origem.

Um amigo meu contou-me um fato acontecido com um amigo dele. Esse seu amigo seguia os ensinamentos de Sai Baba, mas, na época, estava morando na Califórnia e passando por uma turbulência emocional que o levava a pensar em suicídio. Certa noite, ele finalmente decidiu tirar a vida. Pegou o rifle, carregou-o e estava para apertar o gatilho quando a campainha da porta tocou. Ele escondeu a arma debaixo do cobertor em sua cama, fechou a porta do quarto e foi ver quem era. À sua frente estava um amigo dos tempos do segundo grau, alguém que ele não via há uns vinte anos.

Esse amigo entrou sem cerimônias na sala, e os dois conversaram por algumas horas, o que animou um pouco o nosso protagonista. Então, inesperadamente, o visitante disse-lhe que precisava ir embora. Durante todo o tempo da visita, nosso homem não havia perdido de vista seu visitante, mas quando ele foi ao quarto buscar a arma, ela não estava mais lá. Ele teve uma vaga impressão de que Sai Baba tinha alguma coisa a ver com isso. Como não tinha mais a arma, ele não poderia mais se suicidar, e acabou fazendo outra peregrinação à Índia. Nos primeiros dias de permanência no ashram, Sai Baba o escolheu dentre a multidão para uma entrevista reservada com um grupo de umas vinte e cinco pessoas. Quando Sai Baba se apresentou para saudar o grupo, ele se dirigiu a esse homem, disse-lhe para segui-lo e o levou até uma das salas dos fundos. Ao entrar na sala, nosso amigo viu uma arma sobre a mesa. Ao examiná-la com atenção, ele viu que era o seu rifle. Sai Baba sorriu delicadamente e perguntou, "Você ainda está precisando disso?"

Quando alguém quer tirar uma fotografia de Sai Baba, a foto só sai se ele der sua permissão. Certa ocasião, quando uma mulher americana lhe pediu autorização para tirar uma fotografia, Sai Baba concordou, mas disse: "Eu a autorizo, mas vou mostrar-lhe nessa foto minha verdadeira forma." Quando a mulher voltou para casa e mandou revelar a fotografia, o que apareceu foi a figura do Senhor Datatreya, e não o corpo físico de Sai Baba. No hinduísmo, o Senhor Datatreya é a encarnação de Brahma, Xiva e Vishnu no mesmo corpo.

Certo dia, Sri Aurobindo, o grande mestre espiritual da Índia, estava meditando. Ao terminar a meditação, ele disse aos seus discípulos que Krishna havia descido ao mundo físico no dia anterior, 23 de novembro de 1926. Esse é o dia do nascimento de Sai Baba.

Maomé, o fundador do Islamismo, profetizou a vinda do que ele chamava de "o Ser Dourado". Três profecias específicas diziam que o Ser Dourado seria de estatura baixa, teria uma pinta no rosto e viveria até os noventa e seis anos de idade. Isso descreve Sai Baba perfeitamente. As profecias dos índios Hopi falavam de um grande Avatar futuro que viria do Oriente e se vestiria de vermelho. Sai Baba sempre usa túnicas vermelhas e alaranjadas. Essas profecias foram bem específicas, e Sai Baba se amolda a cada uma delas.

Sai Baba diz que podemos conhecer um Avatar por meio de dezesseis sinais: controle das cinco funções do corpo, controle dos cinco sentidos do corpo, controle dos cinco elementos da natureza. Esses quinze primeiros sinais são obtidos através de práticas e de disciplinas espirituais. A décima sexta qualidade só é alcançada pela descida de uma Encarnação Divina, de um Avatar que alcançou a realização em Deus desde o nascimento — onisciência, onipresença e onipotência absolutas.

Quando alguém perguntou a Sai Baba quando ele dorme, ele respondeu que nunca dorme. Quando lhe foi perguntado por que ele realiza milagres, ele respondeu que faz isso para chamar a atenção das pessoas e orientá-las para Deus. Um milagre extraordinário que está acontecendo na Índia e no mundo é a criação da Cinza Virbutti. Essa cinza sagrada é algo que Sai Baba cria com um giro da mão e que é usada com objetivos de cura e de bênção. Há pessoas em todo o planeta cujas jarras e urnas estão sempre cheias, por maior que seja a quantidade de cinza sagrada que usem ou distribuam. Ela literalmente aumenta indefinidamente nas jarras, nos recipientes e nas fotografias de Sai Baba em todo o mundo.

Certa vez, participei de umas aulas sobre canalização ministradas por uma mulher. Numa conversa com ela, começamos a falar sobre Paramahansa Yogananda, porque ela tinha uma fotografia dele. Inocentemente, perguntei-lhe se ela já tinha ouvido falar de Sai Baba. Ela disse-me que ouvira falar dele havia poucos anos. Durante uma meditação e uma viagem astral, querendo voltar ao corpo depois de uma ausência de uma ou duas horas, por alguma estranha razão ela não conseguia voltar. Depois de tentar por uma meia hora, ela ficou muito apavorada quando, inesperadamente, uma grande quantidade de entidades negras, do baixo astral, começaram a se aproximar dela com intenções malignas. Ela disse-me que começou a gritar, aterrorizada, em seu corpo astral, pedindo a Deus que a ajudasse. De repente, continuou ela, um homem vestindo uma túnica alaranjada e com cabelo preto cerrado apareceu e gritou "SILÊNCIO!" Ela disse-me que cada molécula do universo simplesmente silenciou depois dessa ordem. Sai Baba explicou-lhe que, quando ela deixou o corpo físico para iniciar a viagem astral, ela havia dado um salto mortal para fora do corpo e que para voltar ela devia dar o mesmo salto no sentido contrário. Depois disso, ele a pegou, deu-lhe um piparote e, provocando um salto mortal, fez com que ela voltasse ao corpo físico. Ela estava muito agradecida a esse ser por ajudá-la, mas ainda não sabia de quem se tratava.

Algumas semanas depois, ela foi à casa de uma amiga, devota de Sai Baba. Ao ver um quadro dele na parede, a mulher exclamou: "Esse é o homem que me ajudou! Quem é ele?" A amiga respondeu: "Esse é sua Santidade, o Senhor Sai Baba."

Um último fato que quero mencionar aconteceu com um devoto indiano idoso que estava se submetendo a uma forte medicação contra a dor. No meio da noite, ele foi até o poço para tomar água e caiu. Enquanto caía, gritou o nome de Sai Baba. Instantaneamente, Sai Baba apareceu no fundo do poço, segurando-o e impedindo que ele se afogasse. Algumas horas depois, sua família percebeu o que havia acontecido e o retirou do poço. Mais tarde, quando Sai Baba viu o velho no ashram, antes mesmo que este pudesse agradecer-lhe, Sai Baba disse: "Meu braço ficou cansado de sustentá-lo durante tanto tempo naquele poço!"

No final deste capítulo, vou dar-lhe o endereço de Sai Baba, para que você possa escrever-lhe. Sai Baba diz que lê todas as cartas. A única coisa que ele precisa fazer para saber instantaneamente o que a carta contém é tocá-la. Sai Baba diz também que ninguém sonha com ele sem que ele assim o deseje; portanto, se você sonhar com Sai Baba, é porque você já entrou em contato pessoal com ele. Uma das coisas boas sobre Sai Baba é o fato de que ele está encarnado fisicamente e é acessível tanto no sentido físico como no espiritual.

OS ENSINAMENTOS DE SAI BABA

Quando se pergunta a Sai Baba como ele consegue fazer todos esses milagres, ele responde que isso é possível porque ele é Deus. A única diferença entre Sai Baba e as outras pessoas é que ele sabe disso, enquanto o resto da humanidade ainda não compreendeu essa realidade. Basicamente, ele cria todas essas coisas com o poder de sua mente. Todos esses milagres são admiráveis, mas mais extraordinários ainda são o amor incondicional e o altruísmo absoluto de Sai Baba. Ele não cobra pelos milagres nem os realiza com objetivos egoístas. Ele está aqui apenas para amar e servir.

Ele diz que não está aqui para criar uma nova religião, mas para consertar os antigos caminhos para Deus. Sua recomendação é que a pessoa se mantenha fiel à sua religião, qualquer que seja ela. Ele diz que atenderá a todo pedido sincero que for dirigido a Deus, independentemente de forma, porque todas as formas são de fato uma só. Com toda a ênfase, ele afirma que:

"Há uma só religião, a religião do amor.
Há uma só linguagem, a linguagem do coração.
Há uma só raça, a raça da humanidade.
Há um só Deus, e Ele é onipresente."

Sua mensagem mais importante é que todos somos Deus, o Cristo, o Buda, o Atma, o Eu Eterno; que todos devemos ver a nós mesmos e aos outros dessa forma, porque do modo como tratamos os que encontramos, assim tratamos a Ele.

Sua definição de Deus é: "Deus é igual ao homem menos o ego." Ego é a crença ilusória na separação, no medo e no egoísmo. Ele diz que "é nossa mente que cria a escravidão, e é ela também que cria a libertação". Outra pérola de Sai Baba diz: "Mãos que ajudam são mais santas que lábios que oram."

Duas práticas espirituais importantíssimas que Sai Baba recomenda são a repetição do nome de Deus e a entoação de hinos religiosos. É irrelevante o nome de Deus que se recita ou a forma que é visualizada. Pouco adotada nas culturas ocidentais, essa prática é muito comum nas religiões orientais. Mahatma Gandhi disse que ela era um dos segredos do seu sucesso. Ele recitava o nome de Rama continuamente. Depois de ser baleado, ele morreu com o nome de Rama nos lábios.

O *Bhagavad Gita* diz que o último pensamento que a pessoa tem antes de morrer determina o lugar para onde ela vai. Nunca recomendarei com a ênfase necessária a prática da repetição do nome de Deus e a visualização de Sua forma. Sempre que uma pessoa fica desnorteada ou é tomada por uma emoção negativa, essa prática tem a virtude de eliminar a negatividade e de restabelecer a sintonia com Deus. A entoação de cantos devocionais é uma prática semelhante, mas envolve um pouco mais o corpo emocional, o que é realmente maravilhoso.

Sobre os gurus, Sai Baba disse: "Um guru é a Luz que mostra o caminho, mas o destino é Deus. Devemos ser gratos ao guru, mas é a Deus que devemos cultuar. Atualmente as pessoas adoram o guru, o que está muito errado."

Sai Baba também propõe ardorosamente que transcendamos a dualidade, o que significa permanecer num estado de equilíbrio e serenidade a despeito do que possa ocorrer ao nosso redor. A idéia é nos mantermos tranqüilos no lucro ou no prejuízo, no prazer ou na dor, na doença ou na saúde, na vitória ou na derrota, na crítica ou no louvor. Superar a dualidade é parte do processo que consiste em desprendermo-nos do ego pessoal, uma meta estreitamente relacionada com o ensinamento budista do desapego.

O método de meditação ensinado por Sai Baba é exatamente o mesmo de Paramahansa Yogananda e de Baba Muktananda. Ele compõe-se basicamente dos mantras OM e So Ham. Na récita do mantra So Ham, devemos pronunciar a palavra "So" ao inspirar e a palavra "Ham" ao expirar. É a respiração que deve dirigir o ritmo do mantra. Se a respiração for lenta, o ritmo do mantra será lento; se a respiração for rápida, a cadência do mantra será rápida. As palavras "So Ham" significam basicamente "Eu Sou Deus" ou "Eu Sou o EU". Segundo Sai Baba, essas palavras não são indianas ou sânscritas de fato; "So Ham" é, na verdade, o som da respiração como Deus a ouve. Quando dormimos, o som do So Ham se funde com o som do OM.

Um outro mantra recomendado por Sai Baba, equivalente ao nome Sai Baba, é "Sai Ram". Basicamente, Sai Ram é o cartão de apresentação pessoal de Sai Baba. Os devotos de Sai Baba freqüentemente se saúdam e se despedem dizendo Sai Ram. A repetição desse nome ou sua entoação como mantra atrai Sai Baba, do mesmo modo que o faz seu nome verdadeiro. Pode-se também repetir seu nome e visualizar sua forma ao longo do dia ou invocá-lo quando se necessita de ajuda.

A respeito do amor, Sai Baba diz: "Comece o dia com amor. Preencha o dia com amor. Passe o dia com amor. E termine o dia com amor, porque esse é o caminho para Deus." Baba também ensina que devemos nos livrar de todo desejo, exceto o desejo da libertação e da realização divina.

Sai Baba diz que as pessoas são lâmpadas com diferentes voltagens. "Somos todos lâmpadas; a diferença é que minha voltagem é mil, enquanto a da maioria das pessoas varia entre vinte e cem." Ele também diz que Deus está escondido pela montanha do ego, e que a pessoa que consegue controlar sua raiva, seu ego e seus apegos é um grande iogue.

Sai Baba diz que o corpo físico é uma casa que Deus aluga para as pessoas. A pessoa mora ali enquanto Ele quiser e paga o aluguel com a fé, a devoção e a prática espiritual. Baba também fala bastante sobre a importância de desenvolver um caráter irrepreensível. Ele diz: "Dê o melhor de si, e Deus cuidará do resto." Também diz que seja o que for que o Senhor dê, devemos acolher com igual serenidade. Ele afirma que a remoção da imoralidade é o único caminho para a imortalidade.

Neste capítulo, procurei transmitir-lhe um pouco do sabor dos ensinamentos de Sai Baba, ensinamentos que estão em harmonia com os de Djwhal Khul, de Jesus, de Saint Germain, de Buda e de muitos outros. Existem, literalmente, centenas de livros sobre Sai Baba, e alguns que ele próprio escreveu. Se você não conhecia Sai Baba antes e gostaria de ler dois livros introdutórios sobre ele, recomendo os de Howard Murphet. O Primeiro é *Sai Baba, Man of Miracles*. O segundo, *Sai Baba, Avatar*. Há também encontros com Sai Baba na maioria das cidades, quando são cantados cânticos devocionais e onde outras informações podem ser obtidas. As pessoas que se sentirem motivadas podem pensar sobre a possibilidade de fazer uma viagem à Índia. Não é muito freqüente o Cristo Cósmico encarnar no planeta e ficar à disposição para visitas no plano físico. Há excursões que incluem outras pessoas dos encontros com Sai Baba; muitas vezes elas conseguem entrevistas pessoais com ele. Entretanto, não posso fazer nenhuma promessa. Qualquer que seja o caminho que você siga, Sai Baba se ajustará a ele muito bem.

Endereço de Sai Baba para correspondência:

Sri Sathya Sai Baba
Ashram Prashanti Nilayam
Anantapur District
Andhra Pradesh 515134
South India

Principal livraria de Sai Baba:

305 West First Street
Tustin, CA 92680
(714) 669-0522

Sai Ram!

13

BABAJI, O CRISTO IOGUE

Kriya Ioga é o método do aeroplano para Deus
Paramahansa Yogananda

Há um outro mestre ascensionado, de proporções extraordinárias, encarnado fisicamente no planeta Terra. Seria negligência minha não mencioná-lo. Refiro-me a Babaji, o Avatar imortal.

O Babaji que tenho em mente é o grande e nobre ser que deu início à linhagem espiritual de Lahiri Mahasaya, de Sri Yukteswar e de Paramahansa Yogananda, da renomada *Self-Realization Fellowship*.

Babaji também é conhecido como MahaAvatar Babaji, Xiva Babaji, Mahamuni Babaji e Kriya Babaji Nagaraj. Seu corpo físico imortal permanece com a idade de dezesseis anos (Também o nosso Logos Planetário, Sanat Kumara, apresenta-se com uma aparência jovem aos que entram em contato pessoal com ele.).

Babaji vive há séculos nas montanhas do Himalaia, aparecendo apenas a um pequeno grupo de discípulos. Ele pode materializar e desmaterializar seu corpo físico à vontade, e o faz freqüentemente. Babaji nasceu no dia 30 de novembro de 203 d.C., na Índia. Em criança, seu nome era Nagaraj, um nome que significa "rei das serpentes", em homenagem à força primordial da kundalini Shakti. Aparentemente, ele nasceu sob uma configuração estelar semelhante à que testemunhou o nascimento do Senhor Krishna (o Senhor Maitreya).

Em sua busca precoce da auto-realização, Babaji encontrou seu guru, o grande Mestre Boganathar, da Siddha Ioga, de quem se tornou discípulo. Depois de uma intensa prática de ioga, Boganathar incentivou Babaji a se dedicar à Kriya Kundalini Pranayama, com o lendário Mestre Agastyar, também da Siddha Ioga. Era difícil encontrar Agastyar e, além disso, ele era extremamente seletivo na escolha de discípulos. Babaji viajou para o sul da Índia e fez um juramento solene à Mãe Divina de que não sairia do lugar onde ele estava sentado em meditação até que Agastyar o iniciasse nos segredos da ioga.

Babaji começou a orar e a meditar incessantemente. Chovia, fazia calor, os insetos o atacavam, mas ele não se movia. Quando as dúvidas o assaltavam, ele rezava ainda mais intensamente. Seu corpo físico tornou-se macilento, e os peregrinos, reconhecendo a grandeza de sua busca, às vezes o alimentavam. Babaji estava preparado para morrer para seu corpo físico, se necessário, pois sentia que sua vida terminaria, de um modo ou de outro, se ele não fosse iniciado por Agastyar.

Depois de quarenta e oito dias de orações e meditações ininterruptas, estando à beira da morte, ele pronunciava o nome de Agastyar repetidamente. De repente, Agastyar saiu da floresta, deu comida e bebida a Babaji e o iniciou nos segredos da Kriya Kundalini Pranayama Ioga. Depois de um treinamento intensivo, Agastyar orientou Babaji a ir às cordilheiras do Himalaia e tornar-se o maior Siddha (Mestre Perfeito) que o mundo já conheceu.

Babaji passou dezoito meses praticando as técnicas da Kriya Ioga sozinho. Ao término desse tempo, entrou no estado de Soruba Samadhi, ou ascensão e imortalidade física. Desde então, há mais de mil e setecentos anos, a missão de Babaji é ajudar a humanidade em sua busca da realização divina.

Foi Babaji quem iniciou Shankaracharya, Kabir e Lahiri Mahasaya, que começaram a linhagem da Fraternidade da Auto-Realização. Babaji reativou a ciência da Kriya Ioga e a reintroduziu no mundo depois que ela havia desaparecido. Babaji disse que Krishna ensinou a Kriya Ioga a Arjuna e que Patanjali e Jesus Cristo o conheciam. Ela foi ensinada a São João, a São Paulo e a outros discípulos. Na minha opinião, seu grande discípulo, Paramahansa Yogananda, é o maior dos seres do nosso século que alcançou a realização divina. Ele treinou mais de cem mil pessoas na Kriya Ioga, incluindo Mahatma Gandhi, Luther Burbank e muitos outros.

Babaji iniciou outras linhagens espirituais na Índia com as quais nós, ocidentais, estamos pouco familiarizados. Ele criou também uma organização no Ocidente, denominada os Ensinamentos do Cristo Interior, com a qual estou envolvido. Essa é uma organização maravilhosa que foi estruturada por uma mulher de nome Ann Meyer. Babaji materializou-se usando um terno, em vez de se mostrar em sua aparência indiana normal e tornou-se o instrutor espiritual de Ann, transformando totalmente sua vida.

Essa organização, os Ensinamentos do Cristo Interior, reúne técnicas de treinamento da mente e da sensibilidade interior com o objetivo de canalizar diretamente os Mestres e a Presença do Eu Sou. É um treinamento diferente do que é dado pela Kriya Ioga oriental, mas é um dos mais profundos pelos quais já passei. Fui também iniciado nas técnicas avançadas da Kriya pela Self-Realization Fellowship, e por isso conheço muito bem os ensinamentos de Babaji, os quais repassarei a você no final deste capítulo.

Babaji exerce uma influência dinâmica sobre este planeta e sobre seus habitantes, muito maior do que aquela que transparece nos escritos a seu respeito. Sua missão consiste em ajudar os profetas, os santos e os mestres espirituais no cumprimento de suas missões especiais. Babaji também se empenha muito em divulgar seus ensinamentos no Oriente e no Ocidente.

Foi Babaji quem incentivou Paramahansa Yogananda a deixar a Índia e ensinar a Kriya Ioga no Ocidente. A missão de Babaji é diferente de outras, como a de Sai Baba, por exemplo, uma vez que ele nunca apareceu abertamente em nenhum século. Ele trabalha por trás dos bastidores, com um pequeno número de discípulos selecionados, em humilde obscuridade. Apesar disso, sua influência sobre este planeta é incrivelmente profunda. Muitos grandes mestres e instrutores espirituais do nosso tempo são herdeiros dos seus ensinamentos e orientações.

Lahiri Mahasaya, o notável mestre espiritual e ser auto-realizado, disse que todo devoto que pronunciar com respeito o nome de Babaji atrairá instantaneamente uma bênção. Paramahansa Yogananda disse que quando Babaji lhe apareceu, sua aparência era a de um jovem de uns vinte e cinco anos, sem nenhum sinal da idade no corpo. Seu corpo imortal não precisa de alimento.

Um dos discípulos de Babaji, Swami Kebalananda, contou uma história interessante sobre seu mestre. Uma noite, Babaji e seus discípulos estavam sentados ao redor de uma enorme fogueira para uma cerimônia védica sagrada. Inesperadamente, Babaji pegou um galho em brasa e com ele tocou levemente o ombro desnudo de um discípulo. Lahiri Mahasaya ficou horrorizado. Babaji explicou a todos que aquele discípulo estivera a ponto de sofrer as conseqüências de um pesado karma de uma vida passada e que teria sido carbonizado se ele, Babaji, não tivesse interferido. No mesmo instante, Babaji pôs sua mão sobre a ferida e curou milagrosamente o discípulo, explicando-lhe que o livrara da morte.

Em outra ocasião, o círculo sagrado dos discípulos foi interrompido por um homem que estivera procurando Babaji por todo o Himalaia. Ao encontrá-lo, o homem lhe implorou para ser aceito como discípulo. Babaji não respondeu, ao que o homem reagiu ameaçando jogar-se de um penhasco, pois a vida não teria sentido para ele sem o seu guru. Babaji disse-lhe para saltar, porque não podia aceitá-lo naquele estado de desenvolvimento. O homem atirou-se do penhasco. Babaji pediu a seus discípulos que recolhessem o corpo morto e estraçalhado. Babaji, então, o ressuscitou, e quando o homem abriu os olhos, disse-lhe: "Agora você está pronto para o discipulado." Todo o grupo então se desmaterializou e desapareceu da montanha.

Outra história interessante envolve a irmã de Babaji, Mataji, que encontrou a realização em Deus. Certa noite, Lahiri Mahasaya, um discípulo chamado Ram Gopal, Mataji e Babaji encontravam-se numa determinada caverna na Índia. Babaji disse à sua irmã, Mataji, que ele estava com planos de deixar seu corpo físico. Transcrevo para você, do livro do grande Paramahansa Yogananda, *Autobiografia de um Iogue*, a resposta de Mataji.

> Com um gracioso lampejo de espírito, Mataji respondeu, "Guru imortal, se for indiferente, por favor, não abandone a sua forma."
>
> "Assim seja", disse Babaji solenemente. "Jamais deixarei o meu corpo físico. Ele há de permanecer sempre visível, pelo menos a um pequeno grupo de pessoas sobre a Terra. O Senhor expressou seu próprio desejo através dos teus lábios."
>
> "Não temas, Ram Gopal", ele disse. "És abençoado por testemunhar a cena desta promessa imortal."

No meu modo de pensar, isso é de uma profundidade extraordinária. Não tenho certeza se existe outro ser na Terra que tenha assumido esse compromisso, além de Sanat Kumara, que está encarnado no corpo físico de todo o planeta. Somos imensamente felizes por termos conosco na Terra um ser tão grandioso como Babaji. É seu imenso amor pela humanidade que o leva a fazer esse grande e nobre sacrifício. Lahiri Mahasaya explicou depois que Babaji permanecerá na Terra durante todo o manvantara, ou ciclo mundial; em outras palavras, até que se complete a evolução das sete raças-raízes e até o término da inspiração e da expiração de Brahma para o planeta Terra.

Mais uma história fascinante se refere à iniciação de Lahiri Mahasaya na Kriya Ioga, aos trinta e três anos, numa cerimônia presidida por Babaji. Lahiri Mahasaya havia sido discípulo de Babaji numa vida anterior. Quando encontrou novamente seu guru imortal, ficou combinado que seria iniciado na noite seguinte. À meia-noite, ele estava sendo conduzido através de uma floresta nos Himalaias quando, de repente, surgiu na sua frente um magnífico palácio dourado que Babaji havia materializado para seu amado discípulo. Babaji disse-lhe que, numa vida anterior, ele havia manifestado o desejo de desfrutar as belezas de um palácio como aquele, e Babaji estava realizando o seu desejo, o último laço kármico que Lahiri Mahasaya precisava desfazer antes de sua iniciação. Ao receber a iniciação de Babaji, o palácio desapareceu instantaneamente diante dos seus olhos.

Babaji apareceu a Sri Yukteswar, guru de Paramahansa Yogananda, inúmeras vezes. Numa delas, Babaji disse a Sri Yukteswar, que num estágio inicial de sua vida, ele lhe enviaria um discípulo para ser treinado, o qual levaria a ciência da Kriya Ioga para o Ocidente. Esse discípulo era Paramahansa Yogananda. Dois dos melhores livros que li são *Autobiografia de um Iogue* e *A Eterna Busca do Homem*, de Paramahansa Yogananda.

KRIYA IOGA

Existem várias tradições diferentes de Kriya Ioga, dependendo da linhagem dos mestres com quem a pessoa estuda. Paramahansa Yogananda refere-se à Kriya Ioga como "o método do aeroplano para Deus".

A Kriya Ioga é uma ciência antiga que se perdeu na bruma dos tempos, sendo reativada e elucidada por Babaji. Krishna referiu-se a ela duas vezes no *Bhagavad Gita* e os escritos de Patanjali também a citam duas vezes. A Kriya Ioga é um instrumento que pode acelerar a evolução humana. É a ciência do domínio físico, emocional, mental e espiritual que leva à auto-realização.

Patanjali referiu-se a ela como disciplina do corpo, controle da mente e meditação sobre o Aum. A Kriya Ioga abrange também os seguintes aspectos: controle da respiração, meditação, posturas da ioga, abertura dos chakras, despertar da kundalini, mantras, práticas e cantos devocionais, invocações, serviço, transmutação sexual, retiros espirituais, companheirismo espiritual, alimentação vegetariana, repouso iogue, pureza mental, emocional e física, submissão total a

Deus, controle da mente, mudras, bandhas, pranayama, purificação dos nadis (canais do nervo etérico), limpeza da mente subconsciente, transcendência do ego, união com Deus, cura física e peregrinação aos lugares sagrados — para citar apenas alguns.

Muitas são as técnicas de meditação, mas duas se destacam nesse nosso contexto. A primeira é a meditação sobre o som do Aum, que implica também aprender a ouvir o Aum sem recitá-lo. A segunda é a meditação do Hong Sau ou do So Ham. Essa é a meditação de Babaji, de Paramahansa Yogananda, de Sai Baba e de Baba Muktananda. Como mencionei em capítulos anteriores, ela é realmente o som da respiração como Deus ouve os seres humanos respirarem. O Aum é o som da nossa respiração quando dormimos. As palavras significam "Eu sou Deus" ou "Eu sou o Eu".

Há, porém, uma técnica Kriya que a Fraternidade da Auto-Realização e instrutores qualificados da Kriya Ioga ensinam aos estudantes avançados que foram iniciados. É uma técnica de respiração que eu não tenho permissão para descrever em detalhes; basicamente, ela consiste em dirigir de um modo especial a força e energia da vida para cima e para baixo na espinha. Segundo Paramahansa Yogananda, o meio minuto necessário para realizar uma única técnica da Kriya é igual a um ano de desenvolvimento espiritual natural. Em seu livro *Autobiografia de um Iogue*, Paramahansa Yogananda afirma, "Mil Kriyas, praticadas em oito horas e meia, dão ao iogue, num dia, o equivalente a mil anos de evolução natural — trezentos e sessenta e cinco mil anos de evolução em um ano. Assim, por meio de um esforço inteligente, um Kriya iogue pode alcançar em três anos o mesmo resultado que a natureza produz em 1 milhão de anos". É por isso que a Kriya Ioga é conhecida como o método do avião a jato para a auto-realização. O principiante só usa essa técnica de 14 a 24 vezes por dia.

De acordo com Paramahansa Yogananda, inúmeros iogues alcançaram a libertação em seis, doze, vinte e quatro ou quarenta e oito anos. A prática da Kriya aumenta a voltagem da lâmpada que todos somos. Dia após dia, nossos quatro corpos e nossa consciência se transformam.

Babaji recomendou a leitura e o estudo do *Bhagavad Gita* antes de se receber a iniciação. Ele prega um ideal de ser que seja puro em todas as áreas da vida — isto é, disciplinado, honesto e sincero. As práticas da meditação e da Kriya ajudam a dissolver a mente para que a pessoa possa ter uma experiência direta do Eu Eterno.

Ele recomenda uma vida de renúncia ao ego e ao apego. Quando a mente se volta para dentro, ela se torna o eu; quando ela se volta para fora, ela se torna o ego. Ele ensina a destruir o ego e ser feliz para sempre. (Naturalmente, ele se refere ao ego negativo.) Babaji diz que o primeiro e maior problema é o ego. Resolva esse problema e todos os outros se resolverão.

Babaji disse também que se quisermos ser livres, precisamos aprender a amar e a perdoar em todas as circunstâncias. Não devemos guardar ressentimento de ninguém. Quando alcançamos a realização, vemos todas as pessoas como realizadas e como manifestações de Deus. Ele e Paramahansa Yogananda ensinam que trabalho e meditação andam juntos. Devemos nos esforçar física, psicológica e espiritualmente para chegar ao equilíbrio.

MINHA EXPERIÊNCIA PESSOAL

Meu caminho espiritual pessoal é bem universal e eclético, fato que, tenho certeza, acontece com muitos leitores deste livro. Assim sendo, nunca recomendo um único caminho, pois considero isso muito limitante.

Fui iniciado no caminho da Kriya Ioga pela Fraternidade da Auto-Realização. Meu respeito por Babaji e Paramahansa Yogananda é absoluto. Não tenho nenhuma dúvida de que tudo o que eles dizem e ensinam é verdadeiro. Pessoalmente, não estou praticando no momento as técnicas de respiração Kriya, de fazer subir e descer o ar pela espinha porque, por razões de saúde física, recebi a orientação de não praticá-las. Há muito tempo, tive hepatite, e isso deixou meu sistema elétrico muito sensível a esse tipo específico de prática espiritual; o próprio Paramahansa Yogananda veio a mim e me disse para parar.

Entretanto, pratico os princípios básicos e muitos outros exercícios da Kriya Ioga. Isso não é difícil, uma vez que todos os demais caminhos com os quais estou envolvido têm práticas semelhantes. Na realidade, pratico uma mistura de tudo aquilo com que estou em contato.

As pessoas dizem que a técnica Kriya avançada ensinada por Yogananda é "equivalente, em trinta segundos, à evolução espiritual conquistada em um ano". Essa é uma afirmação e tanto! Meu respeito por Paramahansa Yogananda é tão grande que duvido muito que ele possa estar enganado. Sinto que sou induzido a lhe dar essa informação, apesar de não estar usando essa técnica no momento. Se se sentir inclinado a seguir essa prática, recomendo que faça uma avaliação adequada. Não é necessário seguir ou aprender esse caminho específico, uma vez que ele é apenas um dos muitos caminhos que levam ao topo da montanha.

Esses exercícios de respiração podem ser muito perigosos, se não forem aprendidos corretamente ou dirigidos por um instrutor qualificado. Considero a Fraternidade da Auto-Realização um caminho válido e seguro. O problema é que, para se tornar um iniciado, você precisa receber as lições durante um ano inteiro, e então praticar a meditação Hong Sau durante seis meses, e os exercícios de energização por seis meses. Depois disso, você precisa relatar suas experiências em formulários especiais e inscrever-se. O processo todo pode exigir dois anos para ficar concluído, acrescentando-se que está implícito que você aceita Yogananda como uma espécie de instrutor ou guru. Quando apresentei meu requerimento de admissão, eu tinha outros instrutores, de modo que isso não foi problema para mim; eu amava Yogananda, mas ele não era meu único guru ou instrutor.

Para ser honesto, e sem insinuar nenhuma crítica, absolutamente, devo dizer que não me adapto a ficar restrito à Fraternidade da Auto-Realização. Ela é uma organização extraordinária, mas muito circunscrita para a minha natureza e objetivo mais universais e ecléticos nesta existência. As técnicas são maravilhosas e podem ser o "método do aeroplano" para a auto-realização, mas o processo, até para recebê-las, é longo, extenuante e penoso.

Existem alternativas e também outros instrutores de Kriya Ioga. Marshall Govindan escreveu um livro fantástico sobre Babaji, *Babaji and the Eighteen*

Siddha Yogis, cuja leitura recomendo enfaticamente se você está interessado nas técnicas desse caminho em particular. Nesse livro, ele fornece um endereço para o qual você pode escrever para receber maiores informações e treinamento. Intuitivamente, meu sentimento com relação a Govindan é bom, mas não posso garantir que ele ensine os métodos Kriya da mesma maneira que Yogananda, pois ele vem de uma linhagem diferente. Para ambos os grupos, porém, Babaji é o Mestre e Instrutor. Babaji apareceu e ensinou fisicamente ambas as linhagens.

O endereço desse grupo é:

Babaji's Kriya Yoga Satsang
165 de la Gauchetière West, #3608
Montreal, Quebec, Canada H2Z 1X6
(514) 284-3551

O endereço da Fraternidade da Auto-Realização é:

Self-Realization Fellowship
3880 San Rafael Avenue
Los Angeles, CA 90065
(213) 225-2471

As lições da Fraternidade de Auto-Realização que chegam quinzenalmente são muito boas, e os livros de Paramahansa Yogananda são o que há de melhor no mercado atualmente, na minha opinião.

Há uma terceira alternativa interessante, relacionada com a escola de mistério chamada Astara, iniciada por Earlyne e Robert Chaney. Earlyne é um canal para o Mestre Kuthumi, entre outros Mestres Ascensionados. Repetindo, Kuthumi é o Chohan do segundo raio e está na ordem de sucessão para assumir a direção da Hierarquia Espiritual e/ou da Grande Fraternidade Branca quando o Senhor Maitreya concluir seu mandato e subir para níveis superiores de evolução espiritual.

Earlyne escreveu uma série de setenta e sete lições editadas em forma de panfleto. Nelas, ela faz uma exposição de todos os ensinamentos, muitos dos quais têm uma grande semelhança com os de Djwhal Khul; de todos os que já estudei, os ensinamentos de Djwhal Khul são os que mais me sensibilizam.

Numa parte dessas publicações, Earlyne canalizou lições avançadas do que ela chamou de Lama Ioga. Tenho todas as lições e as estudo com a maior dedicação: e o que mais me impressiona é que muitas das técnicas avançadas da Kriya Ioga ensinadas por Babaji e Paramahansa Yogananda coincidem com as canalizadas por Mestre Kuthumi. Assim, outra alternativa seria solicitar as lições da Astara.

Essas lições podem ser pedidas sem delongas, e não é preciso esperar muito ou passar por um processo iniciático para se tornar um membro. O único problema é que as lições são um pouco caras, e as técnicas não estão nas lições iniciais.

Li todos os livros de Earlyne Chaney e considero seu material excelente. Algumas lições são pouco interessantes, mas outras são extremamente atraentes. Pessoalmente, reconheço que essas técnicas Kriya são realmente "quentes", e se o que Paramahansa Yogananda diz sobre elas é verdade, quem não quereria adotar o método do avião para Deus? A única ressalva que faço é que quando você lida com as técnicas Kriya que envolvem o pranayama, você mexe com a energia kundalini e precisa ser extremamente cuidadoso com o que faz, ou pode prejudicar-se seriamente. Essas são técnicas avançadas que devem ser usadas com *extrema cautela* e apenas conforme indicado, de preferência com a orientação de um instrutor espiritual qualificado.

Confio na Fraternidade da Auto-Realização e confio nas obras de Earlyne Chaney, mas não é necessário trabalhar com essas técnicas específicas, pois há muitos caminhos para Deus; essas não são técnicas que, por exemplo, Sai Baba, Djwhal Khul, Jesus ou Saint Germain ensinaram. Exceção feita a essas técnicas Kriya, considero os outros ensinamentos e técnicas bastante semelhantes entre todos esses grupos. Deixo-lhe essas informações para que você reflita e medite sobre elas.

Recomendo-lhe que leia os livros de Yogananda e de Earlyne antes de tomar sua decisão. Minha filosofia pessoal é usar todas as obras e entrar em contato com todos os instrumentos e técnicas de todas as religiões, de todos os caminhos espirituais e de todas as escolas de mistério.

O endereço da Astara é:

Astara
P.O. Box 5003
800 West Arrow Highway
Upland, CA 91785
(909) 981-4941

Você pode pedir uma lição, ou várias, se preferir, de uma só vez, e pode usar seu cartão de crédito. Apenas, recomendo que leia alguns de seus livros antes de fazer grandes gastos. Isso vale também para Paramahansa Yogananda. Depois de ler alguns livros deles, tenho certeza de que você intuirá se é esse ou não o caminho que você quer seguir. Telefone, peça para ser incluído em sua mala direta e peça catálogos de livros e de fitas. Nem sempre as livrarias têm os livros de Earlyne em estoque. Se você assimila bem os ensinamentos de Djwhal Khul, creio que assimilará também boa parte do material de Earlyne. Recomendo a leitura de todos os livros dela.

14

A HISTÓRIA DESCONHECIDA DE JESUS CRISTO

Nada real pode ser ameaçado.
Nada irreal existe.
Nisso está a Paz de Deus
Um Curso de Milagres

O objetivo deste capítulo é partilhar com você algumas informações absolutamente fascinantes sobre a vida de Jesus Cristo, em geral desconhecidas das pessoas comuns. Eu não inventei as informações que vou lhe transmitir; elas são o resultado de pesquisas minuciosas que empreendi nos arquivos de Edgar Cayce, nos livros de Alice Bailey, no Evangelho Aquariano de Jesus Cristo, nas canalizações de Djwhal Khul e nos manuscritos recentemente encontrados no Tibete, na Índia e nas Montanhas do Himalaia. Portanto, é com grande prazer que lhe apresento a história de Jesus Cristo que não nos foi narrada.

A história começa muito antes da vida de Jesus como Jesus. De acordo com Edgar Cayce, em suas vidas anteriores Jesus foi Amílio, Adão, Melquisedeque, Enoch, Zend, Ur, Asapha, Josué filho de Josedec, José e Josué, o sucessor de Moisés. Segundo Djwhal Khul, depois de sua vida como Jesus, ele também foi Apolônio de Tiana e ainda teve uma encarnação num corpo sírio, no qual ele ascensionou neste século.

Djwhal Khul confirmou a lista de Cayce sobre as vidas passadas de Jesus. Amílio foi o primogênito do Pai; ele encarnou na Atlântida e se deixou levar pelos caminhos do egoísmo. Em seguida, Jesus veio como Adão, o mesmo que conhecemos da Bíblia. Depois veio como Melquisedeque, o sacerdote de Salém, e como Zend, pai de Zoroastro, o grande avatar da religião persa. Minhas pesquisas revelam que Zoroastro foi uma das encarnações de Buda. Em seguida ele veio como Enoch, o "homem que andou com Deus," e por fim como Asapha.

Ele foi Josué, filho de Josedec, que argumentou com os judeus que voltavam do cativeiro, nos dias em que Neemias, Esdras e Zorobabel procuravam restabelecer o culto a Deus. Josué foi o escriba que traduziu os livros escritos até aquela época. Jesus foi também José, do Antigo Testamento, que usava uma túnica de várias cores, foi jogado numa cisterna por seus irmãos invejosos e, mais tarde, tornou-se o intérprete dos sonhos do faraó. Por fim, Jesus veio como Josué, o sucessor de Moisés que conduziu o povo judeu à terra prometida.

Em sua vida como Jesus Cristo, Jesus recebeu sua quarta iniciação no momento da crucificação. Nos três últimos anos de sua vida, ele foi incorporado pelo Cristo, que, como vimos, era o Senhor Maitreya, dirigente da Hierarquia Espiritual e da Grande Fraternidade Branca. O Senhor Maitreya ocupa a posição do Cristo, que é uma função ou um título no governo espiritual. O Senhor Maitreya foi o guru e o instrutor de Jesus. Durante os três últimos anos da vida de Jesus, eles compartilharam o mesmo corpo físico. Foi o Senhor Maitreya que ascensionou na crucificação, e não Jesus. Jesus recebeu sua quarta iniciação, o que fez dele um Mestre e o libertou da roda de reencarnações e da necessidade de novos renascimentos.

Conforme Djwhal Khul relata nos livros de Alice Bailey, Jesus reencarnou nove anos depois da crucificação como Apolônio de Tiana, recebendo sua quinta iniciação. Apolônio era uma alma extraordinária, e muitas pessoas o confundiam com Jesus porque os ensinamentos dos dois eram muito semelhantes e porque viveram próximos cronologicamente.

Em sua última encarnação no corpo sírio, Jesus ascensionou. Ele assumiu esse corpo há cerca de trezentos e cinqüenta anos e ascensionou ao mundo espiritual neste século, de acordo com Djwhal Khul.

Djwhal Khul também menciona outro fato extraordinário sobre Jesus. Antes de morrer na cruz, num dado momento ele disse; "Pai, por que me abandonaste?" Essa afirmação sempre me intrigou, pois ela não condizia com a condição de um Mestre. Nos livros de Alice Bailey, Djwhal esclarece que Jesus usou essa expressão porque estava passando pela quarta iniciação, a qual se relaciona com a queima do corpo da alma ou do corpo causal, e com o retorno da alma para a mônada ou espírito. Nesse momento, Jesus passava pela experiência de sentir sua alma ou seu eu superior partir, uma experiência estranha para ele, porque sua alma havia sido o seu instrutor no decorrer de todas as suas encarnações. Jesus não compreendeu naquele momento que, daí em diante, seu instrutor seria a mônada, ou a poderosa Presença do Eu Sou. Naquele breve instante, ele sentiu a perda de sua alma, até unir-se novamente com o espírito. Essa ligação com o espírito aconteceu quase imediatamente, pois logo em seguida Jesus disse: "Pai, perdoa-lhes, porque não sabem o que fazem." O Pai é a mônada ou o espírito.

Um comentário interessante à margem é que Jesus nasceu de uma conceição imaculada, segundo Djwhal Khul e Cayce, fato que também aconteceu com a Virgem Maria. Edgar Cayce diz que a Virgem Maria e Jesus vieram da mesma alma, ou eram, na terminologia de Cayce, almas gêmeas. De acordo com Djwhal Khul, Jesus reencarnou como Jesus na qualidade de iniciado do terceiro grau.

Revendo as vidas passadas de Jesus, é admirável ver-se como elas mostram a interligação entre duas grandes religiões deste planeta. Com muita freqüência, cristãos e judeus competem entre si, cada grupo dizendo que a sua religião é a "certa". Pode-se ver o absurdo disso no fato de que foram as mesmas almas que estiveram envolvidas com ambas as religiões. Jesus foi um rabino judeu. Ele foi Josué, que guiou o povo judeu para a terra prometida. Ele foi também o José do Antigo Testamento. E foi ainda o guia e instrutor de Abraão, que deu início à religião judaica como Melquisedeque.

Uma relação ainda mais espantosa entre essas duas religiões é o fato de João Batista numa vida anterior ter sido Elias, um dos profetas maiores do judaísmo.

O que impressiona acima de tudo é que José, o esposo da Virgem Maria, não era outro senão Saint Germain. Os três magos que visitaram o Cristo menino eram simplesmente Djwhal Khul, Kuthumi e El Morya. O único discípulo que ascensionou, segundo Djwhal Khul, foi João, o Amado (Kuthumi). Outra observação interessante à margem é que Abraão foi o Mestre Ascensionado El Morya, que é o Chohan ou o Senhor do primeiro raio.

OS ESSÊNIOS

Outro capítulo estimulante dessa história é a importância que a comunidade dos essênios desempenhou na vida de Jesus. Segundo Cayce, essa comunidade exerceu um papel decisivo na vinda do Messias. O que chama a atenção, porém, é que os essênios não são mencionados na Bíblia. A descoberta dos Manuscritos do Mar Morto nas grutas de Qumrã, em 1947, é que despertou um interesse e um entusiasmo generalizados sobre os essênios.

Os manuscritos eram a literatura religiosa dos essênios. Segundo Cayce, havia inúmeros grupos ou comunidades de essênios. O grupo que desempenhou o papel mais significativo na vida de Jesus foi o do Monte Carmelo, o lugar onde foi instalada a escola original dos profetas no tempo de Elias. Os essênios estudavam astrologia, numerologia, frenologia e reencarnação. Essas crenças conflitavam diretamente com as dos saduceus, o que provocou a perseguição dos essênios.

Uma das principais características dos essênios, uma particularidade que os distinguia das demais seitas, era sua "expectativa" em relação a um Messias vindouro. Por si só essa posição justificava a existência do grupo. Para Edgar Cayce, de fato, a palavra *essênio* significa "expectativa".

Os essênios acreditavam firmemente que era possível purificar-se por meio de uma observância rígida da lei espiritual, de modo que o Messias poderia entrar no plano da Terra e assumir um corpo físico. (Jesus Cristo era o Messias por quem eles buscavam, naturalmente; mas o povo judeu tradicional não compreendeu isso.)

Jesus trouxe a nova dispensação do espírito para a Era de Peixes. A grande maioria do povo judeu mantinha-se fiel à dispensação trazida por Moisés, voltada para a lei. Jesus veio trazer a mensagem de que o amor é maior ainda que a lei.

A preparação dos essênios entrou numa nova fase quando eles escolheram doze meninas que passariam a freqüentar o templo do Monte Carmelo com o objetivo de se prepararem para ser a mãe do Messias. Maria era uma dessas crianças. Elas foram treinadas em exercícios físicos e mentais referentes à castidade, à pureza, ao amor, à paciência e à capacidade de suportar. O treinamento na vida espiritual era acompanhado por uma alimentação especial.

Segundo Cayce, o chefe dos essênios, nessa época, era uma mulher chamada "Judite". Era muito raro uma mulher dirigir essa seita naqueles tempos patriarcais. Judite era profeta, médium e instrutora espiritual. Ela havia sido treinada no misticismo judaico e também nos ensinamentos da Índia, do Egito e das regiões persas. Ela também curava e conservava os registros dos ensinamentos. Foi ela que recomendou a Jesus, quando ele se tornou jovem, que viajasse ao Egito, à Índia e à Pérsia para estudar e receber treinamentos mais avançados.

Maria tinha apenas quatro anos de idade quando entrou para o templo. Segundo Cayce, ela foi escolhida com a idade de doze ou treze anos pelo arcanjo Gabriel. Então, durante quatro anos, recebeu uma preparação e treinamento maiores, à parte das outras jovens. De acordo com Cayce, antes mesmo que Maria recebesse o anúncio do anjo de que ela seria a mãe do Messias, um marido já havia sido escolhido para ela.

Cayce disse que o casamento só se realizou algum tempo depois que Maria concebeu a criança sagrada. José, seu marido (Saint Germain), ficou muito perturbado ao encontrar Maria já esperando um filho na época do casamento. Não fora ele que escolhera Maria como sua noiva; naquele tempo, os casamentos eram arranjados pelas famílias. Nesse caso específico, a escolha foi feita pelos sacerdotes; embora José talvez tivesse preferido outra esposa (ele tinha trinta e seis anos e Maria apenas dezesseis), mudou de idéia quando foi informado em sonhos, e depois por canalização direta, de que essa escolha era vontade divina. Foi o arcanjo Gabriel que entrou em contato com ele e o convenceu.

O nascimento de Jesus e o seu treinamento inicial estão bem documentados na Bíblia, de modo que não preciso ater-me a eles. Entretanto, eu gostaria de voltar minha atenção para o período da vida de Jesus que vai dos doze aos trinta anos, um período sobre o qual a Bíblia mantém silêncio.

O PERÍODO DESCONHECIDO DA VIDA DE JESUS

Segundo Cayce, Jesus já era mestre da lei judaica antes dos doze anos de idade. Dos doze aos quinze ou dezesseis anos, Judite, em sua casa no Monte Carmelo, ensinou-lhe as profecias. Em seguida, Jesus foi enviado ao Egito, depois à Índia, por três anos, e à Pérsia, sempre para receber treinamento. Da Pérsia, ele foi chamado de volta, por causa da morte de José. Daí ele voltou ao Egito para completar sua preparação de instrutor.

Os ensinamentos que ele recebeu na Índia compreendiam "as purificações do corpo relacionadas com o fortalecimento do homem físico e mental. Em suas viagens, e na Pérsia, a união de forças tem relação com os ensinamentos de Zu e Rá no Egito".

Segundo Cayce, Jesus foi registrado com o nome Jeshua, sendo "Jesus" a forma grega desse nome. Os dois nomes são contrações de Jehoshua, que significa Auxílio de Jeová, ou Salvador. Aparentemente, João Batista esteve com Jesus durante parte do período passado no Egito. Eles estiveram em Heliópolis, no Egito, para receber o sacerdócio, prestar exames e submeter-se a alguns testes. *The Aquarian Gospel of Jesus the Christ*, de Levi, relata os sete níveis de iniciação pelos quais Jesus passou. A Grande Pirâmide foi construída como um Templo de Iniciação para a Grande Fraternidade Branca. Foi nela que Jesus recebeu as iniciações finais. A Bíblia registrou esse fato como os três dias e as três noites na sepultura. De acordo com *The Aquarian Gospel of Jesus the Christ*, Jesus estudou a religião brâmane e os Vedas na Índia. Passou também algum tempo no Nepal, no Tibete, na Síria e na Grécia. Diz Cayce que, na Índia, ele estudou sob a orientação de um instrutor espiritual chamado Kahjian. Na Pérsia, estudou com Junner e, no Egito, com Zar.

As canalizações de Cayce, Levi e Djwhal Khul documentam os dezoito anos da viagem de Jesus pelo Oriente. Fascinante, entretanto, é o fato de que nosso século testemunhou a descoberta de documentos antigos na Índia e no Tibete que provam que Jesus esteve por lá. No final do século XIX, Nicholas Notovitch, um jornalista russo que viajava pelo Tibete, ouviu de um lama responsável pelos arquivos de Lhasa, capital do Tibete, que havia milhares de pergaminhos que falavam da vida do profeta Jesus. (No Oriente, Jesus é chamado de profeta Issa.) Notovitch viajou até um grande convento em Himis, que é o maior e mais celebrado mosteiro em Ladakh, onde encontrou esses documentos. Em 1894, ele publicou os versos na forma que, presume-se, foram traduzidos para ele por um intérprete. Nesses documentos, podemos encontrar as descrições da vida do Buda Issa, que pregou a doutrina santa na Índia e entre os filhos de Israel.

Essas transcrições falam de como Jesus se tornou discípulo de brâmanes, morou durante três anos com monges budistas e estudou as escrituras budistas. Elas narram como ele percorreu o Nepal e os Himalaias e, depois, dirigiu-se à Pérsia, onde estudou as doutrinas de Zaratustra ou Zoroastro.

Em 1922, Swami Abhedananda também foi a Himis, no Tibete, e confirmou a história de Notovitch. Swami Abhedananda, com a ajuda de um lama, traduziu os mesmos versos, que mais tarde publicou com a versão inglesa do texto, de Notovitch.

Em 1925, Nicholas Roerich visitou Himis. Ele publicou escritos que descobriu no mosteiro e em outros lugares, semelhantes aos relatos de Notovitch e de Swami Abhedananda. Roerich também disse ter encontrado ao longo de sua viagem muitas outras narrativas, orais e escritas, referentes à viagem de Jesus ao Oriente. Ele as publicou num livro chamado *Altai-Hilamaya, Heart of Asia and Himalaya*.

Em 1939, o bibliotecário de Himis apresentou a Elisabeth Caspari três livros, dizendo-lhe: "Estes livros afirmam que o seu Jesus esteve aqui." Elisabeth não tinha nenhum conhecimento das lendas sobre Issa.

A prova canalizada e real de que Jesus viajou ao Oriente para treinar, estudar e ensinar é definitiva. Também chama a atenção o fato de a Bíblia não se referir às atividades de Jesus entre os doze e os trinta anos.

É importante compreender que a Bíblia não foi escrita por Deus, como algumas pessoas tentam provar. A Bíblia foi escrita por pessoas; grande parte do material que ela contém é uma interpretação humana de Deus, e não uma revelação divina direta. Sem dúvida nenhuma, muito material é inspirado, mas deve ser lido com discernimento.

Um segundo ponto-chave se refere ao fato histórico: Em 553 d.C., o Segundo Concílio de Constantinopla promulgou um decreto estabelecendo que todas as referências à reencarnação deviam ser retiradas da Bíblia. Os participantes não gostavam da idéia.

O significado dessa atitude é muito óbvio. Do mesmo modo que o homem escreveu a Bíblia para nela registrar sua interpretação de Deus, assim também ele suprime dela o que não é do seu gosto. Pessoalmente, acredito que foi isso também que aconteceu com os registros dos dezoito anos da vida de Jesus que não estão incluídos na Bíblia. Penso que os superiores hierárquicos da Igreja não ficariam muito satisfeitos se as pessoas comuns ficassem sabendo que Jesus estudou budismo, hinduísmo, zoroastrismo e os mistérios egípcios.

Tenho mais algumas informações que encontrei nos arquivos de Cayce. Jesus tinha três irmãos. Foi isso que a Mente Universal disse por meio de Edgar Cayce. Jesus nasceu de uma conceição imaculada, mas, depois de seu nascimento, Maria e José casaram de verdade e tiveram mais três filhos — dois meninos e uma menina. Os meninos chamavam-se Tiago e Judas, mas não consegui descobrir o nome da menina.

Depois de ter sido escolhida para ser uma das doze virgens, Maria foi proibida de tomar vinho ou qualquer outra bebida fermentada e teve de se submeter a uma alimentação rigorosa. Ao ser escolhida pelo arcanjo Gabriel enquanto subia os degraus que levavam ao templo, relâmpagos e trovões riscaram o céu, segundo Cayce. O templo essênio a que me refiro era também uma escola, e um dos principais treinamentos oferecidos era o que se relacionava com a capacidade de canalizar. Judite, a dirigente dos essênios, ensinou a Jesus as profecias, astrologia e como fazer viagens astrais, assuntos nos quais ela era especialista.

Cayce diz que os três magos simbolizam as três fases da experiência do homem na matéria. O ouro representa a parte material, o incenso, a parte etérica, e a mirra, a força curadora — corpo, mente e alma. Os três magos também deram a Maria e José o apoio de que precisavam.

De acordo com as leituras que Cayce fez da Mente Universal, Jesus nasceu à meia-noite. A capacidade dos essênios de canalizar e profetizar permitia-lhes fazer uma previsão acurada da chegada de Jesus, e essa era a razão principal para eles formarem uma comunidade. Um último ponto interessante que me foi esclarecido por Djwhal Khul é que Maria ascensionou no fim da sua vida na Terra.

MAIS INFORMAÇÕES FASCINANTES

Minhas contínuas pesquisas trouxeram ao meu conhecimento mais algumas informações absolutamente fascinantes. Uma delas é que Enoch foi uma das vidas anteriores de Jesus, de acordo com Djwhal Khul. Enoch ascensionou e, naquela existência, foi incorporado por um ser chamado Melquisedeque que atualmente ocupa um assento no Conselho Galáctico. É interessante que, numa vida posterior, Jesus usou esse nome Melquisedeque.

A segunda informação vem de Brian Grattan, e foi confirmada por Vywamus. Depois que o Senhor Maitreya ressuscitou o corpo de Jesus, ele viveu no planeta Terra por mais trinta e um anos. Durante esse período, ele foi à Índia e também teleportou-se à América.

Outra informação interessante. Numa vida passada, Maomé, o fundador do Islamismo, foi discípulo de Bartolomeu. Durante sua vida como Maomé, o arcanjo Gabriel e Jesus foram dois dos seus principais instrutores do plano interior. Numa vida posterior, ele recebeu sua quinta iniciação como iogue, na Índia. Ele voltou mais uma vez, como Patrick Henry, um dos grandes patriotas da Revolução Americana. Creio que os fundamentalistas árabes não ficariam muito felizes se recebessem essa informação oculta.

O Senhor Maitreya, o Cristo Planetário, é o ser mais evoluído da nossa corrente da Terra. De acordo com Paramahansa Yogananda, Maria Madalena veio a ser a católica estigmatizada Tereza Newman. Krishna, a vida anterior do Senhor Maitreya, veio para ensinar à humanidade a segunda iniciação. Se não estou enganado, ele alcançou sua quinta iniciação nessa existência.

Jesus usa o nome Sananda no plano interior, como muitas das canalizações extraterrestres do Comando Ashtar e de outros iniciados. Consegui uma confirmação disso com Vywamus.

São Pedro foi uma vida anterior de Brian Grattan, autor de *The Rider on the White Horse* e *Mahatma I & II*. Brian Grattan está vivo neste planeta, vivendo bem e realizando um trabalho extraordinário.

15

O TREINAMENTO DE SANAT KUMARA

O Senhor do Mundo, o Iniciador, aquele que a Bíblia chama de "Ancião dos Dias" e as escrituras hindus de Primeiro Kumara. Ele, Sanat Kumara, é que, do seu trono em Shambala, no Deserto de Gobi, preside a Loja dos Mestres e tem nas mãos as rédeas do governo nos três departamentos

Djwhal Khul

Como personalidades encarnadas na Terra, todos precisamos escolher, no momento de nossa ascensão, um dos sete caminhos de evolução superior que queremos seguir em nossa jornada cósmica de retorno a Deus. Esses sete caminhos são como profissões especializadas. A infinitude de Deus é de tal grandeza que não temos condições de aprender tudo; sendo assim, precisamos direcionar nosso desenvolvimento e serviço para algumas linhas específicas.

1. O Caminho do Serviço na Terra
2. O Caminho do Trabalho Magnético
3. O Caminho de Treinamento para Logos Planetário
4. O Caminho para Sírio
5. O Caminho do Raio
6. O Caminho que o próprio Logos segue
7. O Caminho da Filiação Absoluta

Comentei esses sete caminhos mais detalhadamente no capítulo sobre as iniciações. Sugiro também o livro de Alice Bailey, *The Rays and the Initiations*, que oferece uma interpretação mais profunda desse assunto.

Este capítulo trata do nosso amado Logos Planetário, Sanat Kumara, que, com a ajuda de Vywamus, seu Eu Superior, nos revela sua vida e nos diz o que devemos fazer para nos tornarmos um Logos Planetário. Isso corresponde ao caminho número três da lista acima. Pesquisei essa informação num livro canalizado por Vywamus e publicado pela Fundação Tibetana. Honestamente, esse é um dos livros mais interessantes que já li. Muitas informações nele contidas só puderam ser divulgadas depois da passagem deste planeta pela Convergência Harmônica, que possibilitou que as energias da quarta dimensão chegassem ao planeta de uma maneira nova e mais profunda. Sanat Kumara descreve seu treinamento, que o levou bem além da nona iniciação e até os níveis cósmicos da consciência. Estou falando do livro *The Story of Sanat Kumara — Training a Planetary Logos*, de Vywamus. Recomendo vivamente que você tente encontrá-lo em sua livraria metafísica preferida. Esse é um dos livros mais inspiradores que já li; ele lhe dará uma boa indicação e boas orientações sobre o melhor caminho a seguir.

Antes de começar essa história, eu gostaria de descrever Vywamus um pouco mais. Vywamus é um ser cósmico que evoluiu até sua atual posição na Hierarquia, através de encarnações físicas, num planeta semelhante à Terra. Em suas encarnações nesse planeta, ele foi um canal para fontes superiores de conhecimento, como Janet McClure, que canalizou o livro acima mencionado. Ele alcançou sua ascensão depois de apenas trinta e seis encarnações naquele planeta. Ele pode ser considerado a alma ou a mônada de Sanat Kumara.

SANAT KUMARA

Sanat Kumara também evoluiu até sua atual posição, através de uma série de vidas terrenas num pequeno planeta da nossa galáxia. É um planeta muito parecido com a Terra em tamanho e densidade. Ao longo de muitos anos ele teve sessenta e nove vidas nesse planeta, depois das quais alcançou sua ascensão.

Depois de ascensionar, ele estudou música nos planos superiores, com os anjos, durante algum tempo. Freqüentou aulas sobre a teoria da música estudando todos os instrumentos do universo conhecido. A música é um meio excelente que ajuda a entender melhor a vibração e a energia. Essa compreensão pode ser obtida através do que se poderia chamar de "estudo da música das esferas".

Depois dessa breve passagem pelos níveis espirituais mais profundos, ele tomou a decisão de seguir o caminho do treinamento para Logos Planetário. A tarefa de um Logos Planetário é ser a alma de todo um planeta, mais ou menos como nós na Terra agora habitamos um corpo físico. A diferença é que o Logos tem um corpo muito maior e é responsável pela evolução de todas as almas e formas de vida do planeta que ele anima.

Um Logos Planetário é como o presidente ou o rei de um planeta. Todos os seres e todas as coisas vivem dentro de sua aura. Ele só ascensiona ou deixa seu novo corpo físico (a Terra) depois que todas as formas ascensionam. Como você pode ver, seu trabalho e sua responsabilidade são enormes. Um Logos Planetário não é responsável por nenhum indivíduo em particular, mas por todas as formas de vida, simultaneamente. O treinamento para se tornar um Logos Planetário é extremamente exigente, como você pode imaginar.

A primeira parte, e a mais surpreendente, do treinamento de Sanat Kumara foi que ele teve de dividir sua consciência em novecentos mil pedaços ou fragmentos, e cada um deles teve de encarnar num planeta diferente da galáxia. O objetivo desse treinamento era levar cada extensão de alma de volta à unidade e chegar à compreensão de como cada parte se ajusta delicadamente às outras para dar sustentação à forma divina maior.

Isso aconteceu numa grande explosão de criatividade e depois de um longo período de tempo, quando as novecentas mil partes voltaram a unir-se, tornando-se parceiras iguais. Um grande senso de amor cósmico incondicional foi alcançado. Sanat Kumara estava pronto para a etapa seguinte do seu treinamento para tornar-se um Logos Planetário.

O passo seguinte implicava a criação de um corpo físico e o deslocamento ao planeta Vênus em forma física. Vênus é um planeta muito evoluído, de natureza mais quadridimensional. É um planeta capaz de harmonizar sua beleza interior com sua beleza exterior. Vênus superava em evolução todos os planetas em que Sanat Kumara estivera.

Foi em Vênus que Sanat Kumara teve o privilégio de encontrar um dos maiores especialistas em Logos Planetário. Seu nome é Adônis, um ser cósmico de vastas proporções que resolveu estabelecer-se e organizar essa grande escola e base de treinamento há muito tempo. O verdadeiro nome do planeta Vênus é Eysmnje, que se pronuncia "Aismônia". Vênus, ou Eysmnje, faz parte do chakra do terceiro olho do Criador em Manifestação.

Em Vênus foram construídos sete templos e doze instalações de treinamento. Cada instalação tinha uma função específica, que Sanat Kumara devia aprender a dominar para completar seu treinamento. Quando essas instalações foram inauguradas, há muitos eons, o plano era treinar seis bilhões de almas. Doze mil almas chegaram inicialmente e se tornaram os instrutores originais desse programa de treinamento. Uma chamada cósmica convidando alunos foi divulgada no jornal cósmico, e milhões de almas responderam. Eons mais tarde, almas dessa chamada cósmica original ainda estão chegando. Parte da teoria de Adônis é que se você consegue fazer sua vida funcionar no nível físico, ela funcionará em qualquer lugar do cosmos. Acho que todos os que estão lendo este capítulo concordam com essa idéia.

No grupo de treinamento de Sanat Kumara havia dois mil estudantes que planejavam tornar-se Logos Planetários. Adônis, sendo o ser cósmico que é, podia ensinar os dois mil alunos simultânea e individualmente. Nesse nível cósmico de evolução, um Mestre pode dividir sua consciência em tantas partes quantas forem necessárias e ainda ter a compreensão total de todas elas, simultaneamente.

Parte do treinamento de Sanat Kumara era aprender a estruturar um sistema de consciência amoroso e amparador para um planeta inteiro, e que seria seu.

Numa determinada fase do treinamento de Sanat Kumara, aconteceu uma coisa interessante. Ele não fez um exercício a contento, e quando Adônis e seus colegas de estudo tentaram corrigi-lo tocando em seu ponto fraco, ele ficou muito zangado. Acho que Sanat Kumara deu complacentemente essa informação para mostrar-nos que mesmo um Mestre Ascensionado, que teve novecentos pedaços de si mesmo de volta à unidade e que passou para os níveis cósmicos de evolução, ainda assim, pode ter um pequeno fragmento de ego negativo em sua mente subconsciente. Ele mesmo pensava que havia superado esse tipo de reação.

Fazia parte do treinamento aprender a se desfazer desses antigos resíduos. A cada estágio de evolução, ele recebia orientações para abandonar velhos pontos de vista, o que lhe possibilitava atingir estados de consciência mais expandidos. Passamos por esse mesmo processo em nosso nível. Morremos para o corpo físico e nos habituamos com o plano astral. Em seguida, morremos para o plano astral e nos acostumamos com o corpo mental. Morremos, então, para o corpo mental e nos elevamos e expandimos para o plano búdico. Morremos para o plano búdico e nos elevamos ao plano átmico. Morremos para o plano átmico e nos elevamos ao plano monádico. Nós nos habituamos a cada plano e, num certo sentido, pensamos que ele é nossa casa, mas logo precisamos abandoná-lo para nos expandir e elevar em consciência. Esse é um processo interminável, em contínuo desenvolvimento à medida que nos aproximamos de Deus e do que Vywamus denominou de nível Co-criador.

Sanat Kumara tomou consciência de outros resíduos ou padrões relacionados com uma tendência a não treinar seu ego negativo, de modo que parte do seu treinamento consistiu em expurgar esses 3% ou 4% restantes do seu ego negativo. Disseram-lhe que uma pessoa pode ascensionar e ainda conservar essa porção de resistência.

À medida que o tempo de treinamento foi passando, o grupo de Sanat Kumara conseguiu compreender 30% das lições necessárias para ser um Logos Planetário. Para chegar a essa compreensão, o grupo precisou de dois mil anos terrestres.

Na seqüência, Sanat Kumara recebeu a incumbência de trabalhar com o Logos Planetário de Vênus. Parte desse treinamento consistia em livrar-se ainda mais de uma perspectiva individual e abranger todos os seres e formas de vida sob todos os pontos de vista de modo imediato.

O trabalho do Logos Planetário é montar uma estrutura no nível físico para todas as formas de vida em evolução, o que propicia a todas elas a possibilidade de evoluir e crescer. O Logos Planetário pode ser simbolicamente comparado a uma montanha e aos caminhos na montanha que as formas de vida percorrem para evoluir. O Logos Planetário está também no topo da montanha, de modo que ele pode guiar todas as formas viventes em direção ao topo. Por isso é essencial remover todas as resistências ou padrões que poderiam interferir com a escalada de qualquer forma específica.

Os demais alunos passavam pela fase de se livrar de outros padrões que Sanat Kumara já superara, como medos, traições e assim por diante. O treinamento de um Logos Planetário pode ser comparado com a nossa evolução como personalidades na Terra. Nós, como extensões de alma encarnadas, ou personalidades, vivemos dentro de corpos físicos, emocionais, mentais e espirituais. Temos a incumbência de unificar, de integrar e de equilibrar nossos pensamentos, sentimentos, instintos, forças vitais, intuição e todas as células e órgãos de nosso corpo físico. Ao mesmo tempo, procuramos fazer com que todos os nossos aspectos evoluam de uma maneira equilibrada. Se negligenciamos um aspecto que seja, acabamos adoecendo e sofrendo de uma forma ou de outra. Precisamos nos assegurar de que todas as células do nosso corpo evoluam de um modo unificado. Não podemos favorecer uma em detrimento da outra. O mesmo se aplica ao Logos Planetário, embora numa escala muito maior. Ele precisa promover a evolução de todas as formas de vida (células) de seu corpo maior.

Num exercício de treinamento particularmente fascinante realizado com uma espécie de computador, Sanat Kumara se concentrou com energia exagerada numa determinada entidade do planeta e a forçou a aceitar o seu ponto de vista. Isso retirou o livre-arbítrio da entidade envolvida e, se a situação fosse real, a teria matado, o que o obrigaria a assumir o karma dela. Esse é o delicado equilíbrio que um Logos Planetário deve buscar, isto é, guiar sim, mas deixar que todas as formas de vida em evolução conservem seu livre-arbítrio, mesmo que isso signifique que criarão sofrimento para si mesmas. Ir além dos limites numa direção ou noutra provocaria o colapso do sistema de orientação de todo o planeta.

Com o avanço do treinamento de Sanat Kumara, ele recebeu a informação de que ficaria responsável pelo planeta Terra. É preciso lembrar que Sanat Kumara iniciou seu trabalho neste planeta há mais de dezoito milhões e meio de anos. Ele já está nesse trabalho há um bom tempo. Nos estágios iniciais, antes de começar esse processo plenamente, ele ligou sua energia e força vital com o planeta, o que certamente deve ter sido feito com a ajuda do seu instrutor. Basicamente, ele pôs o planeta dentro do seu chakra do coração. A fase seguinte do seu treinamento consistiu em avaliar cada nível e parte do planeta, a fim de prepará-lo para a etapa seguinte. Só esse processo levou dois mil anos.

Como Sanat Kumara era um Logos Planetário novo, e esse era seu primeiro trabalho, foi-lhe dito que três irmãos Kumaras viriam com ele de Vênus para ajudá-lo na criação de certos elos espirituais necessários com o planeta. Esses três assistentes eram muito experientes e atuariam como uma configuração triangular. Adônis, o instrutor de Sanat Kumara, também estava ligado, o mesmo acontecendo com os Logos Solar, Galáctico e Universal.

O instrutor de Sanat Kumara disse-lhe, então, para tirar umas férias de cinqüenta anos, antes da encarnação plena no planeta. Depois de cinqüenta anos, ele voltou ao centro de treinamento e todos os Logos Planetários que estavam sendo treinados fizeram uma festa para celebrar o término do treinamento e as oportunidades que se apresentariam para cada um deles. Embora tivessem missões diferentes a cumprir, todos continuariam interligados no cosmos, formando uma verdadeira rede. Sanat Kumara teve algumas sessões finais com seu instrutor para eliminar alguns resíduos ou padrões remanescentes, quando também foi criado um vínculo especial entre ele e o reino angelical. Isso foi feito para que os anjos pudessem trabalhar mais intimamente com a Terra.

A TRANSFERÊNCIA FINAL PARA A TERRA

No dia da transferência, Sanat Kumara foi colocado numa espécie de aparelho de grande potência, acionado por uma energia altíssima e lançado em direção à Terra. Os três Kumaras mantinham sua formação triangular para estabilizar o processo de transferência. Ocorreu então a encarnação completa neste planeta. Esse processo de vinculação total com todas as partes da Terra levou outros milhares de anos. Muitas tempestades elétricas sacudiram o planeta durante esse período de ajuste. Essas tempestades ocorreram por causa do reajuste do sistema da rede de energia que estava sendo feito. Foi também durante esse período pré-lemuriano que ocorreram as guerras elétricas, travadas entre os Seres Elétricos e as pessoas da Terra pelo controle do planeta. Essas guerras duraram cerca de quinhentos anos, e chegaram ao fim por causa da intervenção e orientação de Sanat Kumara.

Sanat Kumara e seu grupo pousaram e se instalaram em Shambala, localizada perto das Montanhas do Himalaia. Ao chegar, ele teve um encontro com o governo espiritual e recebeu um relatório completo. Muitos, então, partiram para novas incumbências e outros permaneceram para ajudar Sanat Kumara em sua missão.

Foi em Shambala que Sanat Kumara também começou a orientar mais de perto certos indivíduos que viviam na Terra, vendo neles possíveis membros do governo espiritual. O plano era dispor de tantas almas quantas fosse possível no governo espiritual, escolhidas dentre as que já faziam parte da corrente da Terra.

Uma vez que Sanat Kumara está no comando deste planeta há dezoito milhões e meio de anos, é difícil pensar nele como um Logos Planetário jovem. É espantoso pensar que um dia cada um de nós poderá seguir um treinamento semelhante e assumir as mesmas responsabilidades, se essa for a nossa escolha.

ALGUNS PENSAMENTOS FINAIS

Eu gostaria de agradecer à Fundação Tibetana (embora ela já tenha encerrado suas atividades) por divulgar um livro que oferece uma visão tão extraordinária sobre a evolução e o treinamento de um Logos Planetário. Se pedir, você pode entrar em contato com Sanat Kumara e Vywamus em meditação, e eu o incentivo decididamente a fazer isso.

Para os estudantes avançados, termino este capítulo incluindo um diagrama extraído da literatura teosófica. Ele vai um passo além, descrevendo a evolução de um Logos Solar. Ele mostra também os sete subplanos do plano cósmico físico e os sete planos cósmicos. Analisando-o, podemos compreender o Logos Planetário comparando-o com os Logos Cósmicos. Ele compara ainda as Mônadas Planetárias com as Mônadas Cósmicas. Não pretendo entender esse diagrama completamente; entretanto, ele nos dá uma idéia da infinitude e imensurabilidade de Deus.

EVOLUÇÃO DE UM LOGOS SOLAR

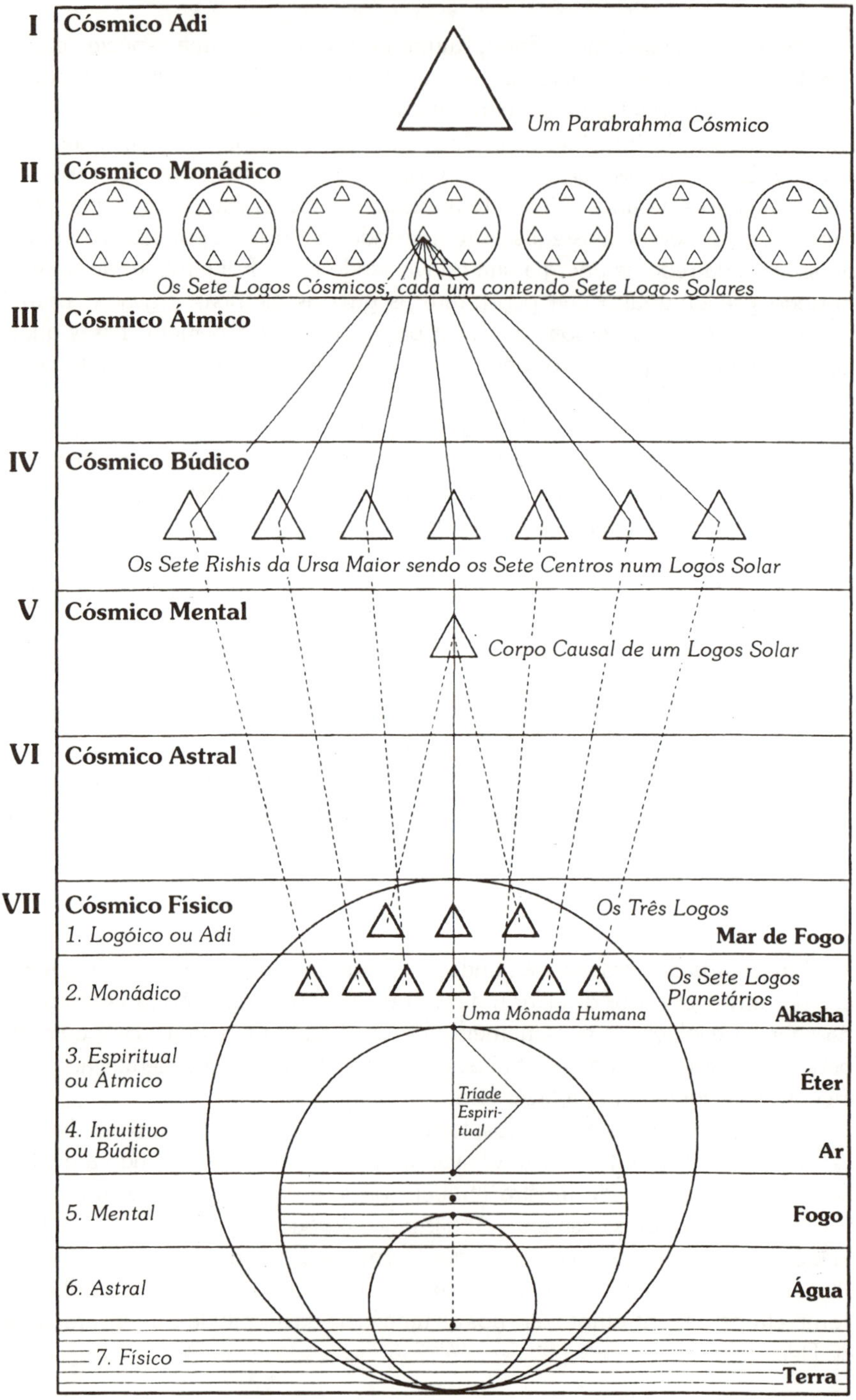

16

SANAT KUMARA E A HIERARQUIA PLANETÁRIA

Na casa de meu Pai há muitas moradas
Mestre Jesus

Neste capítulo, aprofundo o estudo sobre o nosso Logos Planetário, Sanat Kumara, e sobre a Hierarquia Planetária. Eu gostaria de começar com o Senhor do Mundo, o Ancião dos Dias, o Iniciador, o ser mais elevado de todo o sistema planetário, nosso Rei Espiritual e Diretor Divino, Sanat Kumara.

SANAT KUMARA

Há dezoito milhões e meio de anos, o Logos Planetário de nosso sistema da Terra, que é um dos sete espíritos que estão diante do trono, encarnou fisicamente com o nome de Sanat Kumara. Foi quem iniciou a Hierarquia Espiritual para este planeta.

Sanat Kumara veio de Vênus com outros três seres gloriosos. Antes de sua chegada, a Terra era um planeta muito escuro, com uma atmosfera densa e, espiritualmente falando, sem possibilidade de elevar suas energias. Sanat Kumara e seus irmãos Kumaras encarnaram em corpos etéricos, não em corpos físicos, e, desde então, permanecem na Terra.

Sanat Kumara é o maior de todos os avatares. Ele e seus três Kumaras, também conhecidos como os três Budas, moram em Shambala, um lugar que não está no plano físico. Pode-se comparar Shambala com a Casa Branca, nos Estados Unidos, porque é a sede do governo planetário. Shambala é tanto um local como um estado de consciência. É em Shambala que se realizam as reuniões do conselho, as quais incluem todos os membros da Hierarquia Espiritual que passaram pela quinta iniciação. A Hierarquia Espiritual é dirigida pelo Senhor Maitreya e é um departamento independente no governo espiritual. Sanat Kumara não é membro da Hierarquia.

Shambala representa o aspecto vontade do Criador. A Hierarquia Espiritual corresponde ao centro de amor/sabedoria do Criador. Sanat Kumara recebe as energias de Criador principalmente do Logos Solar, Hélio, como já expliquei.

A evolução da humanidade e de todos os seres da Terra — minerais, vegetais e animais — está sob a responsabilidade de Sanat Kumara. Seu corpo físico é, na verdade, o próprio planeta Terra. Todos nós, de certo modo, vivemos dentro de sua aura gloriosa. Todo o plano de evolução deste planeta está totalmente na sua mente. Sua aparência é a de um belo jovem. Geograficamente, Shambala localiza-se no Deserto de Gobi.

Os três Kumaras que ajudam Sanat Kumara são também chamados de Budas Pratyeka. Eles o ajudam no seu trabalho de conduzir a evolução deste planeta. A Hierarquia Espiritual, que se reporta a Sanat Kumara, muitas vezes se relaciona também com esses três Budas. Quando o conselho realiza suas reuniões em Shambala, os membros da Hierarquia participam com seus corpos etéricos ou, se preferirem, sintonizando-se em consciência.

Os mestres desse nível podem dividir sua consciência e estar em mais de um lugar ao mesmo tempo. Certa vez, perguntei a Djwhal Khul sobre isso. Eu sabia que ele canalizava por meio de muitas pessoas neste planeta, e então lhe perguntei o que aconteceria se todos os canais com que ele mantinha contato na Terra quisessem falar com ele às dez horas de domingo. De quantos modos ele poderia dividir sua consciência e, ainda assim, orientá-los de uma maneira clara e coerente? Djwhal respondeu que poderia realizar cinqüenta canalizações simultaneamente, mantendo a clareza. Disse-me também que Sanat Kumara e Vywamus podem dividir sua consciência em mil partes, simultaneamente. O que é ainda mais impressionante é que em uma dessas projeções Sanat Kumara pode abranger um Estado inteiro e saber tudo o que está acontecendo. Essa é a grandiosidade do ser que está conosco e que dirige a evolução da Terra.

É também Sanat Kumara que realiza a terceira, a quarta, a quinta e a sexta iniciação. Ele é, na verdade, um Logos Planetário jovem, se comparado aos Logos Planetários de outros planetas, mas é bem velho em experiência.

Em sua onipotência, onipresença e onisciência, Sanat Kumara formula diretrizes para os membros de Shambala e da Hierarquia. Os seres humanos, como seus representantes, executam essas diretrizes e as transmitem àqueles pelos quais são responsáveis.

Djwhal Khul contou-me uma história interessante que reflete o modo como isso funciona. Em sua ascensão, ao escolher um dos sete caminhos que levam à evolução superior, Djwhal havia optado pelo Caminho para Sírio. Sanat Kumara perguntou-lhe se ele abriria mão de sua ida para Sírio e o ajudaria em certas atividades necessárias no plano da Terra que ele estava desenvolvendo naquele momento. Djwhal concordou com a proposta de Sanat Kumara, e nós temos a felicidade de contar com sua presença aqui na Terra, trabalhando conosco e nos auxiliando.

Assim, Sanat Kumara pode ser denominado o "mentor" da evolução da

Terra. Ele é, literalmente, Deus para este planeta, assim como Hélio é o mentor e Deus para o sistema solar. Quero também deixar claro aqui que ele é responsável pela Hierarquia Planetária. É importante compreender, porém, que existem três hierarquias, distintas e independentes: uma Hierarquia Solar, uma Hierarquia Galáctica e uma Hierarquia Universal. Cada planeta tem seu próprio Logos Planetário e sua Hierarquia Planetária. Não é espantoso pensar que cada pessoa que está lendo este livro poderá um dia ser responsável pela evolução de um planeta? E num futuro ainda mais distante, ela poderia ter a seu cargo todo um sistema solar ou uma galáxia, se for esse o caminho cósmico de evolução que ela preferir.

Para Sanat Kumara, o que conta é a evolução global na Terra, e por isso sua visão está longe de ser individualista. Ele está atento ao desenvolvimento de seus iniciados, porém. É importante compreender ainda que Sanat Kumara está num processo evolutivo semelhante ao nosso. À medida que ele passa por suas iniciações cósmicas, ajuda a humanidade, e a humanidade o ajuda, à medida que ela passa por suas iniciações planetárias.

Sanat Kumara e a Hierarquia Planetária recebem energias do Logos Solar e da Hierarquia Solar, e estes, por sua vez, recebem suas energias do Logos Galáctico e da Hierarquia Galáctica. Esse processo continua retrocedendo até chegar ao próprio Deus. Em cada nível, as energias vão se reduzindo, à semelhança de uma escada. Se isso não acontecesse, as pessoas da Terra seriam queimadas por causa das elevadíssimas freqüências.

Um dos três Kumaras, um dos Budas, deixou recentemente a Hierarquia Planetária e retomou sua evolução cósmica. Seu nome é Sanaka Kumara, e foi substituído por alguém que era o Manu anterior no nosso governo. À medida que esses seres superiores continuam sua evolução cósmica, são os da Hierarquia e eventualmente os que estão na Terra que ocupam as posições vagas. Eles não podem partir até que alguém que esteja desenvolvido espiritualmente ocupe seu lugar. Assim, repito, eles são tão dependentes dos seres humanos quanto estes são dependentes deles. Trata-se de uma gigantesca cadeia de comando cósmica, sendo Deus nosso comandante e chefe último.

Num sistema solar precedente, Sanat Kumara e seus três Kumaras alcançaram aquilo que os habitantes da Terra e deste sistema solar estão tentando consumar agora. Em torno de Sanat Kumara, porém mais retirados e esotéricos, estão três outros Kumaras que eu ainda não mencionei. Temos assim sete Kumaras em nossa manifestação planetária.

Os três Kumaras esotéricos encarnam um tipo de energia que ainda não está em plena manifestação neste planeta. Cada um dos seis Kumaras é um agente distribuidor da energia e da força dos outros seis Logos Planetários. Sanat Kumara é um dos Logos Planetários. Através de cada Kumara passa a força vital de um dos seis raios. Sanat Kumara é o que sintetiza e personifica o sétimo tipo. Cada Kumara se distingue do outro por uma cor diferente. Sanat Kumara contém em si todo o espectro de cores planetário.

Os Kumaras também ajudam as almas de outros sistemas planetários a encarnar na Terra. Cada um está em comunicação direta com um dos planetas sagrados. (Alguns planetas do nosso sistema alcançaram, em seu processo evolutivo, a condição de planeta sagrado.)

Finalmente, de acordo com a astrologia solar e planetária, determinados Kumaras são mais ativos do que outros. Os três Budas da atividade, que são mais exotéricos, mudam de tempos em tempos e se tornam mais esotéricos, ou ocultos. Somente Sanat Kumara se mantém estável.

Os sete Kumaras são os sete seres autoconscientes mais elevados em nosso sistema solar. Eles se manifestam por intermédio de um planeta do mesmo modo que um ser humano se manifesta por meio de um corpo físico. Em essência, Sanat Kumara é o deus pessoal deste planeta. Devido aos grandes esforços de Sanat Kumara em favor do planeta Terra, ele está recebendo ajuda e energia de um membro da Hierarquia Universal. Esta é uma fonte extraordinariamente elevada que flui através dele para ajudar a Terra.

Agora, também preciso acrescentar aqui que acima de Sanat Kumara está Vywamus, que é, repito, o eu superior, ou o nível monádico de Sanat Kumara. Sanat Kumara recebe orientação de Vywamus, assim como os que estão na Terra recebem orientação de suas almas e mônadas. Vywamus é muito acessível à canalização através de pessoas que estão neste plano, pondo-se com freqüência à disposição delas. Ele é um psicólogo mestre e transmite muitas informações cósmicas que não estão disponíveis aos guias e instrutores comuns. Vywamus tem muitos livros e transcrições que podem ser obtidos na Light Technology Publishing e nas livrarias locais.

Outro grupo de seres sobre os quais muitos leitores já ouviram falar, mas que não foram mencionados até agora, são os Senhores do Karma. Esses Mestres se dedicam especificamente à evolução do reino humano. Seu objetivo é a distribuição do karma de acordo com o modo como ele afeta os indivíduos. Eles também tomam conta dos Registros Akáshicos. Na terminologia cristã, são conhecidos como os anjos registradores, e participam dos Conselhos Solares.

Cooperando com os Senhores do Karma estão grandes grupos de iniciados e de anjos que se ocupam com o correto ajuste do karma em todos os níveis. Eles também ajudam no processo de encarnação, levando as almas a encarnarem nas épocas e estações adequadas, de acordo com seus tipos de raio.

Do Criador emanam sete grandes raios de energia que são analisados detalhadamente no Capítulo 10. Para os objetivos deste capítulo, é importante compreender que esses sete raios ficam reduzidos através das Hierarquias Universal, Galáctica e Solar, de um forma gradual, para que se tornem utilizáveis no nível de desenvolvimento da Terra. Os demais membros das hierarquias se dividem em três departamentos principais e em quatro grupos secundários.

MANU: O PRIMEIRO RAIO

O primeiro raio está relacionado com o aspecto vontade do Criador. Esse departamento no governo espiritual é dirigido por um ser que ocupa uma posição conhecida como o Manu, título muito semelhante ao de presidente ou senador. O Mestre que ocupa essa posição atualmente, conforme fomos informados, é Alá Gobi, nomeado recentemente. O Manu anterior substituiu um dos Budas da Atividade ou Kumaras, possibilitando a Sanaka Kumara continuar sua evolução cósmica.

O Manu e seu trabalho não são acessíveis à humanidade. Se os seres humanos tivessem um grande conhecimento do Manu e do seu trabalho, muitas pessoas entrariam em sintonia com ele, distraindo-o assim do importante trabalho que ele está realizando. Sua atividade está estreitamente relacionada com o governo, com a política planetária e com a criação e extinção de raças-raízes. O Manu é o ser responsável pela vontade e pelo propósito do Logos Planetário. Ele também trabalha em estreita cooperação com os anjos construtores, e está envolvido com as mudanças na crosta terrestre. Ele e seus colaboradores procuram orientar as mentes dos homens de estado e políticos de todo o planeta.

Um dos assistentes do Manu é o Mestre El Morya, que é chamado de Chohan, ou Senhor do Primeiro Raio. Soubemos que El Morya será o sucessor do Manu, no futuro, quando Alá Gobi se afastar para prosseguir seu caminho evolutivo. Embora ainda conserve suas atribuições anteriores, a posição que El Morya ocupa atualmente lhe exige maior responsabilidade do que a precedente. Por esse motivo, ele não está ensinando no momento. Muitos alunos seus foram encaminhados ao Mestre Djwhal Khul, que, aliás, substitui muitos Mestres nessa função.

O primeiro raio está bem ativo atualmente, e em breve um jovem iniciado será treinado para assumir algumas incumbências anteriores de El Morya. Um outro Mestre muito envolvido com o primeiro raio é o Mestre Júpiter. Para ser honesto, sei muito pouco sobre ele; posso, porém, dizer que ele é um dos Mestres mais antigos e que está por aqui há muito tempo. Ele é um grande ser, e eu seria parcial se não o mencionasse.

O primeiro raio é catalítico, purificador e modificador. Sua função é demolir estruturas arcaicas e impulsioná-las a meios de expressão mais produtivos e práticos. Os que trabalham com este raio lidam com uma energia muito intensa, e são escolhidos exatamente devido à sua habilidade de trabalhar com energia.

CRISTO, O INSTRUTOR DO MUNDO: O SEGUNDO RAIO

O segundo raio está relacionado com o aspecto amor/sabedoria de Deus. Esse departamento do governo espiritual é dirigido por uma posição que recebe o nome Cristo, o Instrutor do Mundo, o Bodhisatva. O grande Mestre que dirige esse departamento é o Senhor Maitreya. Falei bastante sobre ele no capítulo sobre o reaparecimento do Cristo e a externalização da Hierarquia (Capítulo 11), já que, no momento, ele está encarnado fisicamente neste planeta. Por isso, não serei repetitivo além do necessário. Direi, sim, que ele é o grande Senhor do Amor e da Compaixão. Ele preside os destinos da humanidade desde 600 a.C. Seu antecessor foi o Buda Gautama.

A energia do segundo departamento flui através do Senhor Maitreya, depois de dispensada pelo Logos Planetário, Sanat Kumara. O Senhor Maitreya tem o compromisso de dirigir os destinos espirituais dos homens. É sua incumbência ajudar todas as extensões de alma na Terra a alcançar a realização em Deus e a libertação. Ele trabalha próximo ao Manu e ao Mahachohan (terceiro departamento). O segundo departamento também tem atribuições relacionadas com o aspecto ensino e educação da humanidade.

O Mestre Kuthumi é o principal assistente do Senhor Maitreya. Repito que o Mestre Kuthumi está na linha de sucessão do Senhor Maitreya quando este der prosseguimento à sua evolução cósmica. Djwhal Khul é o assistente sênior de Kuthumi. Mestre Kuthumi é muito conhecido e dirige um grande ashram, tendo muitos alunos sob sua orientação. Djwhal Khul foi assumindo a orientação de muitos desses alunos à medida que Mestre Kuthumi acumulava maiores responsabilidades. Mestre Kuthumi é um dos grandes Mestres envolvidos com o processo de externalização de muitos Mestres na Terra atualmente.

Muitas grandes mudanças na Terra são resultado direto das energias reunidas de Sanat Kumara, do Buda, do Senhor Maitreya e de Mestre Kuthumi. O Mestre El Morya também está em contato constante com o Senhor Maitreya e com Mestre Kuthumi. O Mestre Djwhal Khul também assumiu mais e maiores responsabilidades, embora tenha dois mestres jovens ajudando-o em seu trabalho. Mestre Kuthumi também é chamado de Chohan ou Senhor do Segundo Raio, uma posição inferior à do Senhor Maitreya, embora atualmente ambos estejam quase no mesmo nível de igualdade. O segundo raio é o raio dos grandes instrutores do mundo.

MAHACHOHAN, O SENHOR DA CIVILIZAÇÃO: O TERCEIRO RAIO

O terceiro raio trata da qualidade da inteligência ativa. Esse departamento do governo espiritual é dirigido por uma posição denominada Mahachohan. O nome do Mestre que atualmente ocupa essa posição não foi divulgado. O que sabemos é que o Mahachohan atual não é o mesmo que dirigia o departamento na constituição da Hierarquia há dezoito milhões e quinhentos mil anos. Naquele tempo, a função era exercida por um dos seis Kumaras que encarnaram etericamente com Sanat Kumara. Ele assumiu o cargo durante a segunda sub-raça da raça-raiz atlante (ver Capítulo 1).

O trabalho do Mahachohan está relacionado com o desabrochar do princípio da inteligência no planeta Terra. O Mahachohan representa o aspecto inteligência da divindade, sendo por isso chamado também de Senhor da Civilização. O Mahachohan instiga o mundo a prosseguir em seu caminho de evolução.

O Mahachohan opera com a energia de um modo muito concreto. Sua ação consiste em fazer com que as coisas aconteçam, mas sempre firmes sobre uma base. Ele se manifesta no plano terrestre com a vontade do Criador. Os dois primeiros departamentos também fazem isso, mas não de uma maneira concreta. O Mahachoan manipula as forças da natureza e é em grande parte a fonte da energia elétrica como os humanos a conhecem. A energia flui para ele desde o centro da garganta do Logos Planetário.

Esses três grandes departamentos representam os aspectos vontade, amor e inteligência do Logos Planetário. Poderíamos também chamá-los de governo, religião e civilização. Um terceiro modo de ver essa questão seria dizer que temos a manifestação física das raças-raízes, o aspecto amor e a mente do Logos Planetário operando fisicamente.

O trabalho e as responsabilidades do Mahachohan e do terceiro departamento aumentaram consideravelmente, obrigando Sanat Kumara e seus colaboradores a reestruturar esse departamento recentemente. O Mahachohan assumiu uma posição mais próxima a Sanat Kumara, e os demais integrantes do departamento subiram na hierarquia preenchendo os cargos vagos.

Como conseqüência dessa alteração, o Mestre Serápis Bey teve suas responsabilidades aumentadas, embora ele ainda continue com parte do seu trabalho anterior como chefe do quarto departamento. Os Mestres que estão envolvidos com o trabalho deste terceiro raio têm uma forte característica de adaptação. Essa qualidade os ajuda a desenvolver um bom trabalho com as pessoas e a ser "tudo para todos," como disse São Paulo. Esses Mestres têm uma grande sensibilidade e uma capacidade rara para fazer as coisas certas no momento certo. A astrologia mantém uma ligação muito forte com esse raio. O Mestre Serápis Bey desenvolve ainda um trabalho muito grande com a evolução dévica ou angélica. Ele é um Mestre muito capaz, realizando o trabalho do Mahachohan de forma admirável.

O Mahachohan recebe diretrizes do Cristo, dos Budas da Atividade (Kumaras) e, naturalmente, de Sanat Kumara. O Mahachohan também recebe energia diretamente do Logos Solar e do Mahachohan do seu terceiro raio no nível da Hierarquia Solar. Do Mahachohan, essa energia flui para Serápis Bey, para o Cristo, para o Manu e dele para todas as direções.

O departamento do Mahachohan está dividido em cinco seções. Além do próprio departamento do terceiro raio, estão sob a liderança do Mahachohan e do terceiro departamento os raios quatro, cinco, seis e sete e os seus respectivos departamentos. O Mestre Serápis Bey dirigiu anteriormente o quarto raio e seu departamento; agora, essa função está sendo exercida pelo Mestre Paulo, uma vez que Serápis Bey foi para o terceiro departamento. O quinto raio e seu departamento são dirigidos pelo Mestre Hilarion. O sexto raio e seu departamento são dirigidos pelo Mestre Jesus. O sétimo raio e seu departamento são dirigidos por Saint Germain.

Saliento novamente que esses raios e departamentos são secundários, e todos trabalham sob a autoridade do Mahachohan. Pode-se ver que o Mahachohan é um Mestre muito ocupado, com um trabalho imensamente importante a realizar. O grande Mestre que está na linha de sucessão para ocupar esse cargo quando o atual Mahachohan se desobrigar para continuar sua evolução cósmica é Saint Germain.

Saint Germain deixará a direção do sétimo raio para assumir essa importante posição. Muitos cargos foram oferecidos a Saint Germain por outros governos espirituais de outros sistemas planetários. Pode parecer estranho que isso aconteça, mas o fato é que outros sistemas solares podem fazer ofertas espirituais de posições excelentes para Mestres sobre os quais ouviram falar ou com quem trabalham. Tudo isso se assemelha muito ao mundo dos negócios na Terra, onde observamos que altos executivos de uma empresa recebem ofertas de emprego de outras companhias.

Sendo o Mestre extraordinariamente competente que é, Saint Germain decidiu não aceitar as muitas e importantes atribuições espirituais que lhe foram oferecidas; em vez disso, ele resolveu continuar trabalhando na evolução da Terra. A Terra tem muita sorte em poder contar com ele.

As extraordinárias vidas passadas de Saint Germain tiveram um impacto enorme na evolução deste planeta. Saint Germain está atualmente muito ocupado com as energias do sétimo raio que estão sendo derramadas sobre este planeta. Os quatro departamentos subsidiários do terceiro departamento recebem energia do Mahachohan. Mas eles recebem também energia do segundo e do primeiro departamentos. O trabalho do Mahachohan aumenta sempre que uma civilização atinge um ponto crítico, como esse em que o planeta Terra se encontra agora. Os raios que atualmente recebem maior destaque neste planeta são o primeiro, o segundo e o sétimo, sendo que o sétimo está sob a responsabilidade do terceiro departamento.

O Mahachohan tem grandes responsabilidades e não está disponível para contatos pessoais na Terra. Serápis Bey é uma espécie de administrador da energia que ele recebe do Mahachohan. Assim que a recebe, ele a distribui onde ela for necessária. O terceiro raio é muito prático em sua forma e em seu método, superando em muito os demais departamentos, nesse sentido. Serápis Bey está muito atarefado ajudando o Mahachohan a supervisionar o quarto, o quinto, o sexto e o sétimo raios e os Mestres que os dirigem.

O QUARTO RAIO E O QUARTO DEPARTAMENTO

O quarto raio e o quarto departamento estão sob os cuidados do Mahachohan e do terceiro departamento. Esse raio está relacionado com a harmonia através do conflito, e o seu Chohan é o Mestre Paulo, o Veneziano, que anteriormente dirigiu o terceiro departamento. Seu campo de trabalho mais intensivo atualmente é o das artes.

A Terra está recebendo uma visão totalmente nova. Por exemplo, na música, muito em breve as pessoas terão condições de sentir exatamente o que o compositor quis transmitir. Isso é bem diferente de apenas ouvir música. As pessoas poderão quase tornar-se parte da música. No passado, elas, em sua grande maioria, estiveram afastadas dessa arte; no futuro, poderão senti-la em toda a sua plenitude.

O mesmo se aplica às artes visuais. As pessoas poderão compreender perfeitamente o que o artista quis retratar. No passado, um sem-número de artistas viveram uma vida frustrada por não terem conseguido transmitir sua mensagem e todo o significado de sua arte de forma compreensível.

O aspecto inferior do quarto raio cria o conflito, enquanto seu aspecto superior cria a harmonia. Há um outro Mestre que aparentemente trabalha sob a orientação de Paulo, o Veneziano, e que ascensionou recentemente, também ele chamado Paulo. Sua atividade principal está voltada para os reinos angélico e dévico. Tudo indica que o arcanjo Gabriel é como um irmão de Mestre Paulo. Esse arcanjo também está relacionado com as artes, mas da perspectiva do reino angelical.

Paulo, o Veneziano, reporta-se diretamente ao Senhor Maitreya e ao Mestre Serápis Bey. No nível dos Mestres Ascensionados, este raio é sempre harmonioso, mas pode gerar o conflito quando chega à Terra e as personalidades se envolvem com ele. O quarto departamento também trata da divulgação de certos tipos de informação sobre a Hierarquia através dos sentidos. As pessoas muito ligadas a este raio só serão felizes se levarem a beleza para o seu meio ambiente.

O QUINTO RAIO E O QUINTO DEPARTAMENTO

O quinto raio e o quinto departamento tratam do conhecimento concreto e da ciência. O Chohan desse raio é Mestre Hilarião. Muitos de vocês talvez o conheçam através do livro ocultista que ele canalizou, intitulado *Light on the Path*. Esse departamento também está sob o patrocínio do Mahachohan e do terceiro departamento, e seu compromisso maior é com o surgimento da Nova Era. Isso é feito aprendendo a usar a área da mente de uma maneira cada vez mais vigorosa e produtiva. Hilarião divide sua responsabilidade com um Mestre que poucas vezes é mencionado, de nome Marko. Esse departamento põe em evidência a capacidade mental. Os Mestres que nele atuam são capazes de dividir sua consciência e direcioná-la a muitas partes ao mesmo tempo e ainda mais do que em outros departamentos devido a essa atividade mental.

Mestre Hilarião não aceita mais muitos alunos porque ele está atarefado com o trabalho de manifestação da Nova Era. Ele faz isso mantendo padrões de energia superior sob intensa concentração mental. Há um padrão triangular especial que vai dos três Budas até o Manu, deste ao quinto departamento e ao Mestre Hilarião daí retornando à origem. Mestre Marko assumiu muitos encargos antes atribuídos a Hilarião. Os Mestres dessa área são muito criativos no uso das energias mentais superiores.

São da responsabilidade de Mestre Marko todas as pesquisas científicas que estão em andamento no mundo atualmente. Muitas invenções científicas da Terra são antes criadas no plano interior e depois, de alguma maneira, são canalizadas através de cientistas; às vezes o cientista nem mesmo tem consciência de que esse processo está em andamento.

Mestre Marko concordou em ajudar a fortalecer as capacidades mental e mental superior se a pessoa o invocar pelo nome. Você pode invocá-lo na meditação usando a cor laranja, que pode ajudá-lo a harmonizar-se com esse departamento. Parte deste trabalho consiste também em ajudar a humanidade a entrar em sintonia com a mente intuitiva e com a mente científica concreta. Mestre Hilarião também estimula toda pesquisa psíquica, e foi com ele e com seu trabalho que o movimento espiritualista começou. Ele observa todos os médiuns de nível elevado e os ajuda a desenvolver seus poderes para o serviço da humanidade.

O SEXTO RAIO E O SEXTO DEPARTAMENTO

O sexto raio e seu departamento tratam do idealismo abstrato e da devoção. O Chohan desse departamento é o Mestre Jesus. Seus alunos freqüentemente se sobressaem por seu fanatismo e pela lealdade aos seus ideais, como aconteceu com os mártires cristãos do passado.

Djwhal Khul descreve Jesus como uma figura marcial, com muita força, vontade e decisão, um disciplinador rigoroso, embora a serviço do amor. Esse departamento vem orientando a religião cristã desde o seu início. Grande parte do seu esforço atualmente está voltado à integração e à união das escolas de pensamento e das religiões ocidentais e orientais. Jesus está particularmente qualificado para esse trabalho uma vez que, na sua passagem pela Terra, na Palestina, ele estudou no Oriente durante os dezoito anos "desconhecidos" que a Bíblia não explica. O sexto departamento está numa fase de transição, porque o sexto raio está saindo, num sentido planetário, e sendo substituído pelo sétimo raio que vem entrando. O sexto departamento está terminando o trabalho desse raio de uma maneira muito diligente enquanto entramos na Era de Aquário.

Os membros desse departamento têm um trabalho complicado porque precisam terminar o que estão fazendo no sexto raio e ao mesmo tempo preparar o ambiente para que o novo trabalho se instale. Além de trabalhar para a integração das religiões do mundo, o sexto departamento também está envolvido com o reino dévico ou angélico.

O Mestre Jesus trabalha com poucos alunos atualmente porque o Senhor Maitreya depende dele para muitos projetos na Terra. Alguns alunos ainda recebem instruções, mas a maioria já foi transferida para o grande sétimo departamento, uma vez que ele está assumindo agora mais responsabilidades.

Jesus atua especialmente junto às multidões, e está trabalhando muito para preparar as massas para a próxima declaração do Senhor Maitreya. Além disso, ele vem fazendo todo o esforço para neutralizar ao máximo os erros e equívocos dos teólogos da igreja na interpretação dos seus ensinamentos.

O sexto raio é o raio dos santos e dos místicos de todas as religiões. Jesus e o sexto departamento trabalham sob a orientação do Mahachohan e do terceiro departamento. Um dos objetivos desse departamento é a criação de uma religião mundial que integre todos os caminhos e os considere válidos na jornada que conduz a Deus. Jesus está trabalhando também para tirar a humanidade do atoleiro do medo e da desconfiança de si mesma, de modo a despertar a consciência do Cristo em todos os seres. Ele também persegue incansavelmente a união entre a ciência e a religião, esperando que ela neutralize a atitude extremamente materialista de tantas pessoas neste mundo.

O SÉTIMO RAIO E O SÉTIMO DEPARTAMENTO

O sétimo raio e seu departamento também estão subordinados ao Mahachohan e ao terceiro departamento. Eles tratam da magia e da ordem cerimonial, e são dirigidos pelo Mestre Saint Germain, também conhecido pelo nome de Mestre Rakoszi. Este departamento é extremamente importante devido à aproximação da Era de Aquário. À medida que a Era de Aquário entra em sua manifestação plena, as responsabilidades de Saint Germain aumentam redobradamente.

O sétimo raio também atua no sentido de difundir os cinco raios superiores que entraram em manifestação na década de 1970. Refiro-me aos raios oito, nove, dez, onze e doze. (Ver Capítulo 10.) Essas energias procedem de Sanat Kumara e chegam à Terra através de Shambala, de onde são então direcionadas para o sétimo departamento. Saint Germain trabalha muito com a magia cerimonial e utiliza os serviços dos grandes anjos. Ele é o administrador da loja dos Mestres no que diz respeito ao trabalho na Europa e na América, onde ele executa os planos elaborados pelo conselho interno do Cristo.

Seu maior interesse concentra-se nas questões raciais da Europa e na expansão mental dos povos da América e da Austrália. Faz parte do seu trabalho ajudar a concretizar a nova civilização da Nova Era. Na realidade, Saint Germain é um ser muito maior do que o Saint Germain da fase de desenvolvimento, com o qual a maioria das pessoas está familiarizada. Sua competência rendeu-lhe o direito de ir para onde ele bem entender e até de deixar a Hierarquia da Terra, se assim o desejar. Como mencionei anteriormente, ele já recebeu ofertas de emprego em redes de governo muito maiores.

No momento, dois Mestres desconhecidos estão sendo treinados para assumir muitas das responsabilidades de Saint Germain. Muitos alunos de Saint Germain estão sendo treinados atualmente por esses dois Mestres desconhecidos. Eles são desconhecidos no sentido de que a Hierarquia considera inapropriado divulgar seus nomes neste momento.

17

DEUS E A HIERARQUIA CÓSMICA

Só quem compreende a si mesmo
pode compreender o que
chamamos de Deus
Djwhal Khul
canalizado por Alice Bailey

Para o pensamento metafísico esotérico existem sete grandes dimensões da realidade pelas quais passamos como extensões de alma encarnadas na Terra. São elas:

1. O plano físico
2. O plano astral
3. O plano mental
4. O plano búdico
5. O plano átmico
6. O plano monádico
7. O plano logóico

A HIERARQUIA PLANETÁRIA

Sempre que passamos por uma das sete iniciações principais, damos um passo à frente na direção do nosso nível de sintonia com o plano correspondente e da nossa estabilização naquela sintonia. A primeira iniciação se relaciona com o domínio físico; a segunda, com o domínio astral; a terceira, com o domínio mental. A quarta iniciação nos leva ao plano búdico, a quinta, ao plano átmico e a sexta, ao plano monádico e à ascensão. Na sétima, unimo-nos com o Logos Planetário no plano logóico.

Os Mestres com os quais estamos ligados — como Jesus, Djwhal Khul, Saint Germain, Kuthumi, El Morya, Hilarião, Serápis Bey, Paulo, o Veneziano, Buda e o Senhor Maitreya — são Mestres desses planos e merecem o nosso maior respeito e admiração.

É importante compreender, entretanto, que eles só são Mestres na dimensão que conhecemos como plano cósmico físico. As dimensões da realidade acima mencionadas são apenas os sete subplanos do plano cósmico físico e, assim, constituem-se somente numa pequena fração dos sete planos cósmicos.

Os sete planos cósmicos são:

1. O plano cósmico físico
2. O plano cósmico astral
3. O plano cósmico mental
4. O plano cósmico búdico
5. O plano cósmico átmico
6. O plano cósmico monádico
7. O plano cósmico logóico

Na realidade, existem nove níveis de iniciação nos sete subplanos do plano cósmico físico. A libertação da roda de renascimentos é a quarta iniciação. A ascensão é a sexta iniciação. A iniciação mais elevada que podemos receber neste plano terrestre é a sétima. No estado ascensionado, seremos capazes de receber mais duas iniciações que nos levarão à nona iniciação. Depois de passar pela nona iniciação, deixamos os sete subplanos do plano cósmico físico. Começaremos, então, nossa evolução espiritual pelos demais seis planos cósmicos.

Vywamus — o aspecto superior do nosso Logos Planetário, Sanat Kumara — comparou a passagem pelas nove primeiras iniciações com uma régua de trinta centímetros. Se essa régua representa a expansão total das sete dimensões cósmicas da realidade, que nos conduzem a Deus, ou à Divindade, então os nove décimos de nossa evolução como extensões de alma estão além das dimensões pelas quais estamos passando atualmente. Em outras palavras, os grandes Mestres pelos quais temos o maior respeito e admiração percorreram apenas três centímetros dessa régua de trinta centímetros. Eles são Mestres planetários, mas não são Mestres cósmicos, e estão apenas começando sua evolução cósmica. Isso mostra a incrível grandeza e infinitude de Deus e de Sua criação.

UMA BREVE COSMOLOGIA DA BASE AO TOPO

Tentarei apresentar a seguir uma breve cosmologia da evolução humana, desde os estágios iniciais até Deus, que criou todas as coisas e de quem tudo procede. (Ver diagrama na página seguinte.)

No ponto mais baixo da evolução humana, no plano cósmico físico, está a extensão de alma, totalmente identificada com a matéria; tamanha é essa identificação, que ela não tem nenhuma ligação consciente com sua alma. Esse estado de consciência pode continuar por um sem-número de existências, até que a extensão de alma comece a despertar, entre no caminho da provação e se torne o que se pode chamar de aspirante espiritual. Esse processo continua até que a extensão de alma comece a exercer o domínio sobre seu corpo e veículo físico, o direcione para o objetivo da alma e passe pela primeira iniciação. A extensão de alma pode então ser chamada de discípulo.

DEUS
Hyos Ha Koidesh

(Os Sete Elohim Poderosos)

Sete Planos Cósmicos

Os Elohim
1. Hércules
   Amazônia
2. Apolo
   Lúmina
3. Heros
   Amora
4. Pureza
   Astrea
5. Ciclópia
   Virgínia
6. Paz
   Aloha
7. Arturos
   Vitória

O Conselho Co-criador dos Doze
24 Anciãos diante do Trono
(Filhos do Paraíso) — Nível Co-criador
— (Deuses co-criadores)
Metatron
Logos Universal
Logos Galáctico
Melquior

(Sete Grandes Seres que animam as Sete Estrelas da Ursa Maior)

Logos da Ursa Maior

Logos de Sírio

Logos Solar — Hélio

Vywamus
Sete Logos Planetários
Três Espíritos Planetários

Logos Planetário

(Os Sete Arcanjos Poderosos)

Sete Planos Cósmicos

Os Arcanjos
1. Miguel
   Fé
2. Jofiel
   Cristina
3. Samuel
   Caridade
4. Gabriel
   Esperança
5. Rafael
   Mãe Maria
6. Uriel
   Aurora
7. Zadekiel
   Ametista

Os Senhores do Karma
Quan Yin, Palas Atena
Deusa da Liberdade

O Senhor do Mundo
Sanat Kumara

Os Senhores do Karma
Pórcia, Vista, Superintendente Mestra Nada, a Grande Diretora Divina

Os Seis Kumaras
(Budas da Atividade)

1. Manu
Alá Gobi

2. Cargo do Cristo
Senhor Maitreya

3. Mahachohan
St. Germain, a ocupar o cargo em breve

Chohan — El Morya

Chohan — Kuthumi

Chohan — Serápis Bey

Senhor do Quarto Raio
Mestre Paulo, o Veneziano

Senhor do Quinto Raio
Hilarião

Senhor do Sexto Raio
Jesus

Senhor do Sétimo Raio
Saint Germain

Mestre Ascensionado	–	Sexta Iniciação
Adepto	–	Quinta Iniciação
Arhat	–	Quarta Iniciação
Iniciado	–	Terceira Iniciação
Discípulo	–	Primeira e Segunda Iniciações
Aspirante Espiritual	–	Caminho Probatório
Humanidade em geral que está inconsciente de sua ligação com a alma	–	Ainda não entrou no caminho

Reino Mineral

Reino Vegetal

Reino Animal

A extensão de alma começa a dominar seus sentimentos, suas emoções e desejos a serviço da alma e passa pela segunda iniciação. O mesmo processo acontece em relação ao corpo mental, e, portanto, em relação à personalidade tríplice, e passa pela terceira iniciação. Ela alcança a fusão com sua alma e se torna um iniciado.

Continuando a evoluir, a extensão de alma passa pela quarta iniciação, concluindo a formação do corpo causal (ou corpo da alma), e alcança a libertação da roda de renascimentos. O corpo causal entra em combustão, e a alma, que foi o instrutor e guia da extensão de alma através de todas as suas encarnações, volta a unir-se à mônada. A mônada, o espírito, o Eu Sou, o Pai do Céu se torna o guia e instrutor. A extensão de alma é agora considerada um Mestre de Sabedoria e Senhor de Compaixão, e é chamada de arhat.

O arhat continua a evoluir e passa pela quinta iniciação, relacionada com a fusão com a mônada, o espírito, o Eu Sou, o Pai do Céu. A pessoa agora recebe o nome de adepto, um Mestre qualificado.

O adepto continua a evoluir e passa pela sexta iniciação, a qual conduz à ressurreição ou ascensão. Seus corpos e veículos são totalmente transformados em Luz, e a mônada entra no sistema de quatro corpos. O Mestre Ascensionado pode, então, decidir se prefere ficar no plano físico e continuar seu serviço ou se volta para o mundo espiritual. É também nessa iniciação que o Mestre Ascensionado escolhe um dos sete caminhos de evolução superior que ele quer trilhar para realizar seu destino cósmico.

O Mestre Ascensionado continua a evoluir e passa pela sétima iniciação, relacionada com a fusão na vontade do Logos Planetário e com o plano logóico. Com isso ele chega ao nível de iniciação mais elevado que pode ser alcançado no plano terrestre.

Acima dos Mestres Ascencionados, temos três posições ou postos no governo espiritual relacionados com os sete grandes raios que emanam do Criador. Presidindo o primeiro raio em nossa Hierarquia Planetária está uma posição chamada Manu, que não é uma pessoa, mas um título, como o de presidente. O ser que ocupa essa posição, atualmente, é um grande Mestre de nome Alá Gobi. Abaixo dele está o Chohan ou Senhor do primeiro raio que, no momento, é El Morya.

Na Hierarquia Planetária, o segundo raio é dirigido pela posição chamada de Cargo do Cristo. O ser que ocupa esse cargo é o Senhor Maitreya. O Chohan ou Senhor do raio, que trabalha sob a direção do Senhor Maitreya, é o Mestre Kuthumi.

Na direção do terceiro raio e do terceiro departamento está a posição denominada Mahachohan. Não sei o nome da pessoa que ocupa essa posição atualmente. Entretanto, sei que Saint Germain ocupará esse cargo muito em breve. O Chohan ou Senhor desse raio, que trabalha sob o Mahachohan, é o Mestre Serápis Bey.

Derivando do terceiro departamento, encontramos mais quatro raios de energia e posições no governo espiritual, os quais são presididos pelos seguintes Mestres: quarto raio, Mestre Paulo, o Veneziano; quinto raio, Mestre Hilarião;

sexto raio, Mestre Jesus, e sétimo raio, Mestre Saint Germain. Os dirigentes dos raios geralmente são chamados de Senhores ou Chohans dos raios. No próximo capítulo, abordarei em maior profundidade as ações internas da Hierarquia Planetária, bastando para os objetivos do momento esta exposição mais ampla.

Acima desses departamentos, em Shambala, está a função de Logos Planetário, exercida por Sanat Kumara. Ele é o Senhor do Mundo e o ser mais elevado em todo o nosso sistema planetário, cabendo a ele a responsabilidade por todos os aspectos da evolução referentes aos reinos deste planeta.

Abaixo dele estão os que são denominados Três Kumaras ou Budas da Atividade, que ajudam Sanat Kumara em sua tarefa. Há também três Kumaras ou Budas esotéricos ou ocultos. Esses sete seres autoconscientes são os mais elevados do nosso sistema planetário. No próximo capítulo, darei mais detalhes sobre a natureza das atividades dos sete Kumaras.

Logo abaixo deles, temos mais quatro seres que o pensamento esotérico conhece como os Senhores do Karma. Eles são responsáveis pela dispensação de karma para a raça humana. (Estou movendo-me para cima, e devo salientar que esta apresentação é bastante simplificada.)

A seguir temos os Três Espíritos Planetários, a trindade formada pelo Logos, pelo Cristo e pela Hierarquia em seus aspectos superiores. Como a personalidade é subserviente à alma, e esta é subserviente à mônada, assim também as mônadas em operação no nosso sistema planetário são subservientes aos Três Espíritos Planetários.

Acima deles estão os sete Logos Planetários. Esses sete seres são responsáveis pela evolução da Terra, sendo Sanat Kumara o único encarnado fisicamente. Os sete Logos Planetários servem como sete seres no âmbito de um ser maior que é o Logos Solar.

Acima dos sete Logos Planetários está Vywamus, o eu superior ou o nível monádico superior de Sanat Kumara. Foi Vywamus que iniciou a Fundação Tibetana, juntamente com Djwhal Khul. Esse é um ser glorioso, de inteligência cósmica. A humanidade pode se considerar feliz por contar com sua orientação na Terra.

Acima de Vywamus está o Logos Solar, Hélio, o ser que envolve todo o sistema solar, do mesmo modo que Sanat Kumara abrange todo o planeta Terra. Sanat Kumara e o planeta Terra se assemelham a um chakra no corpo de Hélio, que está ancorado no Sol e é responsável pela evolução de todo o sistema solar.

Entre o Logos Solar e o Logos Galáctico há um processo e uma organização muito interessantes de seres cósmicos. Acima do Logos Solar está o Logos do sistema estelar de Sírio, e acima do Logos de Sírio está o Logos do sistema estelar da Ursa Maior.

O relacionamento desses três seres pode ser comparado com o relacionamento entre a mônada, a alma e a personalidade. Como a alma orienta a personalidade na Terra, e a mônada orienta a alma, assim também o Logos de Sírio orienta o Logos Solar, e o Logos da Ursa Maior orienta o Logos de Sírio. Novamente temos a lei hermética em ação: "Como dentro, assim fora; como em cima, assim embaixo." Acima do Logos da Ursa Maior temos os Sete Grandes Seres, que animam as sete estrelas do sistema estelar da Ursa Maior.

Os sete raios que influenciam a Terra são em parte expressão dos Sete Grandes Seres que animam essas sete estrelas.

Elevando-se, expandindo-se ainda mais, a pessoa chega ao Logos Galáctico, cujo nome ainda não foi divulgado. Entretanto, o nome do dirigente do nosso quadrante galáctico é Melquior. Esse ser é responsável pela galáxia da Via Láctea, da qual a Terra faz parte.

Acima dele está o Logos Universal, também sem identificação. Esse ser glorioso, porém, encarna e é responsável por todo o universo.

No topo da criação está o nível co-criador, constituído pelos Mestres que percorreram todo o caminho de retorno à Fonte, ou Deus. Eles poderiam ser chamados de Mestres Ascensionados Cósmicos, não apenas de Mestres Ascensionados Planetários. Eles voltaram ao plano cósmico logóico de existência.

Aparentemente, no nível supremo está o que Vywamus chamou de Conselho Co-criador dos Doze. Em nosso nível de evolução, não creio que seja sequer possível imaginar o que eles fazem e quais são suas responsabilidades; entretanto, sei que esse Conselho existe realmente.

À direita de Deus estão os chamados Elohim, ou deuses criadores. Quando Deus criou o universo infinito, Ele também criou os Elohim, ou deuses criadores, para ajudá-Lo. Algumas escolas se referem a esses seres como os atributos do pensamento de Deus, e a Bíblia os cita mais de duas mil e quinhentas vezes. Eles formam um reino de seres diferentes do reino humano. Os ensinamentos Eu Sou de Saint Germain dão os nomes dos sete poderosos Elohim que estão ligados com os sete grandes raios de Deus. Alguns deles são bastante interessantes. Cada raio tem um Elohim masculino e seu complemento feminino.

Elohim do Primeiro Raio:	Hércules e Amazônia
Elohim do Segundo Raio:	Apolo e Lúmina
Elohim do Terceiro Raio:	Heros e Amora
Elohim do Quarto Raio:	Pureza e Astrea
Elohim do Quinto Raio:	Ciclópia e Virgínia
Elohim do Sexto Raio:	Paz e Aloha
Elohim do Sétimo Raio:	Arcturo e Vitória

METATRON

Acima do Logos Universal está Metatron, um arcanjo que, segundo os ensinamentos cabalísticos, está também no topo da árvore da vida. Em *As Chaves de Enoch*, ele é mencionado como "A Túnica de Shaddai" e é a manifestação visível da Divindade do Pai. Ele é o Todo-poderoso Senhor Eterno e a Voz Divina do Pai, Criador dos mundos exteriores, mestre e guia de Enoch e criador das Chaves de Enoch. Metatron é o criador do elétron e o representante da Fonte. Ele ajudou a construir a Grande Pirâmide de Gizé e a revestiu com a pureza exigida por aquela área de altas vibrações. Ministra aulas nos planos interiores, especialmente sobre o uso da Luz na manifestação física para elevar a consciência.

Acima desse nível estão os Filhos do Paraíso. Esses são definidos em *As Chaves de Enoch* como os Filhos de Deus que detêm a autoridade do ensino espiritual sobre os Conselhos dos Elohim e que governam vários Universos-Filhos coletivamente. Os Deuses Co-criadores são os Filhos e Filhas de Deus que retornaram a Ele no nível cósmico mais elevado. Esses Deuses Co-criadores nunca saíram de Deus ou então retornaram a Ele. Os vinte e quatro Anciãos diante do Trono sentam-se na presença de Deus no nível mais elevado, permutando periodicamente sua incumbência e sua glória com outros Mestres. Eles controlam vinte e quatro tronos e dominações que administram a lei do controle central por meio dos Conselhos de Luz para todos os universos que reconhecem Deus.

Os Hyos Ha Koidesh são os mais elevados servos de Deus. Esses Senhores servem ao plano infinito de criação do Pai, trabalhando com as formas trinitárias com que o Pai se apresenta. Segundo *As Chaves de Enoch*, eles formam uma Hierarquia que não evolui. Quando perguntei a Djwhal Khul sobre os Hyos Ha Koidesh, ele respondeu-me que se pode compará-los com os Deuses Co-criadores.

À esquerda de Deus estão os chamados arcanjos, extensões diretas do Criador que pertencem a um reino diferente do humano. Eles não têm um livre-arbítrio como o dos seres humanos. Quando os homens rezam a Deus, não é Deus que vem pessoalmente; Ele manda Seus anjos. Como acontece com os Elohim, há Sete Grandes Arcanjos dos Sete Grandes Raios de Deus. Cada arcanjo tem um complemento feminino.

Arcanjo do Primeiro Raio:	Miguel e Fé
Arcanjo do Segundo Raio:	Jofiel e Cristina
Arcanjo do Terceiro Raio:	Chamuel e Caridade
Arcanjo do Quarto Raio:	Gabriel e Esperança
Arcanjo do Quinto Raio:	Rafael e Mãe Maria
Arcanjo do Sexto Raio:	Uriel e Aurora
Arcanjo do Sétimo Raio:	Zadekiel e Ametista

Os anjos são seres extraordinários. No futuro, eles estarão muito mais envolvidos com a evolução da Terra. Eles já têm esse envolvimento, mas, no futuro, estarão muito mais abertos, e as pessoas em geral terão uma percepção maior de sua presença.

No ponto mais elevado da criação, no mais alto imaginável, está a Causa Primeira, o Deus Pai-Mãe Celestial, a Presença Amada. Tudo veio de Deus, e a Deus tudo retornará, pois esse é o Plano Divino. Todos os seres que mencionei neste capítulo e todos os que omiti são extensões desse único e vasto Ser Infinito que abrange tudo na totalidade da criação, em todas as dimensões. Tudo vive, respira e se move n'Ele. Ele é o Diretor Divino último de toda a criação.

Quando retornarmos, estaremos "conscientes" e certamente saberemos avaliar aquilo a que retornamos. Esse é o nosso destino. Tudo é apenas uma questão de tempo, e, na verdade, o tempo não existe. Concluo assim este capítulo, com o desafio de "ocupar-nos das coisas do Pai". Poderiam os pequenos e insignificantes prazeres da vida terrestre preencher-nos e satisfazer-nos tanto quanto a realização suprema da união plena com Deus? Não disse Jesus: "Batei e abrir-se-vos-á" e "Buscai e achareis"?

18

O NÚCLEO GALÁCTICO E OS MESTRES CÓSMICOS

"Um mestre tem a capacidade de perscrutar tudo sobre todas as coisas, sem a menor dificuldade, em qualquer momento"
Djwhal Khul
Canalizado por Alice A. Bailey

A evolução acelerada da humanidade e nosso recente movimento como planeta rumo à quarta dimensão fizeram com que, pela primeira vez, pudéssemos ter maior consciência da Hierarquia Espiritual que governa nossa galáxia. Antes disso, nossa percepção espiritual se limitava à Hierarquia Planetária ou, no máximo, à Hierarquia Solar. A recente passagem do planeta Terra para a condição de planeta sagrado mudou tudo isso.

A condição de planeta sagrado pode ser comparada com a nossa terceira iniciação, exceto que, nesse caso, foi Sanat Kumara, ou Logos Planetário, que recebeu sua terceira iniciação cósmica.

A galáxia da Via Láctea, à qual pertencem a Terra e seu sistema solar, é governada de um lugar chamado Centro Galáctico ou Núcleo Galáctico. O centro da nossa galáxia está localizado na constelação de Sagitário.

A galáxia está dividida em quatro quadrantes, e cada quadrante se divide em três setores. Isso significa que temos doze setores em nossa galáxia. Há um centro de governo para cada quadrante, para cada setor e para a galáxia como um todo. O setor onde está a Terra é dirigido por um centro de governo localizado na constelação da Ursa Maior.

O governo espiritual deste planeta recebe orientação do centro desse setor e do centro da própria galáxia. O administrador principal desse setor, um/doze avos da galáxia, é um ser cósmico chamado Melquior.

Melquior e seus assistentes estão trabalhando há eons através de nosso Logos

Solar, Hélio, que por sua vez trabalha através de nosso Logos Planetário, Sanat Kumara. Por causa da aceleração espiritual do planeta Terra, todo o setor galáctico de Melquior foi mobilizado para ajudar a Terra em sua evolução. Melquior é um ser cósmico com quem podemos sintonizar; ele se sente muito feliz em prestar sua ajuda e assistência.

Só depois que o planeta Terra entrou na quarta dimensão é que o Núcleo Galáctico se tornou acessível. Antes disso, o nível superior de sintonia com maiores condições de acesso coletivo era o Centro e Núcleo Solar. Nossa sintonia com os Mestres Galácticos e com o Núcleo Galáctico ajuda-nos a diminuir a distância que nos separa do nosso Centro Galáctico e que subsiste na consciência da massa.

Nossa sintonia com Melquisedeque e com os Mestres Universais ajuda-nos a reduzir nossa separação num nível universal. Nossa sintonia com o Mahatma, o Avatar da Síntese, ajuda-nos a moderar nossa separação de Deus. O enorme salto em consciência que a Terra deu recentemente, tornando-se um planeta sagrado e entrando na quarta dimensão, pode ser visto com muita clareza na nossa capacidade de entrar em contato direto com o Núcleo Galáctico.

Outra ajuda que a sintonização com os Mestres Galácticos e com o Núcleo Galáctico nos presta é com relação ao uso de nosso corpo de Luz no nível físico. O poder desses Mestres Galácticos é de uma freqüência muito maior do que o dos Mestres Planetários ou Solares. No passado, recebíamos apenas energias reduzidas desses Mestres. Agora temos a oportunidade de contatá-los diretamente.

Alguns desses seres podem começar a se manifestar no plano terrestre brevemente. Um deles já fez isso, Sua Santidade o Senhor Sai Baba. Muitos Mestres desses níveis estão começando a se incorporar em iniciados e Mestres.

De acordo com as canalizações de Vywamus através da Fundação Tibetana, cinco seres do Núcleo Galáctico começaram a se aproximar da Terra. Eles enviaram "bastões de poder" para a Índia, a Alemanha, o Brasil, a Groenlândia e a África do Sul. As mudanças formidáveis que ocorrem na Índia, na Alemanha e na África do Sul evidenciam a influência dessa energia.

Em breve, três desses bastões de poder serão postos na China, se isso já não aconteceu, para estimular a elevação da consciência nesse país. Também os Estados Unidos terão um desses bastões. Vywamus informou que haverá um total de doze desses elos diretos com o Núcleo Galáctico.

À medida que aprendermos a aceitar o corpo de Luz no nível físico, seremos capazes de nos teletransportar instantaneamente a qualquer lugar da Terra. À medida que nossa consciência se desenvolver nesse sentido, estaremos também tendo acesso à linguagem da Luz. Isso nos levará à capacidade de extrair do éter celeste tudo o que queiramos manifestar. A sintonia com o Núcleo Galáctico é uma força e fator de grande aceleração nesse desenvolvimento. Fundamentalmente, ela é um acelerador do processo de ascensão.

VYWAMUS

Vywamus, repito, é o ser cósmico que pode ser considerado o eu superior de Sanat Kumara, nosso Logos Planetário. Se Vywamus é o eu superior de Sanat Kumara, então, acima dele, no nível monádico, está Lenduce. Temos aqui a personalidade (Sanat Kumara), a alma (Vywamus) e a mônada (Lenduce) numa escala cósmica.

Vywamus não tem mais um corpo físico, mas existe como Luz. Ele é considerado um psicólogo Mestre. Foi Vywamus que, junto com Djwhal Khul, iniciou a Fundação Tibetana. Uma das principais ocupações de Vywamus é ajudar a humanidade a tirar da mente subconsciente as concepções errôneas e as crenças e padrões viciados.

Vywamus teve trinta e duas existências num planeta físico num outro universo. Ele viveu como soldado, professor, mãe, pai, capitão da marinha e proprietário de uma cadeia de restaurantes. O planeta para onde ele ascensionou, porém, não tinha oceanos tão vastos como os do planeta Terra. Em sua vida como proprietário de restaurantes, ele possuía uma cadeia de estabelecimentos espalhados por todo o planeta. Em sua atividade atual, continua trabalhando com alimentos, mas de outra qualidade. Pode-se dizer que é um alimento espiritual, a energia da Luz. Invoque-o para pedir ajuda.

MELQUISEDEQUE

Melquisedeque é outro ser cósmico e galáctico que está sempre disponível para contato e canalização. Muitos seres recebem esse nome, porque a Ordem de Melquisedeque é uma ordem e um sacerdócio cósmicos presentes em todo o universo. Nos escritos antigos, o termo Melquisedeque era dado a um iniciado que passasse pelos sete níveis de iniciação na Ordem de Melquisedeque.

Jesus teve uma encarnação com o nome Melquisedeque, e o Logos Universal também tem esse nome. Nesta seção, o Melquisedeque a que me refiro é um ser cósmico que faz parte do conselho de governo deste setor galáctico. Ele é um membro recente desse conselho. Sua tarefa inicial consistiu em servir de elo de ligação entre a Terra e outros planetas e o Centro Galáctico. Recentemente, ele substituiu outro Mestre cósmico, que foi promovido a um cargo mais elevado no nível universal.

Melquisedeque também passou por várias existências na Terra, além de trabalhar com o nosso planeta no plano interior. Em sua última vida neste planeta, ele foi um rei chamado Melquisedeque. Ele se incorporou em muitos seres na Terra, sendo um deles Enoch, "o homem que andou com Deus".

Através do trabalho de Enoch com Melquisedeque, este ascensionou naquela existência. Atualmente, ele trabalha com um grupo de pessoas, divulgando informações sobre o uso da Luz. Pode-se entrar em contato com ele e canalizá-lo facilmente.

ADÔNIS

Adônis é um ser grande e glorioso. Foi instrutor de Vywamus e de Sanat Kumara. Foi Adônis quem dirigiu a escola de treinamento para Logos Planetários localizada em Vênus. Ele é considerado o melhor do universo naquilo que faz.

Encarnando o centro do coração do universo, Adônis mantém a Luz de Cristo em cada alma. Ele vem exercendo essa função desde que a Terra começou a existir, há dezoito milhões e quinhentos mil anos, no mínimo, mas, na realidade, muito mais.

Num certo tempo, Adônis teve muitas vidas físicas em outros universos. Ele teve duas mil e seiscentas existências num planeta. Num determinado estágio de sua evolução, tornou-se líder de um grande grupo que ajudava espiritualmente a evolução de um certo planeta. Com sua ajuda, todos os seres desse planeta aprenderam a sintonizar-se com a vida espiritual. Foi desse planeta que Adônis veio para o nosso universo e galáxia, assumindo a excelsa posição de centro do coração do universo.

Adônis vem trabalhando com o Senhor Maitreya há muitos eons, ajudando-o a construir o ideal do amor/sabedoria na Terra. Sintonizando-nos com Adônis, passamos a receber uma perspectiva galáctica e deixamos de ter uma visão meramente terrena.

Como pessoas pouco desenvolvidas, não conseguimos ver além do egoísmo do nosso ego negativo. À medida que evoluímos, começamos a perceber uma única humanidade ou uma só Terra. Em seguida nos damos conta de que mesmo isso é limitante, pois fazemos parte de um sistema solar que é um todo. Continuando nosso desenvolvimento, reconhecemos que nossa consciência de grupo é de fato a de uma galáxia. Quando evoluímos ainda mais, percebemos que somos parte de um universo que é um todo. Essa é a perspectiva expandida que Adônis pode começar a nos oferecer.

Não estamos trabalhando apenas para a Terra; trabalhamos, realmente, para a galáxia. Seria egoísmo estar a serviço apenas da Terra. Na verdade, somos criadores que trabalham para um objetivo universal, não apenas para uma meta voltada para a Terra ou para a personalidade. Invoque Adônis para que ele o ajude, pois somos abençoados por poder contar com ele nesses tempos.

ATLANTO

Outro grande ser cósmico com quem podemos entrar em contato é Atlanto. Vim a conhecê-lo por meio da Fundação Tibetana. Ele é um dos doze seres que concentram a energia ou o pensamento que sustenta o Dia Cósmico, ou Dia de Brahma, que tem a duração de quatro bilhões e trezentos milhões de anos; do total do nosso dia cósmico, três quartos já se passaram. Mas não precisamos nos preocupar com isso, pois ainda nos restam um bilhão e cem milhões de anos. Desde a chegada de Sanat Kumara, a história da Terra tem apenas dezoito milhões e quinhentos mil anos. Segundo Edgar Cayce, os corpos físicos estão na

Terra há dez milhões e quinhentos mil anos. O fato de Atlanto ser um dos doze seres que mantêm esse Dia Cósmico é um conceito verdadeiramente extraordinário.

Onze seres sustentam esse foco de consciência cósmica. O décimo segundo inclui todos os que estão diretamente envolvidos com a experiência. Esses seres são co-criadores, ou estão aprendendo a ser co-criadores como nós. Esse esforço combinado nos ajuda a concentrar nossa atenção na vontade da Fonte Divina.

Há muitos dias cósmicos. Atlanto teve existências num planeta físico. Se pensarmos na extensão de um dia cósmico (4,5 bilhões de anos) e ele diz "há muitos dias cósmicos", começamos a perceber a infinitude da natureza de Deus.

Atlanto não está envolvido diretamente com o direcionamento de energias específicas para a Terra para acelerar a Nova Era. Sua atuação está voltada muito mais a um nível cósmico do que a um nível planetário. Apesar disso, ele está muito disponível para contato e para canalizações.

O livro *Reach for Us, Your Cosmic Teachers and Friends*, foi canalizado por Atlanto, através de Dorothy Roeder. Nesse livro, ele diz que não pode dirigir suas energias diretamente a nós na Terra, pois elas nos consumiriam, num sentido espiritual, por causa de suas altíssimas freqüências. Em vez disso, ele envia suas energias através de dois lagos na Terra. Um desses lagos esta localizado no Kansas e o outro no Tibete. Ele também pode dirigir sua energia por meio da alma da pessoa e da estrutura monádica. Podemos pedir a sua ajuda, e provavelmente receberemos orientações bastante incomuns devido à perspectiva cósmica de Atlanto.

AVERRAN

O último ser cósmico se chama Averran. Ele é um Mestre cósmico que mora no centro cósmico da nossa galáxia. Sua incumbência é supervisionar a evolução e o progresso do planeta Terra. Sua tarefa específica é organizar a Luz da criação desta galáxia numa forma que possa utilizar o plano e trazê-lo à criação.

Averran teve muitas existências num planeta físico muito parecido com a Terra, num universo que existiu antes deste. (Pense nisso: um universo que existiu antes deste. Quando se trata de Mestres cósmicos, falamos em seqüências de tempo tão imensuráveis, que a mente tem uma grande dificuldade de apreendê-las.)

O planeta onde Averran viveu se debatia exatamente com as mesmas lições com que nos defrontamos na Terra. Seu planeta acabou retornando à Luz, afastando-se da atração da matéria. Atualmente, a Terra se encontra precisamente nessa etapa evolutiva. Depois de passar centenas e milhares de anos no emaranhado da atração da matéria, a Terra está começando a voltar ao espírito. Em virtude da experiência pregressa de Averran, ele é muito acessível à invocação e à comunicação, e ficará bastante satisfeito se as pessoas entrarem em contato com ele.

RESUMO

Os Mestres cósmicos do setor galáctico e do Núcleo Galáctico estão atualmente à disposição para contatos. Os Mestres que mencionei aqui são seres espirituais extraordinários, e podemos considerar-nos bem-aventurados por termos a possibilidade de entrar em contato com seres galácticos e universais de nível tão excelso. Devemos compreender que é um fato muito recente seres de tamanha magnitude estarem disponíveis. Devemos nos sentir especialmente honrados quando pensamos nos milhões e até bilhões de planetas e estrelas em nossa galáxia pelos quais esses seres são responsáveis. Recorra a eles, peça que se apresentem, pois eles só se manifestarão se forem solicitados.

19

OS ENSINAMENTOS DE VYWAMUS SOBRE O AVATAR DA SÍNTESE, O MAHATMA

Eu, Vywamus, penso que o Mahatma, ou o
Avatar da Síntese, é a coisa mais importante
que aconteceu na sua Terra e para a humanidade
Vywamus, no livro *Mahatma I e II* de Brian Grattan

Neste capítulo, quero revelar-lhe uma das mais extraordinárias informações com que já deparei em minhas pesquisas e que irá acelerar em mil vezes, literalmente, o caminho de sua ascensão e a formação do seu corpo de Luz. Essa informação está relacionada com o ser cósmico sobre o qual discorri brevemente no Capítulo 11, o Avatar da Síntese, que está ofuscando o Senhor Maitreya na Terra, junto com o Espírito da Paz e do Equilíbrio e com Buda. Este capítulo trata da natureza gloriosa do Avatar da Síntese e do fato de sua energia estar disponível para todos os habitantes do planeta Terra.

Vywamus referiu-se a esse ser da seguinte maneira: "Eu, Vywamus, penso que o Mahatma, ou o Avatar da Síntese, é a coisa mais importante que aconteceu na sua Terra e para a humanidade." Essa é uma informação impressionante, uma vez que muitas coisas surpreendentes aconteceram neste planeta nos últimos dezoito milhões e quinhentos mil anos.

Muitas pessoas que trilham o caminho espiritual estão concentrando sua atenção em seus eus superiores ou almas, o que é apropriado e bom. À medida que a pessoa avança na direção da terceira iniciação e realiza a fusão da alma, ela começa a entrar em contato com a mônada. Em seguida, o processo de iniciação a dirige para a quinta e a sexta iniciações, ambas relacionadas à fusão total com a mônada e, portanto, com a ascensão.

A maioria das pessoas que segue o caminho espiritual está no processo de construir o antakarana para a alma (eu superior) e para a mônada. O Mahatma é o ser cósmico que está à disposição da Terra desde a Convergência Harmônica, em agosto de 1987. Ele é o elo de ligação entre nós, como personalidades encarnadas, e o próprio Deus ou Fonte de toda a criação. Da mesma forma que a alma é a intermediária entre a personalidade encarnada e a mônada, assim também o Mahatma é o intermediário entre as personalidades encarnadas e Deus.

Nos capítulos anteriores, falei dos sete níveis de iniciação, que podem ser alcançados neste plano terrestre. Há outras duas iniciações além dessas que também tiram a pessoa do plano cósmico físico. Vywamus disse que de fato existem trezentas e cinqüenta e duas iniciações desde a Terra até Deus. O Mahatma (que significa o Pai ou a Grande Alma) é o ser cósmico que encarna todos esses níveis para nós, bem como as energias de Melquior (o Logos Galáctico) e de Adônis (instrutor de Vywamus e centro do coração do universo). É óbvio que esse é um ser extraordinário que é realmente uma consciência de grupo.

Com a Convergência Harmônica, o planeta Terra passou de uma consciência tridimensional para uma consciência quadridimensional. Esse foi um acontecimento importantíssimo para a Terra, embora poucas pessoas compreendam o seu significado. Como agora estamos nesse nível, pela primeira vez na história do planeta o Mahatma pôde ancorar "fisicamente" na Terra, o que ocorreu um ano depois da Convergência Harmônica, em 1988. O Senhor Maitreya e outros seres entraram em contato com essa energia, mas nos níveis mental e causal, e não no nível físico.

Num certo sentido, o Mahatma nos possibilita construir o antakarana até a Fonte. Vywamus disse-me que não existe no universo infinito energia de freqüência superior à do Mahatma que esteja disponível para a Terra neste momento. Ela está à disposição de todos, e tudo o que temos a fazer é pedir por ela. Essa energia do Mahatma pode acelerar em mil vezes o processo de ascensão e a formação do corpo de Luz da pessoa, literalmente. O que estou dizendo não são futilidades.

Vywamus disse-me que a energia do Mahatma vai além até mesmo dos doze raios. Essa energia chega ao nosso planeta através do Núcleo Galáctico, do Logos Solar e do Logos Planetário. Não há perigo de que essa energia de alta freqüência queime o corpo porque ela também é canalizada através da mônada e da alma da pessoa, se necessário, para que a personalidade encarnada na Terra possa utilizá-la. Vou repetir mais uma vez que não existe energia de maior freqüência e vibração que se possa invocar e que esteja disponível a todos, e não apenas a certas pessoas especiais. Recomendo insistentemente que você a invoque pois ela pode ajudar na ascensão, na formação do corpo de Luz ou em outros aspectos ou lições com que estejamos envolvidos.

Perguntei a Vywamus se é possível canalizar essa energia através da voz. Ele respondeu que isso é um pouco difícil porque ela abrange todos os trezentos e cinqüenta e dois níveis que perfazem o caminho de retorno à Fonte, de modo que haveria certa confusão inicial por causa da sua natureza de consciência grupal. Entretanto, isso pode ser feito. Uma consciência única falaria pelo grupo.

Meu primeiro contato com o Mahatma, o Avatar da Síntese, se deu através dos livros de Alice Bailey e dos escritos de Djwhal Khul. Mais recentemente, recebi mais informações através de Vywamus e de um livro intitulado *Mahatma I e II*, de Brian Grattan.

A idéia é preencher os corpos físico, emocional, mental e espiritual com essa energia. O Avatar da Síntese deseja fixar na Terra a maior quantidade de sua energia que lhe seja possível. Isso está facilitando a fusão e a integração dos níveis do Criador (o mais elevado) e do Co-criador. A ascensão e a ascensão cósmica nada mais são do que a integração e a fusão da matéria, da alma, da mônada, do Mahatma e de Deus. A meta do Plano Divino é voltar a reunir todos esses níveis em consciência. O ancoramento dessa energia cósmica do Mahatma na Terra é um facilitador desse processo e acelera sobremaneira a ascensão pessoal.

Muitas pessoas recorrem a essa energia, sem citar o seu nome específico. Entretanto, a consciência clara do que ela é e de como pode ser invocada ajuda muito a acelerar esse processo. Quando uma pessoa quer falar com um Mestre Ascensionado específico, ela precisa invocar seu nome para estabelecer o contato. Se quero falar com Vywamus no plano interior, preciso chamá-lo pelo seu nome. O mesmo se aplica à energia do Mahatma. É só chamá-lo pelo nome, pedir sua ajuda e pedir para receber e ancorar sua energia. Perguntei a Vywamus como a Terra vem se portando com relação ao ancoramento da energia do Mahatma. "Muito bem", ele respondeu.

O Mahatma é uma combinação dos doze raios e muito mais. O despertar dessa energia pode ajudar a quebrar os padrões cristalizados e fixos presentes em nossos corpos físico, emocional e mental. O objetivo último é elevar esses corpos à freqüência da Luz, que é o que ocorre na ascensão. A invocação da energia do Mahatma, por ser de uma freqüência muito elevada, pode facilitar enormemente o movimento nessa direção. Tudo o que precisamos fazer para invocar essa energia é chamar o Mahatma e apresentar nosso pedido.

Quando estou sintonizado, posso sentir todo meu corpo aquecer à medida que a energia se derrama sobre mim. Algumas vezes, sinto-a com mais intensidade, outras, com menos, mas sei que ela quer entrar e que entrará. Entretanto, é preciso pedir por ela. Essa é a lei cósmica. Nenhuma consciência ou energia emanará desses níveis se não for solicitada, porque foi-nos concedido o livre-arbítrio. Recomendo-lhe que invoque-a três vezes por dia, pelo menos, e de preferência mais vezes, especialmente durante a meditação.

Outra coisa interessante esclarecida por Vywamus diz respeito ao que se deve entender por Dia Cósmico e Noite Cósmica. Como nós, na Terra, temos o dia e a noite, Deus também tem algo equivalente numa escala cósmica. Aprendi de Vywamus que o Dia Cósmico da nossa Fonte dura efetivamente 4,3 bilhões de anos. Desse total, 3,1 bilhões de anos já se passaram; restam-nos, portanto, 1,2 bilhão de anos do nosso Dia Cósmico.

Perguntei a Vywamus o que acontece no final de um Dia Cósmico. Ele respondeu que tudo é inalado ou, em outras palavras, que tudo retorna à Fonte; pelo menos, isso é o que aconteceu no passado. Um Dia Cósmico é muito longo, se comparado com a história da Terra. Sanat Kumara veio de Vênus para a Terra há 18,5 milhões de anos e, de acordo com Edgar Cayce, o homem físico está na Terra há apenas 10,5 milhões de anos.

A graduação da Terra na época da Convergência Harmônica para a quarta dimensão, possibilitou que a Fonte deste sistema planetário consultasse uma fonte de nível superior. Toda fonte situada num determinado nível tem um nível, uma visão e uma consciência mais elevados, do mesmo modo que um microscópio ou um telescópio pode ter sua graduação aumentada milhares de vezes. Foi isso que possibilitou ao Mahatma manifestar-se e ancorar sua energia na Terra pela primeira vez.

Em *Mahatma I e II*, Brian Grattan também chamou essa energia de Presença do Eu Sou. Verifiquei isso com Vywamus, e ele sugeriu o nome Mahatma, uma vez que o termo Presença do Eu Sou se refere à mônada, na maioria dos sistemas espirituais. Outra função da energia do Mahatma é mostrar-nos que o sofrimento não existe. Por ser uma criação do nosso ego negativo, não existe na realidade de Deus.

A razão da vinda do Mahatma deve-se a uma invocação no nível da alma. Almas, eus superiores, ou indivíduos infusos de alma em grande número pediram ajuda, invocando a consciência e a energia do Mahatma. A energia do Mahatma tem a capacidade de criar um veículo, ou uma base de apoio, enquanto expandimos rapidamente nossa consciência, de modo a não sermos esmagados. A energia do Mahatma nos leva para além da individualidade. Uma vez estabelecida a ligação ou ponte de Luz com o Mahatma, a energia fluirá naturalmente, sem muito esforço. Vywamus também se referiu a essa consciência como um ingressante cósmico.

O Avatar da Síntese entrou em contato com a Terra pela primeira vez na época atlante. Ele anunciou que viria no futuro, quando lhe fosse feita uma solicitação intensa no nível da alma. O Senhor Maitreya, o Cristo Planetário, está encarnado fisicamente em nossos dias; o Avatar da Síntese ancorou com ele. Se acrescentarmos a isso Sai Baba, o Cristo Cósmico na Índia, a externalização da Hierarquia, os anjos, o Comando Ashtar, os extraterrestres positivos, a conclusão dos ciclos de dois mil, de seis mil, de doze mil, de trinta e seis mil e de dez milhões de anos, começaremos a perceber como são extraordinários os tempos que estamos vivendo. Não existe tempo melhor na história do planeta para se estar encarnado, desde que se esteja interessado no desenvolvimento espiritual.

Estamos aqui agora para integrar a energia do Mahatma e nos tornarmos encarnações vivas de sua energia. Isso elevará astronomicamente toda nossa vibração celular. Num certo sentido, estamos possibilitando que a energia do Mahatma entre em nossa consciência e nos torne uma parte de seu grande exército de trabalhadores da Luz cósmicos. Para os clarividentes ou para os que gostariam de visualizá-la, a cor dessa energia é branco-dourada. Quando ela se derrama sobre nós, podemos deixar que ela inunde o nosso corpo, flua até nossos pés, desça até nosso fio-terra e daí prossiga até o centro da Terra. Essa energia pode também ser usada para cura psíquica ou física, de nós mesmos ou de outras pessoas.

Como o nosso planeta passou para a quarta dimensão, tudo é novo. O projeto que agora estamos desenvolvendo é completamente diferente do projeto tridimensional. Chama a atenção o fato de que todas as profecias que conhecemos — as de Cayce, as da Bíblia e outras — terminam exatamente no nosso tempo. Isso acontece porque chegamos ao fim da consciência tridimensional e entramos na quarta. O sistema estelar de Arcturo é uma consciência de quinta dimensão, uma representação do nosso próprio futuro.

O Avatar da Síntese se reporta ao Conselho dos Doze no nível do Criador. O Mahatma reporta-se a esse Conselho no que se refere à natureza da existência física. Os trabalhadores da Luz que se ocupam com essa energia estão de fato na vanguarda porque, como disse, essa energia está disponível no nível físico desde 1988, apenas, embora pudesse ser usada nos níveis causal e mental antes dessa data.

Basicamente, o Mahatma está aqui, em essência, para restaurar o vínculo entre Deus e Sua criação. O que impressiona nesse sentido é que, pela primeira vez, temos a oportunidade de tratar da nossa separação com relação a Deus diretamente, sem abordar apenas a separação da alma com relação à mônada.

Na terminologia de Djwhal Khul, o Mahatma permite que curemos a separação nas sete dimensões cósmicas, e não apenas nos sete subplanos do plano cósmico físico. Se a totalidade da criação é uma régua de trinta centímetros, estivemos nos concentrando somente nos primeiros três centímetros. O Mahatma são os centímetros restantes, dos quais ainda não tratamos. A fusão com a mônada na ascensão é, na realidade, apenas dois terços dos primeiros três centímetros. Invocar o Mahatma é ter acesso à energia e à consciência dos outros trezentos e quarenta e seis níveis e iniciações. Creio que está clara a profundidade dessa informação sobre o Mahatma e sobre sua enorme importância e grandeza. Repetindo, Vywamus disse que o Mahatma é a coisa mais importante que já aconteceu à humanidade.

Quanto mais a energia e a consciência do Mahatma se firmarem no plano da Terra, maior será a transformação da consciência neste planeta. Os seres humanos são a ponte entre o Mahatma e o plano da Terra. O Mahatma está também ofuscando toda a externalização da Hierarquia, o Senhor Maitreya e Sanat Kumara. Essa energia está igualmente disponível para todos os habitantes da Terra. A idéia é que o Mahatma se torne um campo áurico que permeie todo o sistema de quatro corpos. Além disso, é fundamental integrar-se totalmente com essa energia, de modo que a separação entre Deus e seus filhos e filhas na Terra possa ser sanada.

O Mahatma pode dar-nos um grande apoio emocional à medida que continuamos a expandir a compreensão que temos de Deus. Brian Grattan nos apresenta um exemplo em seu livro que compara metaforicamente esse apoio com um copo com água. O copo é levado para ser substituído por outro mais limpo. Ao caminhar, podemos manter a água no copo, sem derramá-la, o que seria possível devido ao suporte da energia do Mahatma. É isso que o Mahatma pode fazer por nós, num sentido emocional e espiritual.

A Convergência Harmônica que aconteceu de 15 a 17 de agosto de 1987 levou a humanidade e a Mãe Terra à maturidade espiritual pela primeira vez. O Mahatma gostaria de ter cem mil ingressantes com os quais poderia partilhar seu corpo. Isso teria um colossal efeito curativo e purificador sobre todo o planeta Terra. Ingressantes cósmicos são aquelas personalidades encarnadas que incorporaram a energia do Mahatma: Eles seriam a encarnação viva do Mahatma na Terra.

Eu gostaria de lhe passar uma informação ou oração que me foi dada por Vywamus e que deve ser recitada todos os dias:

"Aceito e invoco uma infusão profunda da energia do Mahatma em toda a minha matriz energética, possibilitando assim uma irradiação plena do meu eu Divino a serviço de Tudo O Que É."

Segundo Brian, a invocação do Mahatma promove a formação do corpo de Luz de um modo como nunca se viu antes na história da Terra. A energia do Mahatma é de uma freqüência tão elevada e de uma natureza cósmica tal que ela cria um corpo de Luz semelhante ao corpo espiritual ou monádico.

Desde a Convergência Harmônica e a chegada da energia do Mahatma, concebe-se hoje que uma personalidade encarnada possa evoluir, em uma existência, do nível de iniciado de segundo grau até o nível de Avatar Galáctico. Essa possibilidade não existia antes da Convergência Harmônica. A vinda do Mahatma é uma dispensação especial de Deus. Nem Djwhal Khul, em seus escritos através de Alice Bailey, imaginou que seria possível ancorar essa energia além do plano causal, ou nível da mente superior.

Nosso planeta se beneficiou exponencialmente com o ancoramento do Mahatma. É a primeira vez na nossa história que temos um circuito completo de Deus até a Terra. O Mahatma veio diretamente para este quadrante da galáxia e ancorou na Terra. Brian Grattan pode ter sido a primeira pessoa a perceber conscientemente o ancoramento da energia do Mahatma no nível físico. No final do seu livro, ele diz que alcançou sua ascensão (sexta iniciação) no dia 09 de maio de 1990 e preferiu continuar na Terra por enquanto.

O ancoramento da energia do Mahatma na Terra no dia 14 de junho de 1988 foi realizado com a assistência do Conselho dos Doze para este quadrante da galáxia e com a ajuda de milhares de Cristos e de Logos Planetários de outros planetas do nosso quadrante galáctico. A intenção é que nós, como personalidades encarnadas, nos tornemos parceiros do Mahatma na Terra. Sugere-se também que peçamos a ele que ajude cada um de nós a completar o nosso circuito até a alma, a mônada, o Mahatma e a Fonte. Ele recebe suas ordens do Conselho Co-criador dos Doze no nível da Fonte.

Outra informação sobre o Mahatma é que, quanto mais invocarmos sua energia, maior será a nossa probabilidade de permanecermos na existência física através do elevado movimento vibracional para a quarta dimensão por que acabamos de passar. A combinação da Convergência Harmônica com o ancoramento do Mahatma elevou em mil vezes o circuito evolutivo deste quadrante da galáxia.

Embora, aparentemente, Brian seja a primeira alma encarnada a ancorar conscientemente a energia do Mahatma, isso não significa que ele tenha integrado completamente essa energia. O processo para integrar o Mahatma exige tempo, prática, oração, afirmação, meditação e trabalho espiritual. Se houver alguém que precise de ajuda para ancorar a energia mais solidamente na própria Terra, sugiro que invoque o arcanjo Sandalphon, um especialista nas questões relacionadas com as energias terrestres.

Outra informação que Brian nos dá é que em vidas passadas ele foi São Pedro e Zaratustra (Zoroastro), que eram sondas físicas do Conselho dos Doze para este quadrante da nossa galáxia e membros seniores da Loja Branca. Ele diz também que a energia que é São Pedro tem uma ligação monádica com Sai Baba. Perguntei a Vywamus sobre isso, uma vez que tenho uma relação especial com Sai Baba, e ele respondeu tratar-se de algo semelhante a extensões de alma da mesma mônada.

Janet McClure (fundadora da Fundação Tibetana e orientadora espiritual de minha mulher) canalizou muitas informações constantes do livro de Brian. Ela ascensionou no Egito, mas optou por liberar seu corpo físico no momento da ascensão.

20

A INSPIRAÇÃO E A EXPIRAÇÃO DE BRAHMA

Um Dia Cósmico é igual a 4,3 bilhões de anos. A evolução da Terra já consumiu 3,1 bilhões de anos do Dia Cósmico que estamos vivendo. O planeta Terra evoluirá no próximo ciclo de quarenta anos (1988-2028) mais do que evoluiu nos últimos 3,1 bilhões de anos

Vywamus

Estamos próximos de um evento cósmico que envolverá o planeta Terra e todo o cosmos, um evento que praticamente desafia qualquer descrição possível. Estamos nos aproximando rapidamente do meio de um ciclo cósmico ou do ponto central preciso entre a expiração e a inspiração de Deus.

Muitas pessoas podem não entender que, assim como os homens na Terra respiram, Deus também respira. Djwhal Khul disse que o processo de respiração acontece mesmo depois que se alcança o estado de consciência de Mestre Ascensionado. Deus expira a criação e, em seguida, volta a inspirá-la.

A expiração e a inspiração de Deus podem ser comparadas com a oscilação de um pêndulo. Quando o movimento do pêndulo atinge seu ponto mais alto, há um momento de repouso total antes que ele inicie o movimento na direção oposta. Esse momento de repouso e de ausência de movimento na respiração de Deus é um momento sem tempo, um momento de eternidade. Como o microcosmo é igual ao macrocosmo, esse mesmo processo ocorre muitas vezes por segundo, uma vez que os átomos do mundo físico vibram para frente e para trás.

Sai Baba, Paramahansa Yogananda e Baba Muktananda usam o mantras So Hum ou So Ham ou Hong Sau em suas meditações. Esses mantras significam Eu Sou Deus ou Eu Sou Eu e representam o som da respiração humana como Deus a ouve. A eficácia dessa meditação está em recitar o mantra seguindo o ritmo da respiração, com a condição também de se prestar atenção no ponto de quietude, ou ponto de eternidade, entre a inspiração e a expiração. Esse ponto, em que o tempo não existe, é uma porta para a presença de Deus.

Assim como temos a possibilidade de sentir esse ponto no momento que desejarmos — desde que nos sintonizemos com ele no instante preciso entre nossas respirações —, temos também a oportunidade muito especial de ouvir esse ponto de quietude entre a inspiração e a expiração de Deus, que só ocorre, segundo Vywamus, a cada dez milhões de anos, pelo tempo da Terra. O momento exato entre a expansão e a contração do cosmos coincide, não por acaso, com a segunda vinda do Cristo e com o fim do calendário maia.

Esse ponto médio exato entre a inspiração e a expiração de Deus (Brahma) ocorrerá em 2012, proporcionando uma abertura para a emergência de algo incompreensível. Nesse momento, Deus terá a oportunidade de entrar em Sua criação. Todos os processos de materialização serão suspensos.

Esse evento não será sentido simultaneamente em todas as partes do universo, mas se deslocará como uma onda pelo mar da criação. A atenção consciente focalizada do Criador estará presente nesse momento de inexistência de tempo. O arcanjo Rafael, em *Transmissões da Estrela-Seminal*, de Ken Carey, predisse que o ano 2012 será o ponto mais exato de focalização para o planeta Terra. Ele disse também que nenhuma estrutura conceitual conseguirá transmitir a grandiosidade do que deve ocorrer em breve.

Nesse momento, nós nos sentiremos como o Cristo, o Atma, o Buda, o Eu Eterno. Reconheceremos a consciência coletiva unificada de toda a humanidade como nossa identidade verdadeira. Compreenderemos plenamente nossa identidade como Deus nos define, e não segundo a definição da matéria e do ego negativo. Reconhecer-nos-emos como um ser consciente que se expressa por meio de uma profusão de formas distintas. Isso dará início ao segundo período do despertar planetário, que é chamado de milênio ou ciclo de mil anos.

Nesse estado futuro, seremos capazes de viver em duas realidades simultaneamente: metade do tempo na forma e a outra metade na totalidade de Tudo Que Existe. Nós nos veremos realmente como a ponte entre o espírito e a matéria e como o meio pelo qual o Criador se relaciona com Sua criação. É nesse período que a identidade ilusória do ego, com seu instinto de separação, de medo e de egoísmo será transcendida.

Djwhal Khul referiu-se a essa mudança da expiração para a inspiração de Deus como o término de um Dia Cósmico. Podemos ver a profundidade disso no fato de que o tempo total da presença da humanidade na Terra é de dez milhões de anos. Nessa mudança, deixaremos de nos identificar com o passado, com o futuro e com nossos corpos materiais e começaremos a viver mais no momento presente. Veremos que nossa verdadeira missão é expressar Deus na Terra. No futuro, não seremos mais uma nota isolada na sinfonia de Deus, mas estaremos totalmente unificados com a música das esferas. Nenhum de nós se considerará melhor ou pior do que outros, porque todos participaremos da mesma identidade do Cristo, de Deus. Cristo é o único ser unificado de cuja consciência todos participamos.

Quando começarmos a tocar nossa nota individual em sintonia com o grande regente, Deus, tocaremos em ritmo e em harmonia com a sinfonia planetária. Tocaremos nossa nota em harmonia com todos os outros seres humanos, com os animais, com os vegetais e com os minerais da Terra.

O que tem acontecido até agora é que viemos tocando nossa nota de um modo egoísta, e isso produziu uma dissonância. Mas essa situação está prestes a mudar. Ninguém precisará mais agir com uma atitude de superioridade por imaginar-se importante, diminuindo as outras pessoas, porque a verdade da nossa identidade real como o Cristo está muito além do que o ego negativo poderia sequer sonhar. O espírito e a alma reconhecem que todos somos absoluta e igualmente importantes.

No novo milênio, todos nos comunicaremos por meio da linguagem universal da Luz. Essa forma de comunicação é muito mais específica e inclusiva que as palavras e até mesmo que a comunicação telepática. A linguagem viva da Luz é a verdadeira linguagem universal de Deus. O novo milênio trará de volta o estado desperto anterior à queda, que, na verdade, nunca desapareceu. Apenas achamos que isso tenha acontecido. Estamos repensando essa ilusão, programada em nós por nossa sociedade, todas as manhãs quando acordamos de nossos sonhos e levantamos. Isso pode ser mudado a qualquer momento em que tomarmos a decisão de fazê-lo.

À medida que formos passando por esse ciclo final de vinte anos do calendário maia, lentamente, mas de forma segura, emergirá uma massa crítica de pessoas despertas e iluminadas. Isso causará um efeito semelhante ao do centésimo macaco* e transformará, instantaneamente, a humanidade como um todo. Essa transformação tirará o ego do centro, deixando Deus no seu lugar.

Na verdade, esse processo é muito simples e está relacionado com o ponto em que focalizamos a nossa atenção. Se concentrarmos a atenção na nossa identidade ilusória do ego negativo, é ali que viveremos. Se a focalizarmos na nossa identidade divina, despertaremos para a verdade do nosso ser. Muitos de nós não controlamos o foco da nossa atenção e agimos no "piloto automático". Essa é a nossa queda. Vivemos, na verdade, em dois estados de consciência simultaneamente. Somos suficientemente grandes para abarcar toda a criação; todavia, com a nossa atenção, podemos nos tornar tão pequenos a ponto de entrar na criação e assumir um corpo físico.

O problema é que o ego negativo nos diz que o corpo é tudo o que somos. No estado de realização em Deus, oscilamos entre os dois, conforme as circunstâncias e a nossa missão exigirem. Há um movimento apropriado da totalidade do ser para a forma e um movimento correspondente de retorno. No estado de realização em Deus, mesmo que nossa atenção retorne para nossa identidade da forma, ainda assim retemos a consciência de unidade e identidade com Deus. O estado de realização em Deus favorece os dois estados de consciência, enquanto o ego negativo nos diz que tudo o que existe é nossa identidade da forma.

---

* Ver *O Centésimo Macaco*, de Ken Keyes Jr., Editora Pensamento, 1990.

No novo milênio, haverá uma volta ao equilíbrio ecológico e à cooperação internacional, inclusive com o fim da guerra. Todos procuraremos realizar o plano divino, e não o nosso. Nós nos tornaremos os meios pelos quais Deus realizará Sua vontade no reino da forma.

DESPERTANDO DO ENCANTAMENTO DA MATÉRIA

Nesse novo milênio, a humanidade toda despertará do encantamento da matéria. Nosso planeta possui sete dimensões, embora no passado o tenhamos percebido como tridimensional. Da perspectiva do espírito e dos anjos, tivemos algumas desordens de percepção estranhas e debilitantes. Identificamo-nos mais com a forma do que com a essência; com o tempo mais do que com a eternidade; com o visível mais do que com o invisível. Vivíamos sob o efeito de uma hipnose negativa.

O desafio da Nova Era é manter nossa forma humana e, todavia, despertar dessa hipnose. De acordo com o arcanjo Rafael, em *Transmissões da Estrela-Semente*, os anjos foram programados para nos despertar num determinado momento da história. O ápice desse momento ocorreu no nascimento de Jesus Cristo, que descreveu a si mesmo como o caminho onde estávamos, onde estamos e onde estaremos, depois que o encantamento da matéria for quebrado. Os anjos precisaram de dois mil anos para nos preparar para a profunda transformação que está prestes a ocorrer — a entrada plena na Nova Era.

O EGO E O ESPÍRITO

Para chegar a uma compreensão apropriada de todo esse processo, eu gostaria de analisar uma concepção do ego diferente da que apresentei anteriormente. Em outros capítulos, defini o ego como um sistema de atitudes oposto à consciência do Cristo, sistema esse baseado na premissa de que somos corpos físicos mais do que espíritos, vivendo em corpos físicos. Essa ilusão leva à crença irreal na separação, no medo, no egoísmo e assim por diante.

Estou inserindo intencionalmente neste capítulo um conceito semanticamente diferente do termo ego porque estamos diante de um dilema com que todos os discípulos que estão no caminho deparam. Metade das escolas de pensamento usa o termo ego com a acepção que lhe dá Sai Baba quando ele diz que Deus é igual ao homem menos o ego. A outra metade das escolas o usa de outra maneira, que eu gostaria de explicar agora, pois provavelmente ela oferece uma melhor compreensão do processo.

Nesse novo entendimento, o ego é a parte mais substancial e importante do eu que nos dá uma sensação de identidade e de individualidade. Ele nos ajuda a viver neste mundo e a cumprir nossas missões aqui. Ter um ego implica ter um corpo físico.

A verdadeira função do ego consiste em recuperar informações e em lembrar à extensão de alma que vive no corpo que cuide do seu corpo físico no qual ela vive. O ego impede que a extensão de alma pratique alguma ação que possa prejudicar o veículo físico. O ego é especialista em plano material. Se não tivéssemos um ego, poderíamos até esquecer que estamos encarnados. Assim, ele nos lembra que precisamos de água, de alimento e de sono.

O problema surge quando o ego ultrapassa suas funções e põe-se a interpretar para nós outras áreas da nossa vida, uma tarefa que é, ou pelo menos deveria ser, específica da alma e do espírito. Deixamos o ego interpretar nossa realidade, o que ele faz baseado na crença errônea de que somos corpos (porque essa é a única realidade que ele conhece), e também o deixamos sobrepor-se aos modos intuitivos utilizados pelo espírito para processar a informação. O método do cérebro direito adotado pelo espírito para processar a informação, usando a intuição, a mente superior, a vontade espiritual e outras faculdades, pode processar a informação instantaneamente. Ao interpretar nossas realidades, o ego fez mau uso da mente consciente e do raciocínio e criou um sistema de crenças ilusório, baseado no medo, na separação, no egoísmo e na morte.

O ego também anulou e bloqueou o circuito superior do sistema primário de informações do espírito, que poderíamos comparar a um computador. Na melhor das hipóteses, ele consegue usar 10% do cérebro. Só o uso do sistema processador de informações do espírito possibilita o uso de 100% do seu potencial.

Por ocasião da queda, a humanidade desviou-se para o modo de interpretar, desajeitado e ilusório, do ego. O ideal teria sido equilibrar as funções do ego e do espírito da maneira apropriada. Torno a afirmar que nunca foi tarefa do ego interpretar a nossa realidade; ele deveria apenas recuperar as informações e ser o especialista residente no corpo físico. Interpretar a realidade por meio do ego é interpretá-la através dos olhos físicos, apenas. Nós não deixamos o ego espiritualizar-se; assim, ele se tornou negativo. Quando Sai Baba e outros instrutores dizem que devemos morrer para o nosso ego, isso significa que devemos morrer para o nosso ego negativo, ou que é preciso espiritualizá-lo. Ambas as escolas de pensamento são totalmente válidas. Trata-se apenas de uma questão de semântica.

No estado ideal, espírito e ego trabalham em perfeita harmonia, e nós vivemos em dois mundos ao mesmo tempo. Este será o protótipo no novo milênio.

O NOVO MILÊNIO

Os próximos vinte anos verão o período mais veloz de transformações que a civilização humana já conheceu. Já tivemos uma amostra dessas mudanças na queda do comunismo na União Soviética e na Alemanha Oriental. Muitos médiuns e profetas, tanto dos tempos antigos como da atualidade, previram uma alteração do eixo da Terra.

Baseado nas informações que recebi, posso dizer que não haverá deslocamento físico dos pólos. Essa previsão não estava errada quando foi anunciada;

acontece, porém, que a humanidade mudou bastante, tornando desnecessária a alteração nos moldes prenunciados. A verdadeira mudança de eixo ocorrerá na consciência. Será uma transformação do modo de pensar baseado no ego negativo para um modo de pensar espiritual, inspirado pelo Cristo, numa escala de massa. Não haverá necessidade de uma alteração no plano físico porque ela já está começando a acontecer na consciência.

Se tudo parece estar acontecendo mais rapidamente agora, podemos imaginar como será quando a alma e o espírito puderem interpretar nossa realidade numa relação adequada com a função do ego, como é o desígnio de Deus. Quando isso acontecer, estaremos usando os outros 90% do nosso cérebro para processar informações. Na verdade, ainda estaremos vivendo na idade das sombras, ou como o homem das cavernas comparando com o que acontecerá quando estivermos usando os processos ultra-rápidos de processar informações. Todas as novas tecnologias não se basearão mais nas limitações do pensamento egoísta e materialista. As tecnologias do futuro serão todas coadjuvantes do meio ambiente, e não o contrário. Além disso, elas se basearão na capacidade de transcender o tempo, o espaço e a gravidade. A Mãe Terra está para dar à luz uma Nova Era, e nós estamos apenas saindo da adolescência. Na verdade, nossos egos ficam aliviados em poder desobrigar-se de responsabilidades culturalmente induzidas que nunca deveriam ter assumido. Eles podem livrar-se desse fardo a qualquer momento, sem precisar esperar até 2012. Basta que se livrem da crença enganosa e a substituam por outra apropriada.

Todos temos uma espécie de antena etérica que nos conecta com a orientação da alma e do espírito. Mas ela se desliga dessa orientação quando nos deixamos levar pelo rancor, pelo ódio e pelo medo. São essas e outras emoções interiores que a ameaçam, e nunca os acontecimentos externos. Estaremos bem enquanto repelirmos as vibrações e as emoções negativas das outras pessoas, desviando-as com a bolha dourada que é nosso escudo. É também fundamental aprendermos a permanecer calmos, em paz, serenos e, acima de tudo, amando e perdoando.

Aprendendo a superar o ego negativo dessa forma, permaneceremos conectados com a antena etérica e com a orientação espiritual superior. Quando perdermos essa sintonia, devemos simplesmente parar, perdoar-nos, tentar aprender a lição, assumir uma atitude de cura pessoal e perguntar-nos se queremos Deus ou nosso ego negativo naquela situação. Pela escolha constante e repetida de Deus em vez de nosso ego negativo, desenvolveremos ao longo do tempo o hábito de manter a sensibilidade e a sintonia de nossa antena etérica.

O ANO 2012: UM SALTO QUÂNTICO EM CONSCIÊNCIA

No exato momento entre a inspiração e a expiração de Deus, haverá uma mudança maciça no mundo, sem precedentes na história do planeta Terra. Tudo o que estiver no campo gravitacional da Terra será afetado. Haverá um despertar em massa para o entrelaçamento e a unidade de todos os seres vivos. A quantidade de energia que será liberada naqueles poucos momentos será maior do que a quantidade normalmente liberada em muitos anos. Viveremos a experiência de uma percepção aguçada e de um vínculo emocional com Deus.

Cada um de nós viverá esses momentos de ausência de tempo entre a expiração e a inspiração de Deus de modo diferente. Para alguns, eles parecerão alguns minutos; para outros, horas; para outros ainda, uma existência ou até várias existências. Alguns poderão ter uma revelação de Deus, outros reagirão com medo, dependendo do estado de consciência de cada um. Alguns preferirão deixar o corpo físico e retornar ao mundo espiritual. As pessoas, em massa, abandonarão o medo e se aproximarão do amor, fecharão os ouvidos às vozes externas e os abrirão à orientação interior. Todos sentiremos uma onda de poder. A interpretação que dermos a tudo isso, porém, repito, dependerá do nosso estado de consciência.

Nos livros de Ken Carey, *Transmissões da Estrela-Semente* e *O Terceiro Milênio*, o arcanjo Rafael diz que poderá haver mudanças na Terra, mas não na escala prevista. A mídia poderá reagir com medo, e é importante que não nos deixemos levar por sua fascinação, ilusão e maia, porque esse não será um evento assustador, mas, ao contrário, um acontecimento glorioso, festivo e maravilhoso. Na verdade, é algo que podemos sentir a qualquer momento, bastando que prestemos atenção ao tempo nulo, à eternidade entre nossas respirações, porque o microcosmo é igual ao macrocosmo, e somos feitos à imagem de Deus. Entretanto, esse evento ocorrerá num nível de massa, e não apenas num nível individual. Poder-se-ia dizer que teremos uma meditação global sobre Deus.

É tempo de compreendermos que, como humanidade, somos o carvalho e não mais a bolota. No futuro, ego e espírito trabalharão em harmonia, do mesmo modo que as partes específicas de uma célula trabalham harmonicamente. Geralmente, não analisamos as partes de uma célula para ver se ela funciona bem ou não; é desse modo também que o ego e o espírito funcionarão. Cada um de nós é uma célula no corpo de Deus. Quando o ego e o espírito estiverem integrados, todos seremos uma célula saudável no corpo divino.

Estamos vivendo num período maravilhoso da história. Depois de dez milhões de anos, a humanidade está prestes a despertar plenamente. É uma grande bênção estarmos encarnados neste momento da história terrestre, porque nunca houve nada parecido em termos de crescimento espiritual. Nosso trabalho para os próximos anos é preparar a nós mesmos e às outras pessoas para o reaparecimento do Cristo, para a externalização da Hierarquia e para o próximo salto quântico da consciência.

O ideal seria que todas as extensões de alma estivessem preparadas para essa consciência do Cristo antes que esses eventos ocorressem, para que todos pudéssemos entrar na Nova Era de Ouro com a graça divina e o amor, sem medos e sem karma. Temos nossa parcela de trabalho a realizar neste último ciclo de vinte anos do calendário maia. O Senhor Maitreya disse que não se revelará e que também a manifestação da Hierarquia Espiritual não acontecerá até que a humanidade esteja pronta. Quanto mais trabalharmos sobre nós mesmos para realizar Cristo e Deus dentro de nós e dos outros, tanto mais rapidamente estaremos vivendo a Nova Era.

Nós que estamos na Terra neste tempo abençoado e que estamos conscientes desses fatos somos, num certo sentido, a infantaria de Deus, um exército de trabalhadores da Luz, assentando as bases para o nosso líder, o Cristo, o Senhor Maitreya. Ele só terá sucesso se nós o ajudarmos, porque o trabalho dele e o nosso é redespertar o Cristo, o Buda, o Atma, o Eu Eterno em todas as extensões de alma da Terra.

Quanto mais desperta estiver a humanidade por volta do ano 2012, mais glorioso será esse momento de iluminação em massa. A vinda do Senhor Maitreya, a externalização da Hierarquia, a presença de Sai Baba, o Cristo Cósmico, o trabalho dos anjos e dos grupos extraterrestres positivos e, por último, mas não menos importante, o trabalho de todos os Mestres e do Novo Grupo de Servidores do Mundo que já está na Terra não podem falhar.

Nosso desafio é sermos, mais do que nunca, perseverantes e atentos em nosso trabalho pessoal e no serviço aos outros. Cada um de nós e todos sem exceção somos células no corpo de Deus, e Deus não estará saudável até que cada um e todos realizemos nossa unidade e potencialidade n'Ele. É tempo de nascer de novo para a nossa verdadeira identidade como o Cristo e como um ser unificado. É tempo de ver todas as pessoas como iguais, a despeito do seu estado de desenvolvimento espiritual ou ausência dele. É tempo de nos ocuparmos das coisas do Pai, porque a identidade do Pai é, na verdade, a nossa identidade. O propósito do Pai é o nosso propósito. Existe um único ser no universo infinito, e esse ser é Deus. Ele está encarnado em cada mineral, em cada vegetal, em cada ser humano, em cada planeta, em cada estrela e em cada galáxia.

No futuro, todos os reinos serão vistos como iguais. Não somos superiores a uma flor, a um gato, a um cachorro, a um cristal ou a uma pedra. Cada um é uma encarnação específica de Deus, tendo um propósito específico, uma missão e um atributo da natureza infinita de Deus a expressar. À medida que formos superando nosso ego negativo, identificaremos nosso devido lugar no esquema global da vida que é Deus.

21

O SACERDÓCIO DE MELQUISEDEQUE

Melquisedeque, o Eterno Senhor da Luz
As Chaves de Enoch

Sempre tive um grande interesse pelo sacerdócio de Melquisedeque. Apesar de eu sentir uma grande sintonia e afinidade com esse grupo e com os seus ensinamentos, são muito poucas as informações escritas que temos sobre eles no planeta Terra. Minhas exaustivas pesquisas revelaram alguns mistérios ocultos desse maravilhoso grupo.

A história moderna conhece Melquisedeque por meio do Antigo Testamento, pois ele foi o orientador espiritual de Abraão, o que está muito bem documentado. Em suas canalizações, Edgar Cayce diz que Jesus Cristo, em uma de suas encarnações, foi um homem chamado Melquisedeque.

É importante compreender que existe um ser de nome Melquisedeque e uma Ordem Sacerdotal de Melquisedeque. Quando uma pessoa alcança a iluminação espiritual nessa Ordem, ela é chamada de Melquisedeque. O livro *As Chaves de Enoch* descreve o ser dos mundos espirituais que dirige essa Ordem como o Eterno Senhor da Luz, o Soberano da Luz, responsável pela organização dos níveis dos mundos celestiais de YHWH (Deus) para a passagem a uma nova criação, comparável a Metatron e a Miguel na disponibilidade de recursos, na formação e reeducação dos mundos que passam pelo processo de purificação da Luz viva. Ele é responsável pela Ordem Celestial da Fraternidade de Melquisedeque e pelo sacerdócio espiritual e planetário de Melquisedeque:

> Jeová (o Deus revelado do nosso universo) irá preparar o mundo para a salvação por meio de Melquisedeque e da Ordem de Melquisedeque. Melquisedeque é a manifestação de um Filho de Deus na história do planeta. Ele foi encarregado (segundo a aliança de Enoch) de preparar o verdadeiro sacerdócio de filiação sobre um planeta para a participação escatológica com os Filhos da Luz.

A definição mais precisa da Ordem de Melquisedeque é que ela é responsável pela reprogramação da consciência necessária para vincular a criação física com a externalização da Hierarquia Divina. É um sacerdócio régio que recebe a voz de Deus para a santificação das pessoas da Luz. A reorganização e o ensinamento afetam os estados de existência mental, emocional, física e espiritual e a consciência. Esse sacerdócio é visível em todas as gerações como uma Fraternidade de Luz dispersa. Ele permeia toda a árvore genealógica da raça humana.

A Ordem de Melquisedeque tem o poder ungido de redespertar e de ressurgir os justos do mundo para a Luz dos mundos superiores. Seus membros são os filhos da verdade ocultos na sabedoria histórica. Eles guardam as chaves que dão acesso à verdadeira história do planeta. Eles reúnem a Luz do homem que cultivaram por meio do ensinamento da palavra de Deus. De acordo com Enoch, em *As Chaves de Enoch*, a biblioteca sagrada do sacerdócio de Melquisedeque foi transferida do templo de Jerusalém para as regiões desérticas de Qumrã para que seus registros fossem preservados até o fim dos tempos. Será então que os Filhos da Luz, como a Ordem de Melquisedeque, retornarão à Terra para reunir a Fraternidade de Melquisedeque dispersa e estabelecer o Reino de Deus.

Jesus é um sumo sacerdote da Ordem de Melquisedeque. Moisés também tinha as chaves para esse sacerdócio de Luz. Quando ele veio à Terra, foi ungido pelo sacerdócio da Terra como um recipiente propício da Luz. Noé transmitiu essa Ordem a Abraão, que a passou a Jetro, que a legou a Moisés. Aarão, irmão e intérprete de Moisés e da Palavra de Deus, recebeu a incumbência de iniciar, junto com os setenta anciãos de Israel, um sacerdócio que ficasse subordinado à Ordem de Melquisedeque.

> A Ordem de Melquisedeque também governa os quadrantes dos mundos planetários onde a semente adâmica foi transplantada. Seus membros administram e ensinam princípios espirituais a esses mundos. A Ordem de Melquisedeque comunica-se com as outras comunidades celestiais e fraternidades de Luz em todos os universos de Deus, coordenando o trabalho do Cristo nos céus e na Terra. Na história do planeta Terra, a Ordem de Melquisedeque sempre existiu em pequenas comunidades familiares de sacerdotes-patriarcas, de cientistas-sacerdotes e de sábios-poetas que seguiram lealmente a palavra de Deus. Essa Luz passou de Melquisedeque a Abraão, de Abraão a Moisés, de Moisés a Elias, de Elias a Davi e de Davi a Jesus.

Essa informação de *As Chaves de Enoch* coincide com aquela fornecida pelo *The Urantia Book*, segundo a qual os membros da Ordem de Melquisedeque são conhecidos como filhos e filhas das emergências de Deus. Eles recebem essa designação porque sempre que surge um problema mais grave, geralmente é um membro dessa Ordem que recebe a incumbência de resolvê-lo. Isso acontece em todo o universo, e não apenas na Terra. Um membro da Ordem de fato, chamado Machiventa Melquisedeque, encarnou fisicamente no ano de 1973 a.C. De acordo com o *The Urantia Book,* isso havia acontecido apenas seis vezes no nosso universo local. Essa encarnação ocorreu perto da cidade que então tinha o nome de Salém, na Palestina. A primeira vez que um mortal o viu foi quando ele entrou na tenda de Andon, um pastor caldeu de origem suméria, e disse: "Eu sou Melquisedeque, Sacerdote de El Elyon (o Altíssimo), o Deus único. El Elyon, o Altíssimo, é o criador Divino das estrelas do firmamento e desta Terra em que vivemos. Ele é o Deus Supremo do céu."

Machiventa Melquisedeque reuniu em torno de si um grupo de estudantes e discípulos que se tornou o núcleo da comunidade de Salém. Ele logo ficou conhecido em toda a Palestina como o Sacerdote de El Elyon, o Altíssimo, e como o Sábio de Salém (Salém posteriormente veio a ser a cidade de Jerusalém, em Israel.). Ele viveu na Terra durante noventa e quatro anos, ensinando que, num tempo futuro, outro filho de Deus se manifestaria na carne, como ele, mas que nasceria de uma virgem. Ele se referia a Jesus, naturalmente. Os ensinamentos de Machiventa Melquisedeque eram simples porque as pessoas tinham muito pouca instrução naquele período da história, e a Luz espiritual no planeta era muito tênue. Toda pessoa que escrevesse seu nome ou imprimisse sua marca nas tábuas de argila da Igreja de Melquisedeque guardava na memória as seguintes crenças:

1. Creio em El Elyon, o Deus Altíssimo, o único pai universal e criador de todas as coisas.
2. Aceito a aliança de Melquisedeque com o Altíssimo, que me dispensa seus favores por minha fé e não pelos sacrifícios e pela queima de oferendas.
3. Prometo obedecer aos sete mandamentos de Melquisedeque e anunciar a boa nova dessa aliança com o Altíssimo a todos os homens.

Mesmo esse credo breve e simples acabou ficando avançado demais para as pessoas da época.

Os sete mandamentos instituídos por Melquisedeque eram:

1. Não servirás a nenhum outro Deus senão ao Criador Altíssimo do céu e da terra.
2. Não duvidarás de que a fé é a única exigência de salvação eterna.
3. Não prestarás falso testemunho.
4. Não matarás.
5. Não roubarás.
6. Não cometerás adultério.
7. Não desrespeitarás teus pais e as pessoas mais velhas.

Melquisedeque ensinou uma forma de verdade revelada elementar durante seus noventa e quatro anos de vida. De acordo com os ensinamentos de Urantia, Abraão, o pai do judaísmo, freqüentou essa escola de Salém em três diferentes épocas. Ele se converteu e tornou-se um dos alunos e seguidores de Melquisedeque mais brilhantes. Melquisedeque atribuiu a Abraão a incumbência de manter viva a verdade do Deus único, contrária à crença predominante naquela época que afirmava a existência de muitos deuses.

Ao celebrar sua aliança com Abraão, Melquisedeque disse: "Olha para os céus e conta as estrelas, se te for possível. Incontável como essas estrelas será tua descendência." Melquisedeque narrou a Abraão a história da futura ocupação de Canaã por seus descendentes, depois de sua estada no Egito. Foi quando celebrava essa aliança que Abraão mudou seu nome de Abram para Abraão. De acordo com o *The Urantia Book*, em seu auge, essa fraternidade teve mais de cem mil membros. Os ensinamentos de Melquisedeque se difundiram pelo Egito, pela Mesopotâmia e pela Ásia Menor.

Com o passar das décadas e dos séculos, esses ensinamentos se difundiram entre toda a raça humana. Assim, foi realmente a religião judaica, e mais tarde a religião cristã, que carregou a tocha inicial da Ordem de Melquisedeque. Depois de sua morte, Melquisedeque continuou trabalhando com profetas e videntes do plano interior para perpetuar os ensinamentos que ele havia começado com Abraão.

OS ENSINAMENTOS DO TEMPLO DE MELQUISEDEQUE TRANSMITIDOS POR SHIELD E SHARULA E POR EARLYNE CHANEY

Em meu terceiro livro, *Hidden Mysteries*, no capítulo sobre a Terra oca, faço referências a uma mulher que se diz originária da cidade subterrânea de Telos, situada três quilômetros debaixo do Monte Shasta. Ela se chama Sharula, e o marido, Shield. Estive numa palestra dada por eles e fiquei impressionado com o que apresentaram. Sharula afirma ter uns trezentos e cinqüenta anos de idade. Uma amiga clarividente viu uma fotografia de Sharula e disse que sua aura é totalmente diferente da maioria dos habitantes da Terra. Solicitei aos palestrantes que me enviassem algum material, pois eles estão ligados à Ordem de Melquisedeque nessa civilização subterrânea de Telos, onde Sharula é sacerdotisa no templo. Seus ensinamentos confirmam que Melquisedeque viveu neste planeta e se referem à Ordem de Melquisedeque como um sacerdócio cósmico. Eles mencionam quatro níveis de iniciação no âmbito desse sacerdócio:

1. Neófito,
2. Iniciado,
3. Hierofante,
4. Sumo sacerdote e sacerdotisa.

Earlyne Chaney, em seu livro *Initiation in the Great Pyramid*, confirma o que Shield e Sharula dizem sobre os níveis de iniciação. Numa vida passada no Egito, durante a terceira dinastia, Earlyne passou pelos sete níveis de iniciação na Grande Pirâmide de Gizé. A ordem espiritual em que ela foi iniciada era a Ordem de Melquisedeque. Ela apresentou as mesmas classificações de Shield e Sharula para os candidatos que desejavam ser iniciados nos mistérios ocultos. Só depois de passar pela sétima iniciação é que Earlyne recebeu permissão de usar o título de sacerdotisa de Melquisedeque. Após receber a sétima iniciação, e seguindo o exemplo de alguns Mestres, ela deu um passo a mais e se tornou uma Ptah.

Em suas canalizações da Mente Universal, Edgar Cayce afirma que os próprios essênios tiveram suas origens nessa antiga ordem. Earlyne disse também que estudou em Heliópolis, o mesmo lugar onde Jesus e João Batista estudaram. O treinamento que recebeu foi quase idêntico aos ensinamentos Huna do Havaí, muito interessantes, aliás. Além disso, Earlyne foi instruída por extraterrestres, dos quais ela lembra perfeitamente, vindos de outros sistemas estelares, da Atlântida e da civilização maia, onde eles eram muito ativos.

Sua educação incluía conhecer os ensinamentos de Thot-Hermes. Os ensinamentos Huna, egípcios e da Ordem de Melquisedeque são absolutamente semelhantes.

A descrição a seguir foi feita pelo pai de Earlyne Chaney, que era um iniciado de sétimo grau na Ordem de Melquisedeque.

> A Ordem de Melquisedeque existia antes mesmo que o tempo começasse neste minúsculo planeta chamado Terra. Essa é a Ordem da Hierarquia Divina, que existe entre todos os planetas do sistema solar e mesmo além dele. Essa escola de mistério é a nascente da grande obra. Seus iniciados estão espalhados não só na Terra, mas por todo o universo...
>
> Essa escola divina dos membros da Ordem de Melquisedeque é o repositório de todos os mistérios de Deus e da natureza, preservados pelos filhos da Luz. Todas as sociedades e ordens secretas no plano da Terra são apenas sombras ou projeções de uma ordem hierárquica correspondente no suprafísico: a escola de mistério invisível celeste é a causa geradora e a ordem na Terra é o efeito...
>
> Essa escola tem suas próprias qualificações e exigências para admissão... O objetivo principal da Hierarquia é projetar no mundo, por meio dos seus iniciados encarnados, a inspiração e os motivos para a iluminação humana. Os Mestres da Hierarquia procuram para iniciação os mais espiritualmente elevados da onda de vida da Terra. Todas as verdades penetram no mundo a partir dessa fonte divina, a fonte oculta de todas as comunidades espirituais.
>
> Essa hierarquia santa, a Ordem de Melquisedeque, existe desde o início dos tempos e da vida na Terra; todas as escolas exteriores são apenas uma extensão dela... seus iniciados incluem os que ainda estão na carne e que possuem maior capacidade para a Luz.
>
> Ela confere três graus principais aos candidatos selecionados ainda encarnados. O primeiro grau é conferido unicamente por meio da inspiração. Freqüentemente esse contato não é percebido nem mesmo pelo candidato escolhido no tempo em que ele se dedica aos escritos, aos ensinamentos ou a outros estudos inspirados. O segundo grau dispõe o candidato à iluminação interior por meio da qual ele obtém a compreensão intuitiva e se conscientiza de que faz parte de uma comunidade espiritual e de que está passando por um processo de iniciação. O terceiro, último e mais elevado, confere a abertura de todo o aparato sensorial pelo qual a alma alcança a união com as verdades eternas. Não é necessária a capacidade intelectual. Alguns iniciados são até pouco inteligentes, mas são espiritualmente harmoniosos com o propósito divino.
>
> Essa comunidade secreta possui o conhecimento dos mistérios primitivos do espaço, da natureza e da criação. Ela vela sobre todas as escolas de mistério e

ordens da Terra, supervisionando seu desenvolvimento. Suas iniciações de três graus abrangem todas as iniciações oferecidas nessas ordens, algumas das quais conferem três, algumas sete e outras trinta e três. Mas todas estão compreendidas nos três graus cósmicos da hierarquia divina. Todo iniciado qualificado pode ser chamado a essa companhia sagrada, unindo-se em amor e Luz com os iluminados da comunidade dos santos anjos.

Shield e Sharula estão viajando pelo país iniciando pessoas nessa ordem sagrada. Sharula aparentemente canaliza um ser chamado Adama, que diz que os ensinamentos de Melquisedeque são guardados e protegidos no mundo subterrâneo até o tempo em que os templos exteriores possam ser restabelecidos.

O tempo é agora. É por isso que não é por acaso que eu estou escrevendo este capítulo ou que você o está lendo. O objetivo desses ensinamentos é tornarnos um Melquisedeque. Eles sugerem que as pessoas que estão sinceramente interessadas em tornar-se Melquisedeques invoquem Shambala três vezes em voz alta na meditação e peçam para ser introduzidas no caminho consciente da iniciação de Melquisedeque. A forma como você faz esse pedido e as palavras que você usa são irrelevantes. Apenas peça três vezes em meditação e/ou antes de dormir. Um Melquisedeque plenamente realizado é um ser ascensionado.

A ORDEM CÓSMICA DE MELQUISEDEQUE

Num nível mais cósmico, o *The Urantia Book* fala de um ser a que muitos se referem como o Pai Melquisedeque, que atua como administrador do nosso universo local. Ele está envolvido com os procedimentos práticos do universo e preside comissões especiais, extraordinárias e de emergência e conselhos consultivos. A Ordem de Melquisedeque não atua extensamente fora do universo local, a não ser quando seus membros são convocados como testemunhas em questões em tramitação nos tribunais do superuniverso. Os membros da Ordem de Melquisedeque nesse nível cósmico são a primeira ordem dos filhos Divinos a se aproximar da vida física, podendo atuar diretamente no ministério da elevação dos mortais e servir sem precisar encarnar. Eles atuam no ponto intermediário entre as personalidades no universo material e a Divindade suprema. As ordens seráficas dos anjos se regozijam em trabalhar com a Ordem de Melquisedeque.

A Ordem de Melquisedeque é também uma ordem autônoma. Seus membros mantêm uma organização independente dedicada à inteligência universal. Eles têm a confiança plena de todas as classes de seres inteligentes. Em sua sabedoria, eles estão próximos da perfeição. As ordens de Melquisedeque se dedicam principalmente ao extenso sistema educacional e ao regime de treinamento vivencial do universo local.

De acordo com o *The Urantia Book*, o serviço dessas ordens abrange aproximadamente dez milhões de mundos habitados somente em nosso universo. Além do seu trabalho de treinamento educacional regular, os membros dessas ordens entram em ação sempre que ocorre uma situação de emergência no universo. Quando algum aspecto do plano do Criador ameaça malograr, um Melquisedeque se apresenta imediatamente para dar sua assistência. Um Melquisedeque pode tornar-se visível aos seres mortais, e em ocasiões raras eles encarnam fisicamente. A Ordem de Melquisedeque são os ministros de emergência versáteis e voluntários para todas as ordens de inteligências do universo e para todos os sistemas dos mundos.

A MENSAGEM DE SOLARA SOBRE A ORDEM DE MELQUISEDEQUE

Solara é uma mestra espiritual profundamente envolvida com o reino angélico. Ela escreveu uma série de livros muito interessantes e foi um meio particularmente eficiente para conscientizar as pessoas a respeito do 11:11. Para quem não sabe, o 11:11 é um símbolo para a energia de ascensão. O 11:11 que ocorreu em 11 de janeiro de 1992 (11/1/1(992) foi o despertar planetário subseqüente à Convergência Harmônica.

A mensagem que Solara recebeu dos arcanjos diz que em 11 de novembro de 1991 aconteceu a longamente esperada "ativação da Ordem de Melquisedeque" no planeta Terra. Segundo as palavras de Solara, Melquisedeque atua como o "supervisor dos Senhores de Sabedoria e guardiães do conhecimento secreto e antigo".

Todos os mistérios secretos dos iniciados estão sob a liderança da Ordem de Melquisedeque. Com essa ativação houve uma externalização de todos os mistérios secretos que estiveram ocultos. A externalização da Hierarquia e o reaparecimento do Cristo também fazem parte desse processo. As escolas de mistério esotéricas estão se tornando exotéricas. A Ordem de Melquisedeque chegou à sua ativação plena entre 1991 e 1995. O bastão de poder de Melquisedeque foi ativado e está despertando os bancos de memória celular das pessoas do planeta Terra. Essa ativação faz parte do renovado interesse por essa que é uma das mais antigas e sagradas ordens.

MAIS INFORMAÇÕES UNIVERSAIS

As pesquisas que realizei no decorrer deste ano me trouxeram muitas informações interessantes. De acordo com canalizações de Vywamus, o nome do nosso Logos Universal (o ser que serve de alma ao universo) não é outro senão Melquisedeque. Essa informação confirma duplamente o que os *The Urantia Book* canalizaram sobre o Pai Melquisedeque.

Em suas canalizações, Vywamus mencionou diferentes níveis da Fonte. À medida que evoluímos como planeta, sistema solar, galáxia e universo, podemos sintonizar com níveis superiores da Fonte. Ele se referiu a esses níveis como Fonte A e Fonte B. À fonte de nível superior ele se referiu como Kalmelquisedeque, falando aqui num nível universal. O Logos Galáctico e o Logos Galáctico do nosso quadrante (Melquior) estão a serviço desse grande ser.

Uma última informação oculta fascinante sobre Melquisedeque, segundo Vywamus e também canalizações de membros da Fundação Tibetana, é que Nikola Tesla foi uma extensão de alma ou sonda do vasto ser que conhecemos como Melquisedeque.

MELQUISEDEQUE NO NÍVEL GALÁCTICO

No nível do Núcleo Galáctico, temos um outro ser, grande e poderoso, que está à nossa disposição para sintonizações e canalizações e que pode se incorporar em nós. Seu nome só poderia ser Melquisedeque. Ele é o novo membro do conselho de governo desta seção galáctica, tendo substituído recentemente outro Mestre cósmico que assumiu outras funções na hierarquia universal.

O Melquisedeque galáctico serve como um elo de ligação entre a Terra, os outros planetas e o núcleo galáctico da nossa galáxia. Ele teve algumas existências na Terra, sendo que sua última vida, pelo que sabemos, foi como um rei chamado Melquisedeque. Ele se incorporou (do mesmo modo que o Senhor Maitreya se incorporou em Jesus) em muitos seres na Terra, um dos quais foi Enoch ("o homem que andou com Deus").

Perguntei a Djwhal Khul sobre Enoch, e ele me deu uma informação muito valiosa. Segundo ele, Enoch foi uma encarnação de Jesus Cristo, fato confirmado também por Edgar Cayce. Ele ascensionou em sua vida como Enoch, com Melquisedeque incorporando-se nele.

Atualmente, o Melquisedeque galáctico está trabalhando com inúmeras pessoas na Terra para trazer informações sobre o uso da Luz. Ele está à disposição para contatos e canalizações.

22

A UNIVERSALIDADE DA RELIGIÃO

Comece o dia com amor. Preencha o dia
com amor. Passe o dia com amor.
Termine o dia com amor. Este
é o caminho para Deus
Sathya Sai Baba

O que tenho para transmitir-lhe agora é absolutamente extraordinário. Já falei da comunidade dos essênios e de como ela influenciou e afetou a vida de Jesus Cristo. Nas minhas pesquisas nos arquivos de Edgar Cayce, encontrei uma afirmação da Mente Universal por ele canalizada. A Mente Universal disse que as verdadeiras origens dos essênios remontam a Melquisedeque, o grande Mestre espiritual que viveu na Terra em 1973 a.C. Ele foi chamado de príncipe de Salém, tendo sido o Mestre que iniciou Abraão, o pai e fundador da religião judaica, nos mistérios espirituais. Esse fato está claramente expresso no Antigo Testamento.

Melquisedeque foi o instrutor espiritual de Abraão. Melquisedeque foi um representante da antiga Ordem Sacerdotal de Melquisedeque, uma ordem mística universal responsável pelo treinamento e pela educação dos seres mortais de todos os tipos em todo o universo. A Grande Fraternidade Branca no nosso planeta seria uma parte dessa ordem maior de Mestres e instrutores.

Eu sabia que Jesus teve uma vida passada como um ser chamado Melquisedeque. Entretanto, qualquer ser que passa pelos sete níveis de iniciação nessa Ordem mística é chamado de sacerdote de Melquisedeque; por isso não pensei muito sobre o assunto. Minha orientação intuitiva me disse para perguntar a Djwhal Khul se, na sua vida passada como Melquisedeque, Jesus foi o mesmo Melquisedeque que instruiu Abraão e o levou a iniciar o judaísmo. Djwhal Khul respondeu-me imediatamente que se tratava da mesma pessoa. Essa é uma informação extraordinária, pois significa que Jesus deu origem aos essênios e, depois, foi por eles treinado quando voltou à Terra como Jesus.

Significa também que os essênios são um ramo da Ordem de Melquisedeque, o que é extraordinário, e que Jesus é o Mestre que iniciou não apenas a religião cristã, mas também a religião judaica, pois ele foi o instrutor espiritual de Abraão. Além disso, em encarnações posteriores, ele foi Josué, que conduziu o povo judeu para a terra prometida, depois da morte de Moisés. Sabemos também que ele foi Enoch, Jeshua e José, todos personagens bíblicos importantes. Para tornar essa história ainda mais surpreendente, ele também foi Zend, o pai do avatar persa Zoroastro (que havia sido Buda numa vida passada), de modo que ele influenciou enormemente também o início do zoroastrismo. Além disso, ele foi um dos instrutores espirituais de Maomé no plano interior, juntamente com o arcanjo Gabriel.

É preciso lembrar ainda que Jesus nasceu numa família judia e se tornou rabino judeu. O entrelaçamento das religiões judaica e cristã é de fato impressionante. Temos o judaísmo, o cristianismo, os essênios e a ordem de Melquisedeque, todos derivando da mesma fonte.

O que é ainda mais notável é a lembrança de Earlyne Chaney de ser iniciada na Grande Pirâmide de Gizé na Ordem de Melquisedeque. Ao estudar os ensinamentos que ela recebeu, fiquei impressionado de ver que os ensinamentos egípcios eram quase literalmente os mesmos que os ensinamentos Huna do Havaí. E quando digo literalmente, quero dizer literalmente mesmo. Estudei esses ensinamentos no plano interior e no plano exterior, e por isso sei.

Fui direcionado para os ensinamentos Huna por um dos meus primeiros instrutores espirituais, um homem chamado Paul Solomon, que canaliza a Mente Universal à semelhança de Edgar Cayce. Em suas canalizações da Mente Universal, ele disse que a forma mais pura de psicologia e de religião no planeta são os ensinamentos Huna do Havaí.

Constatamos, então, que a Ordem de Melquisedeque, o judaísmo, o cristianismo, os essênios, os ensinamentos egípcios e as crenças Huna do Havaí derivaram todos da mesma fonte; e eu mal comecei essa análise.

Temos o Senhor Maitreya, que é o cabeça da Hierarquia Espiritual e da Grande Fraternidade Branca e que também ajudou Jesus a começar a dispensação cristã, incorporando-se nele nessa existência. É um fato oculto que o Senhor Maitreya, em sua vida passada, foi o grande Mestre espiritual hindu, o Senhor Krishna. Todo o hinduísmo baseia-se nos seus ensinamentos gloriosos expostos no *Mahabarata*, especialmente no *Bhagavad Gita*. Assim, à lista de ensinamentos que derivaram da mesma fonte podemos acrescentar o hinduísmo e a Grande Fraternidade Branca.

A isso acrescente-se que o escriba do *Bhagavad Gita* foi Vyassa, que não foi outro senão Gautama Buda numa vida passada. Buda foi também Thot-Hermes, que ensinou os mistérios espirituais no Egito. Ele também foi Orfeu, que iniciou a Escola de Mistérios Grega. Foi ainda Zoroastro, que fundou o zoroastrismo. E, por fim, mas não menos importante, ele fundou o Budismo. O mesmo ser esteve envolvido na fundação de cinco religiões diferentes! Assim, ao grupo principal podemos agora acrescentar essas, todas elas procedendo da mesma fonte.

Ampliando ainda mais a lista, temos Djwhal Khul, que foi um budista tibetano em sua vida como Djwhal Khul. Numa vida precedente, ele foi Confúcio e deu início ao Confucionismo. Djwhal foi também Gaspar, um dos três magos da religião cristã, de modo que novamente temos uma relação entre o Confucionismo, o Budismo tibetano, o Cristianismo e a Grande Fraternidade Branca.

Temos ainda o fato de que as pessoas da Terra interior, muitas das quais vieram da Atlântida e do Egito, também seguem os ensinamentos de Melquisedeque. Shield e Sharula, de uma cidade subterrânea situada três quilômetros debaixo do Monte Shasta, chamada Telos, dizem que a origem da sua religião é a Ordem de Melquisedeque. Os escritos de Earlyne Chaney também confirmam isso.

O Taoísmo foi fundado por Lao-tsé. Numa vida mais recente, ele foi um Mestre da Siddha Ioga da linhagem de Babaji. Vemos novamente a correlação entre Taoísmo, Hinduísmo e a Ioga.

Temos também o arcanjo Gabriel, que serviu de intermediário para a fundação da religião islâmica, por meio do profeta Maomé, e também para a fundação da religião cristã. Ele foi o instrutor de Maomé e também da Virgem Maria e de José, seu esposo (Saint Germain). Aqui, a relação é entre a fé islâmica e a cristã.

Temos a seguir o Mestre Ascensionado El Morya, que foi Abraão, o pai do Judaísmo. Ele também foi um dos três magos na história cristã. Eis novamente a ligação entre o Judaísmo e o Cristianismo na Grande Fraternidade Branca.

E o conde de Saint Germain? Ele foi José, o esposo da Virgem Maria, o profeta judeu Samuel, e o fundador dos Discursos Eu Sou através de Godfrey Ray King. Isso estabelece um elo de ligação entre o Cristianismo, o Judaísmo e os modernos ensinamentos místicos ocultos da Fundação Eu Sou.

Isso nos leva ao grande Mestre Kuthumi, que foi Pitágoras, São Francisco de Assis e João, o discípulo amado de Cristo. E aqui temos novamente o entrelaçamento da Escola de Mistérios Pitagórica com a dispensação cristã. Essas são as vidas passadas que demonstram claramente e provam o que todos já sabíamos por intuição: que todas as religiões são uma só e que todas provêm da mesma fonte. Um dos meus objetivos principais é entrelaçar esse tecido e mostrar a indizível beleza de todas as diversas formas de religião em sua unidade.

Todos os grandes profetas ensinaram as mesmas verdades. Não será difícil demonstrar isso pois, como já vimos claramente, todas elas se baseiam nos ensinamentos dos mesmos grandes seres que apenas mudaram de corpo de uma existência para outra.

23

PREVISÕES PARA UM FUTURO PRÓXIMO

Por que se preocupar quando se pode rezar?
Edgar Cayce

É importante compreender que uma profecia só é realmente precisa no momento em que é feita. Isso acontece porque temos livre-arbítrio. Um profeta descortina o futuro, tendo por base o padrão que se revela no momento em que ele se manifesta. Se nós, como habitantes da Terra, conservamos esse padrão, a profecia se realiza.

Certa vez, alguém me descreveu a profecia como o quadriculado num tabuleiro de xadrez. O quadriculado está pronto, e alguns quadrados estão até ocupados, mas a maioria deles está vazia, e é ocupada de acordo com as nossas escolhas.

O motivo que me leva a dar prioridade a esse assunto neste capítulo é que muitos médiuns e canais predisseram inúmeras mudanças para a Terra e grandes catástrofes naturais que estarão atingindo o planeta. O verdadeiro motivo da revelação dessas profecias é para que nós, na Terra, usemos nossa vontade livre e nosso livre-arbítrio para mudar nossa consciência e o nosso mundo. Sinto-me feliz em dizer que nós, como planeta, estamos fazendo isso em boa medida. Todas as fontes de informação com as quais estou em contato disseram que a consciência das pessoas na Terra mudou bastante para evitar as catástrofes colossais que estavam prestes a se abater sobre nós.

O karma planetário funciona exatamente como o karma pessoal. Se nós, pessoalmente, entramos em desarmonia com as leis de Deus, nós sofremos. O mesmo se aplica à consciência coletiva deste planeta: se ela entra em desarmonia com as leis de Deus, teremos como karma planetário terremotos, colapso na economia e assim por diante.

Djwhal Khul afirmou que a humanidade como um todo está realmente adiantada. Se observarmos todas as mudanças que ocorreram recentemente, como a transformação da União Soviética numa democracia, a queda do Muro de

Berlim e a reunificação das Alemanhas, poderemos ver a transformação global que está em andamento.

Várias religiões fundamentalistas se agarram a profecias do tipo Armagedão da Bíblia, que foram feitas entre dois e cinco mil anos atrás. Tenho absoluta certeza de que, quando elas foram feitas, eram precisas. Elas foram feitas, porém, para incentivar-nos a usar nosso livre-arbítrio para mudar, não porque devessem fatalmente acontecer.

Nas profecias da Virgem Maria, no início do século XX, como Nossa Senhora de Fátima, ela pediu para que todas as orações da Igreja Católica fossem dirigidas à União Soviética, pois ela previa um possível holocausto nuclear para o futuro. Acredito piamente que as orações dos membros da Igreja Católica e de muitas outras pessoas exerceram um papel importante na transformação do comunismo numa sociedade livre e democrática. Se a profecia não pudesse ser mudada, por que a Virgem Maria pediria que todas as orações fossem dirigidas à União Soviética?

Sai Baba fez uma predição sobre a União Soviética há cerca de vinte anos. Ele disse que o povo da União Soviética não são os comunistas, e sim os que "virão a seguir". Há mais de quarenta anos, Edgar Cayce previu que a próxima grande religião virá da União Soviética e que um dia esse país será a esperança do mundo livre. Essas são profecias extraordinárias, visto que há apenas trinta anos tínhamos uma União Soviética liderada por Khruchtchev e enfrentávamos uma crise de mísseis cubanos.

O período histórico que estamos vivendo pode ser comparado à Mãe Terra dando à luz uma Nova Era. O planeta Terra passou de uma dimensão tridimensional para uma consciência quadridimensional. Estamos completando um ciclo de dois mil anos e passando da era de Peixes para a era de Aquário. Estamos também completando ciclos planetários ainda mais amplos de seis, doze e trinta e seis mil anos. Em 1992, mal começamos o último ciclo de vinte anos do calendário maia que termina no ano de 2012.

Como mencionei anteriormente, Vywamus disse que estamos precisamente no fim de uma janela de cem anos para a ascensão em massa, fim esse que se situa entre os anos de 1995 e 2000. Para encerrar esse período, o Senhor Maitreya, Sai Baba e toda a externalização da Hierarquia Espiritual estão atualmente em manifestação neste planeta. Acrescente-se a isso toda a atividade extraterrestre. Segundo Djwhal Khul, atualmente podemos alcançar em apenas quatorze meses a mesma evolução que no passado exigia quatorze anos.

Quando uma mãe dá à luz um filho, acontecem as dores do parto. A dor do parto é uma dor agridoce enquanto faz sofrer, mas a mãe sabe que dessa dor nascerá uma bela criança, de modo que ela é totalmente válida e mesmo prazerosa. É essa a situação que estamos vivendo neste planeta. A Mãe Terra está dando à luz uma Nova Era. Algumas dores de parto podem manifestar-se, mas o que está para vir é tão belo que a dor é totalmente irrelevante.

Estamos nos encaminhando para a Idade de Ouro neste planeta. Essa Idade de Ouro está relacionada com um mundo espiritualizado — um governo espiritualizado, um sistema econômico espiritualizado e instituições espiritualizadas em todos os setores da sociedade —, um mundo que manifesta princípios crísticos de participação, de fraternidade, de serviço e a consciência de que todos somos guardiães dos nossos irmãos.

Djwhal Khul profetizou que no futuro as igrejas e os templos deste mundo ensinarão o processo de iniciação exotericamente, e não apenas no âmbito esotérico. As pessoas poderão realmente receber suas iniciações nas igrejas. Ele prevê que a primeira iniciação se tornará a cerimônia mais sagrada da Igreja.

Djwhal também previu que todo o campo da religião será inspirado e reorientado porque o Mestre Jesus presidirá a Igreja Cristã num esforço para espiritualizá-la e reorganizá-la. João, o discípulo amado (que atualmente está encarnado), revelará todos os segredos da civilização atlante que estão guardados da câmara de registros na Grande Pirâmide de Gizé.

O ANTICRISTO

Tanto a Bíblia como outros livros sagrados contêm muitas predições sobre o aparecimento do anticristo. É importante compreender que, na realidade, há muitos anticristos trabalhando neste mundo. Paul Solomon, o homem por muitos considerado o Edgar Cayce moderno, disse em suas canalizações da fonte que o verdadeiro anticristo a que devemos estar atentos não é alguém como Saddam Hussein, que é impetuoso, mas sim alguém que, acima de tudo, pretende ser um salvador. Ao obter o poder total, ele será atiçado única e exclusivamente por esse mesmo poder. O verdadeiro anticristo é enganador e ardiloso, mas será vencido no final. Em um de seus livros, Brian Grattan diz que o anticristo é um árabe de trinta e três anos (1993) e faz dele uma descrição muito semelhante à feita por Paul Solomon.

Uma das áreas de conflito no planeta é o Oriente Médio, sem dúvida. Paul Solomon predisse a possibilidade de uma guerra nuclear "muito limitada" entre a Síria e Israel. Não afirmo que isso irá acontecer com certeza; entretanto, essa é uma área problemática. Em suas canalizações, Paul Solomon diz que a guerra terminaria rapidamente, com a vitória de Israel.

Paul Solomon disse também que outro ponto que poderia apresentar problemas pelo final do século é o Templo sobre o Monte, em Israel. Essa área é uma das mais sagradas em Israel, tanto para os árabes como para os judeus. Por volta de 1975, Paul Solomon viu um grupo radical israelense tentando reconstruir seu templo nesse local, um verdadeiro sacrilégio para os muçulmanos e possível estopim para algum tipo de guerra santa. Muita coisa aconteceu no mundo desde 1975, e essa crise pode estar superada, mas não podemos perder de vista esse lugar.

A TECNOLOGIA DOS CRISTAIS

Quando John of Penial, reencarnação de João, o discípulo amado de Cristo, abrir a câmara dos registros da Grande Pirâmide, a tecnologia dos cristais passará por uma transformação verdadeiramente explosiva. Aprenderemos, então, a dominar a lei da gravidade. Foi assim que os antigos egípcios puderam construir as pirâmides. Essa tecnologia e as invenções de Nikola Tesla exercerão um impacto revolucionário neste mundo. Todas as nossas casas e empresas terão antenas cuja função será captar de um estoque cósmico universal toda a energia de que precisamos. Numa canalização feita por Janet McClure, Vywamus disse que, desde a Convergência Harmônica, o Comando Ashtar foi autorizado a ampliar em dez vezes a energia dos cristais no planeta.

À medida que nos aproximarmos da Idade de Ouro, teremos um contato mais aberto e freqüente com civilizações extraterrestres mais avançadas. Algumas civilizações de nossa galáxia que estiveram nos visitando por eons de tempo procedem dos sistemas Lyra e Vega, de Arcturo, Sírio, Órion, das Plêiades e, naturalmente, do Comando Ashtar, para citar apenas algumas.

No futuro, o contato extraterrestre aberto será um fato corriqueiro. Seremos autorizados a participar da confederação de planetas em nossa galáxia e no universo à medida que a Terra for se tornando um planeta mais espiritualizado. Os extraterrestres nos ajudarão muito a aperfeiçoar nossas tecnologias, muito além dos objetivos atuais. As viagens espaciais serão habituais, como também os discos voadores terrestres. Os extraterrestres estão esperando que desenvolvamos a consciência espiritual necessária que nos permita administrar essas tecnologias avançadas sem usá-las para fins bélicos.

LUZ E SOM

Nos livros de Alice Bailey, Djwhal Khul disse que a luz e o som seriam responsáveis por grandes invenções futuras. Algumas delas, porém, já foram aplicadas nos templos de cura da Atlântida e da Lemúria, e depois esquecidas. Um dos resultados das pesquisas nesse campo será o desenvolvimento de uma visão etérica muito maior para todos nós. Djwhal salientou que as pessoas do futuro pensarão e falarão cada vez mais em termos de luz.

Ele também disse que uma grande descoberta acontecerá no fim deste século ou no início do próximo referente ao uso do pensamento para dirigir a luz. Duas crianças, uma nos Estados Unidos e outra na Índia, criarão uma fórmula científica que resolverá alguns problemas na escala da vibração da luz.

TELEFONES CÓSMICOS

No futuro, teremos máquinas capazes de estabelecer comunicação com espíritos no plano interior, quando então teremos condições de falar com parentes que passaram para o plano astral.

As invenções de Nikola Tesla também terão aplicação prática. Isso significa que poderemos nos comunicar com discos voadores e com outros planetas por meio das máquinas por ele projetadas.

O MESSIAS PARA O POVO JUDEU

Djwhal Khul prevê a vinda de um iniciado de alto nível, que será o messias para o povo judeu. Esse iniciado não será o Senhor Maitreya.

CURA DA AIDS

Está previsto que uma vacina para a cura da AIDS será inventada num futuro próximo.

MÁQUINA PARA RETIRAR A NÉVOA

Paul Solomon previu que será inventado um gerador de íons com a finalidade de recolher e limpar a névoa e a poluição do ar.

O DIA DO JUÍZO

Muitos canais e médiuns profetizaram que no final deste ciclo de evolução planetária que estamos vivendo haverá algo semelhante a um dia do juízo ou de divisão de almas. A expressão dia do juízo não denota aqui nada de negativo; ela apenas indica que as almas que continuam com uma consciência tridimensional reencarnarão num planeta mais apropriado para sua evolução. Brian Grattan acredita que esse planeta está localizado no grupo de estrelas das Plêiades.

Neste momento, o planeta Terra está se estabilizando como consciência quadridimensional. As almas que estão sintonizadas com essa mudança em seu processo evolutivo pessoal continuarão reencarnando neste planeta.

O FUTURO INSTRUTOR DO MUNDO

Djwhal Khul predisse que quando o Senhor Maitreya concluir sua missão e prosseguir em sua evolução cósmica, Kuthumi assumirá o seu lugar como bodhisatva, instrutor do mundo, o Cristo Planetário e o chefe da Hierarquia Espiritual.

Como muitas pessoas sabem, Djwhal Khul foi o discípulo mais antigo de Kuthumi e assumiu grande parte do trabalho e muitos alunos do mestre. A literatura teosófica profetizou que o Senhor Maitreya retornaria à Terra, num futuro distante, como o Cristo Cósmico.

AERONAVES

Os *Discursos do Eu Sou* predisseram que serão inventadas aeronaves que utilizarão a energia da atmosfera para se deslocar no ar. Também teremos aviões e carros movidos à energia dos cristais, como na Atlântida.

Ronald Beasly, o mestre espiritual inglês, predisse que os carros serão movidos a água e que a gasolina se tornará obsoleta. Os espíritos-guias de Ruth Montgomery prevêem que novas formas de energia serão produzidas por discos solares que giram lentamente em amplos arcos gerando vapor. Eles dizem que essa nova forma de energia também poderá ser usada para os carros.

O SISTEMA ECONÔMICO

Em suas canalizações, Benjamin Creme predisse que, depois do anúncio do Senhor Maitreya, iniciados de alto nível, especialistas em economia, reorganizarão todo nosso sistema econômico, substituindo-o por outro baseado na participação de todos. Cada país armazenará os recursos que lhe forem necessários e depositará o excesso numa espécie de fundo comum, que será utilizado pelos países menos produtivos.

A VISÃO DE GEORGE WASHINGTON

Uma das profecias e visões mais fascinantes foi feita a George Washington, nosso primeiro presidente, em Valley Forge, em 1777. Seu exército de maltrapilhos ia aos poucos definhando e congelando até a morte. Angustiado, George Washington recolheu-se à sua barraca em busca de solidão. Foi então que uma bela mulher lhe apareceu (a deusa da Liberdade) e lhe apresentou três visões do futuro dos Estados Unidos. Cada uma se relacionava com um perigo que o país teria de enfrentar.

Depois da apresentação, a deusa da Liberdade lhe disse: "Filho da República, o que você viu tem esta interpretação. Três grandes perigos sobrevirão à República. O mais terrível é o terceiro, mas nem o mundo inteiro, unido, prevalecerá contra ela. Que cada filho da República aprenda a viver para Deus, para sua terra e para a União."

Os três perigos foram interpretados como a Revolução Americana, a Guerra Civil e uma possível invasão dos Estados Unidos. Devemos esperar que nós, povo dos Estados Unidos, tenhamos elevado nossa consciência o bastante para que a terceira visão não se transforme em realidade. Acredito que tenhamos superado essa contingência. De qualquer modo, a deusa da Liberdade afirmou que os Estados Unidos prevalecerão.

Uma referência interessante sobre George Washington: Numa vida subseqüente neste século ele encarnou como Godfrey Ray King, o canal para os *Discursos do Eu Sou* de Saint Germain, os grandes ensinamentos desse Mestre revelados nas décadas de 1930 e 1940. Saint Germain realmente se materializou fisicamente a Godfrey Ray King no Monte Shasta, Califórnia.

Outro ponto interessante é que, numa vida passada, Saint Germain foi Colombo. Assim, o descobridor da América e o primeiro presidente dos Estados Unidos uniram-se novamente neste século para trazer liberdade interior para os Estados Unidos com os ensinamentos do *Eu Sou*.

A VOLTA DE EDGAR CAYCE

Numa leitura da Mente Universal, Edgar Cayce recebeu a informação de que ele reencarnaria novamente em 1998 como um libertador do mundo, se ele o desejasse, para ajudar a encaminhar a Nova Era. Em outro sonho, Edgar Cayce, se viu no ano de 2100 em Nebraska. Nesse sonho, como criança, ele disse aos seus familiares que havia sido Edgar Cayce no início do século XX. Ele disse também que no sonho as pessoas viajavam em longas naves metálicas, com formato de charuto, que se deslocavam pelo ar a altas velocidades. (Isso parece tecnologia atlante.) Disse ainda que as casas eram feitas de vidro.

UM PERÍODO DE TESTES ENTRE 1958 E 1998

Cayce disse que o mundo passaria por um período de testes entre 1958 e 1998. Um dia que devemos marcar nos nossos calendários é 5 de maio do ano 2000. Em suas canalizações da fonte, Paul Solomon disse que, astrologicamente, esse será o dia do grande alinhamento. Todos os planetas estarão alinhados, um atrás do outro. Quando isso acontecer, um raio de energia passará pelo centro de todos os planetas. Se a Terra ainda estiver instável, isso poderá causar um deslocamento do seu eixo. Djwhal Khul, repito, afirmou que aprendemos essa lição pela graça, e não pelo karma. Ainda assim, esse deve ser um dia muito interessante. Em se tratando de astrologia cósmica, um alinhamento dessas proporções é um acontecimento extremamente raro.

AS PROFECIAS DE EARLYNE CHANEY

Earlyne Chaney, volto a repetir, é a fundadora de Astara, a escola de mistério situada em Upland, Califórnia. Seus instrutores são Kuthumi, Zoser e a Virgem Maria. Os ensinamentos de Earlyne são muito semelhantes aos de Djwhal Khul, o que não é surpresa. Ela fez muitas profecias admiráveis e estimulantes.

Earlyne prevê uma redescoberta da Arca da Aliança. Esse termo foi popularizado recentemente pelo filme *Os Caçadores da Arca Perdida*. Earlyne diz que as arcas da aliança foram realmente trazidas à Terra por extraterrestres e que eram instrumentos especiais, munidos de cristais, que produziam raios de luz semelhantes aos nossos *lasers*. Ela afirma que as arcas foram usadas na Atlântida e, mais tarde, no Egito para construir as pirâmides.

As arcas da aliança cortavam rochas e podiam ser usadas para vencer a gravidade e erguer enormes pedras. Earlyne afirma que essas arcas também eram usadas para construir grandes túneis subterrâneos. Ela diz que uma pequena espaçonave extraterrestre está guardada numa câmara ainda não encontrada, bem debaixo da Grande Pirâmide.

No futuro, Earlyne vê carros movidos por baterias solares, fotoelétricas e superelétricas contendo estranhos bastões, bobinas e ímãs. Ela diz que não precisaremos mais de postos de gasolina, bastando simplesmente recarregar essas baterias.

Earlyne prediz que os satélites do futuro conterão grandes cidades e que haverá um satélite-prisão, destinado exclusivamente aos criminosos. Ela prevê a formação de um FBI psíquico, cujos membros serão treinados a deixar seus corpos e viajar para reuniões secretas de outros países a fim de obter informações sigilosas.

Ela antevê a invenção de implantes cerebrais feitos com biochips munidos de registros e arquivos contendo verdadeiros tratados; por meio desses implantes, a pessoa poderá aprender o assunto que quiser enquanto dorme. Esses implantes armazenarão na mente, em poucas horas, todo o conhecimento que a pessoa iria adquirir em vários anos de faculdade.

Para a cura, Earlyne prevê que as pessoas usarão muito mais o som e a cor, em combinação com os cristais. Ela prevê, ainda, a descoberta de mais planetas no nosso sistema solar, afirmando que teremos doze planetas girando ao redor do nosso Sol. Além disso, ela anuncia a existência de um planeta ou de uma espaçonave em movimento, semelhante a uma lua branca resplandecente, e acredita que ele esteja vindo de Órion ou das Plêiades. Earlyne diz que a ciência holográfica irá finalmente incluir cinema e televisão tridimensionais. Não será divertido?!

OUTRAS PROFECIAS E DITOS ESPIRITUAIS DE VYWAMUS

Numa canalização através de Janet McClure, Vywamus disse que um asteróide com um diâmetro de um quilômetro e meio a dois estava se deslocando na direção da Terra, e deveria chegar aqui em torno de 1994 ou 1995. Segundo Vywamus, esse asteróide poderia representar, de uma perspectiva da consciência, um fator realmente positivo, um novo tipo de energia a ser integrado no sistema da Terra. Esse corpo celeste estaria transportando uma grande quantidade de energia espiritual. Se a humanidade evoluir a ponto de poder usar essa energia, o asteróide não causará danos à Terra, embora possa provocar alguns terremotos se efetivamente atingir nosso planeta. Aparentemente, ele está trazendo consigo algum tipo de energia de integração.

Em outra leitura, Vywamus disse que são noventa e cinco as pessoas que basicamente controlam a Terra; elas fazem parte da Comissão Trilateral. Esses noventa e cinco homens e suas famílias estão envolvidos com conglomerados bancários e com empresas *holding*. A Comissão Trilateral e o governo secreto da Terra se relacionam com trinta e cinco outros planetas da nossa galáxia. Isso faz da Comissão Trilateral um problema galáctico, e não apenas planetário, como a maioria das pessoas acredita.

Esses trinta e cinco planetas, porém, têm um funcionamento muito desorganizado por causa de suas consciências egoístas e negativas, e isso provocará sua decadência. Vywamus disse que eles perderão seu poder muito em breve. Ele também disse que a invasão feita por esses extraterrestres negativos não começou em 1947 com a queda de uma nave em Roswell, quando os Estados Unidos encontraram realmente provas físicas da existência de extraterrestres, mas que vem se verificando há mais de quinhentos anos.

Vywamus disse ainda que os problemas de saúde física dos Cinzentos têm origem no fato de que eles são provenientes de outro universo. Cada universo tem a sua matriz energética, uma vez que cada um tem sua própria fonte que o governa. Os Cinzentos estão doentes porque estão tentando viver no universo errado.

Segundo Vywamus, para que possam sobreviver, é necessário mudar sua matriz energética. Vywamus está impressionado com o fato de terem sobrevivido por tanto tempo, considerando-se o que estão tentando fazer. Ele diz que os Cinzentos poderiam ser curados se invocassem os Mestres Espirituais do Núcleo Galáctico. Esses Mestres têm o poder de mudar a matriz energética, mas só darão sua ajuda se forem solicitados a fazê-lo.

PROFECIA DE BRIAN GRATTAN

Num artigo que li na excelente revista *Sedona Journal of Emergence*, Brian Grattan diz que há uma espécie de janela espiritualmente acelerada na Terra que vai de 1988 (ano do ancoramento da energia do Mahatma) até o ano 2028. Segundo Brian, teremos durante esse período de quarenta anos de aceleração espiritual um crescimento espiritual maior do que o que tivemos nos anteriores 3,2 bilhões de anos do nosso Dia Cósmico.

Um Dia Cósmico tem a duração de 4,3 bilhões de anos, de modo que resta 1,1 bilhão de anos do dia cósmico de nossa seção do universo infinito de Deus. Apenas pense nisso: nesse espaço de tempo de quarenta anos faremos mais progresso do que nos 3,2 bilhões de anos passados. É um tempo extraordinário para se estar encarnado neste planeta!

24

MANTRAS, NOMES DE DEUS E PALAVRAS DE PODER

Santo, Santo, Santo é o Senhor
Deus dos Exércitos
As Chaves de Enoch

Na minha opinião, a repetição dos nomes de Deus e o uso de mantras e de palavras de poder são a prática mais importante que podemos adotar na nossa vida diária, como complemento da meditação. Os instrutores e Mestres de todos os caminhos espirituais e de todas as religiões recomendam essa prática, que pode assumir diferentes formas. Neste capítulo, vou apresentar um conjunto eclético e universal de nomes de Deus, de mantras e de palavras de poder que, sem dúvida, farão com que Deus esteja presente em nossa vida se os recitarmos habitualmente.

Os benefícios dessa prática são incríveis. Gandhi recitava o nome de Deus, como Rama, constantemente no seu dia-a-dia, e ele mesmo afirmou que o seu sucesso deveu-se em grande parte a esse hábito. O *Bhagavad Gita* diz que, quando morrermos, iremos para o lugar que ocupa o nosso último pensamento antes da morte; a última palavra de Gandhi, ao ser assassinado, foi "Rama". Sai Baba diz que a repetição do nome de Deus e a visualização da Sua forma são um dos principais segredos do sucesso espiritual. Além de usá-las na meditação, o ideal é adotar essa prática habitualmente, ao longo do dia, enquanto esperamos na fila no banco, ao lavar a roupa, ao tirar o pó com o aspirador, ao tomar banho, ao caminhar e assim por diante.

A lei da mente é que os pensamentos criam a realidade. A energia segue o pensamento. Quando você recita o nome de Deus, acaba se tornando aquilo que está recitando. Quanto mais você o repetir, mais você purificará seus corpos físico, emocional, mental e etérico, e eles poderão então refletir apenas Deus.

Um dos maiores problemas de quem segue o caminho da espiritualidade é uma mente divagadora; "uma mente ociosa é a oficina do diabo". A entoação do nome de Deus mantém sua mente voltada para Ele. Se a sua mente não está em Deus, é provável que esteja no seu eu inferior e no seu ego negativo. Na Índia, todos recitam o nome de Deus; isso não acontece no Ocidente, o que é lamentável.

Sempre que emoções negativas se manifestarem ou quando se sentir deprimido ou irritado, recite o nome de Deus e visualize a forma divina que preferir. Você verá que essa atitude o tirará imediatamente daquela situação. Essa é uma das maneiras que você tem para afastar-se do seu eu inferior e aproximar-se do seu eu superior. Não há necessidade de adotar apenas um nome; se você preferir variações, altere o quanto desejar. Este capítulo lhe oferecerá centenas de alternativas. Experimente e veja quais lhe são mais adequadas. Você terá à disposição um arsenal espiritual que poderá ser usado em qualquer necessidade ou circunstância. A repetição do nome de Deus, reforçada pela visualização, é realmente um remédio para todas as circunstâncias da vida.

Além dos nomes de Deus, você pode usar os mantras, que são sons sagrados. Um exemplo é Aum. Sai Baba diz que o mantra Aum é a seta e que Brahma é o alvo. Aum o leva diretamente a Brahma. Aum é a mãe de todos os mantras.

O que chama a atenção sobre os mantras é que muitos deles realmente existem nas dimensões superiores e foram apresentados à humanidade pelos antigos rishis ou videntes indianos. Tendo a capacidade de entrar em sintonia com as dimensões superiores, eles ouviram efetivamente esses mantras por meio da clariaudiência. O poder dos mantras é inacreditável. Deus criou o universo recitando um mantra. À medida que evoluir para níveis de espiritualidade cósmicos, você poderá criar planetas e mesmo sistemas solares com a força de um mantra.

Você reconhece o poder das palavras. A prova desse poder está no que Jesus disse, "Lázaro, levanta-te!" — e Lázaro ressuscitou dentre os mortos. Veja o efeito das palavras de Hitler sobre a Alemanha nazista. As palavras de poder podem ser usadas por um mago branco ou por um mago negro. A maioria das pessoas não faz idéia do tremendo poder que têm quando falam.

Atualmente, os pesquisadores estão fazendo muitos estudos sobre o som atualmente. Nesses estudos, certas freqüências de som são direcionadas para células cancerosas, tendo como resultado a cura completa do câncer. A voz humana é o instrumento maior para produzir o som. Juntamente com o sentido das palavras ou com os nomes de Deus, o som pode sanar todos os problemas.

Não há necessidade de dizer que o Pai Nosso e a Grande Invocação são carregados de energia. Outra coisa interessante sobre o uso dos mantras, dos nomes de Deus e das palavras de poder é que quanto mais são usados, mais cheios de energia eles se tornam, assumindo uma força espiritual coletiva própria. Quando você reza, digamos, o terço da Virgem Maria, você se abastece numa consciência de grupo e também na sua própria relação pessoal com Deus.

Os mantras e os nomes de Deus podem ser ditos em voz alta, em silêncio, sussurrados ou escritos. Cada um tem o seu efeito específico. Preste o máximo de atenção para não se tornar mecânico. Recite cada mantra como um ato de adoração e de culto a Deus. O nome de Deus no judaísmo místico era tão sagrado, que certos setores da tradição judaica proibiam as pessoas de pronunciar o nome divino. É por isso que um dos mandamentos da Bíblia prescreve não usar o nome do Senhor em vão.

A recitação de um mantra ou de um nome de Deus cria força espiritual e purifica, limpa e cura todos os corpos de que você é feito. Ao repetir o nome de Deus, você programa a perfeição em sua mente subconsciente, e esta irá criar a perfeição em seus corpos físico, emocional, mental e espiritual.

A entoação de mantras ou dos nomes de Deus ajuda a formar o seu corpo de Luz, que é o corpo que você usará no estado ascensionado. Quanto mais você entoar o nome de Deus, mais ele será o centro de sua consciência. O mantra é como uma semente que acabará se transformando numa árvore frondosa. A árvore simboliza a realização em Deus. O mantra e o nome de Deus o protegem da fascinação, da ilusão, de maya e das energias negativas. Eles também lhe atraem o que você recita.

Se você recitar a palavra divina "Elohim", que significa "Tudo o que Deus É", você estará atraindo a si tudo o que Deus é. Se recitar o nome de Deus ao adormecer, você flutuará no seu corpo da alma até a dimensão e a consciência do nome que você recita, uma vez que é o último pensamento que está na sua mente que determina o lugar para onde você vai enquanto dorme.

O objetivo último de recitar os nomes de Deus ou os mantras é unir sua consciência individual com a consciência de Deus. O nome de Deus ou o mantra o ajuda a tomar consciência da sua verdadeira natureza como eu eterno, desperta suas faculdades superiores e eleva sua consciência ao nível daquela ressonância mântrica específica.

A prática constante dessa disciplina espiritual sagrada produz uma energia espiritual muito forte em sua aura, energia essa que você pode usar para abençoar as pessoas que encontra ao longo do dia. A mente é um instrumento de grande poder. Jesus disse que se tivermos a fé de uma semente de mostarda, poderemos mover montanhas, literalmente. Em sua canalização da Mente Universal, Paul Solomon disse que usava o livre-arbítrio de forma tão vigorosa, de modo a alterar realmente as posições das estrelas no universo. Edgar Cayce disse que as manchas solares são criadas pelo modo de pensar negativo do homem.

Você pode imaginar como se sentiria se pudesse deter a enorme força de sua mente e canalizá-la apenas para a espiritualidade? Imagine se você pudesse usar sua mente ininterruptamente, vinte e quatro horas por dia, para recitar os nomes de Deus, os mantras e as palavras de poder: todos os seus pensamentos, palavras e ações teriam uma origem divina. Este é o ideal: fazer com que toda a sua vida na Terra seja uma afirmação de Deus, que é o que você realmente é. Em geral, não fazemos isso porque não fomos educados para essa finalidade ou porque não recebemos os instrumentos e métodos apropriados. O objetivo deste capítulo e deste livro em geral é precisamente o de sanar essa lacuna.

Todos temos um ou vários mantras, nomes de Deus e palavras de poder particulares a que reagimos intensamente. Esses podem ser muitos ou poucos.

Não há certo ou errado. Deixe sua intuição guiá-lo. Experimente e divirta-se. Você ficará impressionado com os resultados que lhe advirão sob a forma de uma grande alegria, amor de Deus, amor das pessoas e Luz.

Durante o dia, nos momentos em que não estiver recitando os mantras e os nomes de Deus, você pode praticar outras disciplinas espirituais, como meditação, oração, leitura espiritual, afirmações, escrever um diário ou praticar exercícios físicos. A repetição do nome de Deus e dos mantras pode ser comparada a uma fita adesiva que liga todas essas ações ao longo do seu dia.

É extraordinariamente forte cantar os nomes de Deus. Na Índia, essa prática se chama cantar bhajans ou kirtans; no Ocidente, nós a conhecemos como cantos devocionais. Acrescentar o corpo emocional à recitação dos nomes de Deus e dos mantras faz com que eles se tornem ainda mais fortes. Programe suas próprias melodias e cantos, se quiser, ou adquira CDs ou fitas. O uso de CDs ou fitas gravadas com os mantras e com os nomes de Deus é uma prática receptiva, mais do que ativa. Uma coisa interessante que passa a acontecer quando você faz isso habitualmente é que o seu subconsciente e a sua natureza interior começam a recitar os mantras sem que a sua mente consciente se envolva. A recitação vai acontecendo automaticamente. Você começa a recitar em seus sonhos. Toda sua vida interior e exterior fica envolvida pela música e pela canção divinas.

Também é recomendável estabelecer momentos específicos para a recitação ou para a entoação. Você pode praticar na meditação ou, se preferir, pode usar o mala, como é comum na Índia. O mala é um fio com cento e oito contas (cento e oito é um número sagrado) feitas de sementes de sândalo ou de rudraksha. Ao recitar seu mantra ou o nome de Deus, você conta uma conta ou uma semente com os dedos. Em geral há algum tipo de marca que indica que você completou um certo número de repetições ou que terminou o ciclo inteiro. Os mantras podem ser recitados em conjuntos ou em séries, como sete vezes todas as contas, por exemplo. É bom saber que cada série de repetições não só contribui com o seu crescimento espiritual, mas também ajuda toda a humanidade e a Terra. Usar as contas do mala é como usar o terço. Os budistas também têm uma prática semelhante. Se você segurar um cristal durante a recitação, sua prática produzirá uma energia ainda mais forte. Recomendo enfaticamente que você adote esse hábito e o pratique durante o dia. Quanto mais você recitar o nome de Deus e Seus mantras divinos, mais você se assemelhará a Ele.

Essa prática purificará sua mente subconsciente e o ajudará a desenvolver uma enorme força de concentração. Ela o levará a aquietar a mente, a acalmar as emoções e a curar o corpo físico. Finalmente, ela fará com que você permaneça sempre na consciência de Cristo e não na consciência do ego negativo.

Para que essa prática não se transforme em rotina, é importante variar. Transforme essa prática no seu grande momento de alegria. Mantenha o interesse usando diferentes nomes de Deus e de mantras e adotando diferentes velocidades ou tempos de entoação. Você pode adotar um ritmo lento ou rápido, alto ou baixo, melodioso ou não. O mais importante é recitar com entusiasmo, grande devoção e amor; você está adorando e oferecendo seu amor a Deus.

Como você mantém seu corpo físico sadio com alimento saudável, assim também repetir o nome de Deus é o mesmo que alimentar sua mente e seu espírito com bom alimento. Um dos segredos do sucesso espiritual e mundano está em compreender a importância do direcionamento da atenção. Você vive, literalmente, onde está a sua atenção. A repetição do nome de Deus e de Seus mantras faz com que você mantenha sua atenção onde ela deve estar. Isso lhe atrairá saúde espiritual e material, pois não diz a Bíblia, "...buscai o seu Reino, e essas coisas vos serão acrescentadas"? (Lc 12,31)

Cada mantra o levará à realização de Deus e ao topo da montanha espiritual; mas cada um subirá a montanha por um caminho diferente. Há mantras e palavras de poder para todos os objetivos que se possa ter na vida. Alguns se destinam à cura, outros visam ressuscitar os mortos, outros ainda servem para atrair a prosperidade. Quero deixar bem claro que você não precisa mudar de religião para usar uma variedade universal e eclética de mantras. Sai Baba disse que "Qualquer que seja o nome ou a forma de Deus que você recite ou cultue, a ele atenderei". Essa é a religião da Nova Era do futuro. Todos os nomes e todas as formas levam ao mesmo lugar. Escolha os que mais fizerem eco em você. Talvez você queira ter um nome ou um mantra específico para cada circunstância da vida; isso é muito bom.

Recitar o nome de Deus também o ajuda a manter a consciência da presença de Deus na sua vida diária. O grande problema é o esquecimento. Se você recitar o nome de Deus constantemente, não haverá como esquecer. Essa prática também o ajudará a formar hábitos positivos, de Deus, e não hábitos negativos, do eu inferior. Dedicar-se a essa prática só pode levar Deus à ação. Deus não consegue resistir a um coração puro, amoroso e devoto.

Repita o nome de Deus sempre que sentir medo ou que começar a se preocupar, e o medo e a preocupação desaparecerão. "Se Deus está contigo, quem ou o que pode estar contra ti?" Pense na influência que a propaganda exerce sobre o público em geral. Refiro-me aqui a todos os *slogans*, palavras de apelo e canções. Veja como o público compra os produtos anunciados. Adote esse mesmo método; recite o nome de Deus e você estará comprando apenas um "produto de Deus". Quando perceber que vai iniciar uma discussão com seu companheiro ou companheira, recite imediata e silenciosamente o nome de Deus na sua mente e fique atento aos resultados.

Quanto mais você praticar os nomes de Deus e os mantras, mais a semente penetrará na alma de sua mente subconsciente, e mais profundas serão suas raízes. Ela acabará por unificar sua consciência no serviço de sua alma e de sua mônada até que você se torne a mônada, e, então, ascensione. Não foi São Paulo que disse: "Rezai sem cessar"? (1Ts 5,17)

NOMES DE DEUS, MANTRAS E PALAVRAS DE PODER

MANTRAS DA TRADIÇÃO MÍSTICA JUDAICA

1. Elohim (Esse é o aspecto da Mãe Divina de Deus; ele significa Tudo o que Deus É. Na minha opinião, esse é um dos mantras mais poderosos.)

2. Yod Hay Vod Hay ou Yod Hay Wah Hay (Esse é o aspecto do Pai Divino de Deus; ele também pode ser entoado usando a terminologia cristã: Jeová.)

3. Adonai (Esse é o aspecto Terra de Deus; na Cabala, significa Senhor.)

4. Eh Hay Eh (Esse é o Eu Sou. Outra versão, que pode ser mais forte, ainda é Ehyeh Asher Ehyeh, que significa Eu Sou Aquele que É. Esse foi o nome com que Deus se revelou a Moisés na sarça ardente.)

5. YHWH (Este é o nome vivo e revelado de Deus que está por trás de todos os deuses criadores.)

6. El Shadday (Deus Todo-Poderoso)

7. Ha Shem (o nome; ou Baruch Ha Shem, significando Abençoado é o Nome)

8. Shekinah (Espírito Santo)

9. El Eliyon (Deus Altíssimo)

10. Sh'Mah Yisrael Adonai Elohainu Adonai Chad (Ouve, ó Israel! O Senhor nosso Deus, o Senhor é Um!)

11. Baruch Ata Adonai (Abençoado é o Senhor)

12. Qadosh, Qadosh, Qadosh, Adonai Tzeba'oth (Santo, Santo, Santo é o Senhor Deus dos Exércitos)

13. Eli Eli (Meu Deus, Meu Deus)

14. Ruach Elohim (Espírito de Deus)

15. Ribono Shel Olam (Senhor do Universo)

16. Shekinah Ruach Ha Qodesh (Presença Divina do Espírito Santo)

17. Ain Sof Ur (Luz Infinita do Absoluto)

18. Layoo-esh Shekinah (Pilar de Luz do Espírito Santo)

19. Ehyeh Metatron (Eu Sou Metatron. Metatron é um arcanjo representante de Deus no universo exterior; freqüentemente chamado de a Túnica de Shaddai; manifestação visível da divindade e criador dos mundos exteriores e do elétron.)

20. Yahweh Elohim (Divinos Senhores da Luz e do Aprendizado)

21. Yeshua Michael (Jesus e o Arcanjo Miguel)

22. Shaddai El Chai (o Altíssimo Deus Vivo)

23. Adonai H'artez (Senhor da Terra)

24. Moshe Yeshua Eliahu (Moisés, Jesus e Elias)

25. Shalom (Paz)

26. Hyos Ha Koidesh (Servos Altíssimos do Ancião dos Dias)

MANTRAS HINDUS

1. Aum ou Om (a mãe de todos os mantras)

2. Brahma, Vishnu, Xiva (a trindade hindu: Criador, Mantenedor e Destruidor)

3. So Ham (Eu Sou Ele ou Eu Sou o Eu. Esse é o mantra de Sai Baba e de Baba Muktananda. É o som que Deus ouve ao prestar atenção à respiração dos seres humanos. À noite, enquanto os homens dormem, o som se transforma em Aum, diz Sai Baba. Recite esse mantra seguindo o ritmo da sua respiração: ao inspirar, diga "So"; ao expirar, diga "Ham". Deixe que a respiração conduza a meditação e o mantra.)

4. O Mantra Gayatri (Este é o mantra mais sagrado da religião hindu. Ele equivale ao Pai Nosso do Cristianismo.)

Bhur bhuvah svah,
Tat-savitur varenyam
Bhargo devasya dhimahi
Dhiyo yo na pracodayat.

Tradução:

bhur(h)	Terra (corpo)
bhuvah	atmosfera (respiração)
svah	céus (mente cósmica)
tat-savituh(r)	da fonte
varenyam	sagrada (a ser cultuada)
bhargo (gah)	luz
devasya	refulgente, radiante
dhimahi	meditamos sobre
dhiyo (yal)	nossos pensamentos
yo (yah)	que
na	nosso
pracodayat	deve impelir, urgir, dirigir

Om Terra, atmosfera, céus,
Meditamos sobre a luz sagrada daquela fonte refulgente que deve dirigir (ser o impulso para) os nossos pensamentos.

5. Sai Baba ou Sai Ram ou Om Sri Sai Ram (esses mantras atrairão Sai Baba)

6. Hare Krishna, Hare Krishna, Krishna, Krishna, Hare, Hare. Hare Rama, Hare Rama, Rama, Rama, Hare, Hare.

(Salve Krishna, Salve Krishna, Krishna, Krishna, Salve, Salve. Salve Rama, Salve Rama, Rama, Rama, Salve, Salve.)

Este é o cântico Hare Krishna. Ele é utilizado para dispersar a negatividade que encobre nossa verdadeira natureza.)

7. Om Namah Sivaya (Esse mantra invoca o Guru Supremo que é o Eu de todos. É o mantra de Baba Muktananda e de Swami Sivananda.)

8. Om Sri Dattatreya Namaha (Om, Honra ao nome de Dattatreya; Dattatreya é a encarnação de Brahma, Vishnu e Xiva ocupando o mesmo corpo. Sai Baba disse que ele, Sai Baba, é a encarnação do Senhor Dattatreya.)

9. Om Shanti (Mantra da Paz)

10. Om Tat Sat (Vós sois a Realidade Absoluta Inexprimível)

11. Hari Om Tat Sat (Om, a Realidade Divina Absoluta)

12. Hari Om (Este é um mantra de cura; Hari é um dos nomes de Vishnu, o aspecto de cura do Senhor Krishna.)

13. Om Sri Rama Jaya Rama Jaya Jaya Rama (Vitória ao Eu Espiritual)

14. Yesu Christu (Jesus Cristo, em hindi)

15. Rama (um dos nomes de Deus: Aquele que nos enche de alegria incessante)

16. Krishna (um dos nomes de Deus: Aquele que nos atrai a Si)

17. Tat Twam Asi (Aquele e Este de Um)
18. Hong Sau (Eu Sou Ele ou Eu Sou o Eu; esse mantra é recitado seguindo o ritmo da respiração, como acontece com os mantras So Ham e Ham Sa. Esse era o mantra de Paramahansa Yogananda.)
19. Lam (primeiro chakra)
20. Vam (segundo chakra)
21. Ram (terceiro chakra)
22. Yam (quarto chakra)
23. Ham (quinto chakra)
24. Om (sexto chakra)
25. Aum (sétimo chakra)
26. Sat Nam (mantra dos sikhs e do guru Nanak)
27. Eck Ong Kar Sat Nam Siri Wha Guru (O Supremo é Um, Seus Nomes são Muitos)
28. Sivo Ham (Eu Sou Xiva)
29. Aham Brahmasmi (Eu Sou Brahma ou Eu Sou Deus)
30. Om Ram Ramaya Namaha (Senhor Ram, Inclino-me diante de Vós)

MANTRAS ISLÂMICOS

1. Allahu Akbar (Deus é Grande)
2. Bismillah Al-Rahman, Al-Rahim (Em nome de Alá, o Compassivo, o Misericordioso)
3. Ya-Rahman (Deus Magnânimo)
4. Ya-Salaam (A Fonte da Paz)
5. Ya-Mutakabir (Deus Majestoso)
6. Ya-Gaffar (Deus Clemente)
7. Ya-Fattah (Deus, o que Abre)
8. Ya-Hafiz (Deus Preservador)
9. Ya-Sabur (Deus Paciente)

MANTRAS OCIDENTAIS

1. Eu Sou Aquele que É
2. Eu Sou Deus
3. Eu Sou
4. Eu Quero
5. Eu Amo
6. Cala-te e Sabe que Eu Sou Deus
7. Areeeooommm (Mantra da Mente Universal, de Edgar Cayce)

MANTRAS EGÍPCIOS

1. Nuk-Pu-Nuk (Eu Sou Ele Eu Sou)
2. Au-U Ur-Se-Ur Au-U (Eu Sou o Altíssimo, Filho do Altíssimo, Eu Sou)
3. Rá (Deus Sol)
4. Ra-Neter-Atef-Nefer (O Deus Divino Rá é Misericordioso)

5. Nefer-Neter-Wed-Neh (O Deus Perfeito Concede a Vida)
6. Osíris
7. Ísis
8. Erta-Na-Hekau-Apen-Ast (pronuncia-se Err-Tai Nou Tche-kah-u Ou-pen Oust) (Possa eu receber as palavras de poder de Ísis)
9. Heru-Udjat (Olho de Hórus)

MANTRAS CRISTÃOS

1. Jesus Cristo (Esse é um dos mantras mais poderosos que podemos recitar.)
2. Deus, Cristo, Espírito Santo
3. O Pai Nosso

Pai Nosso, que estais no céu, santificado seja o vosso nome, venha a nós o vosso reino, seja feita a vossa vontade, assim na Terra como no céu. O pão nosso de cada dia nos dai hoje, perdoai as nossas ofensas, assim como nós perdoamos a quem nos tem ofendido, e não nos deixeis cair em tentação, mas livrai-nos do mal. Porque vosso é o reino, o poder e a glória, para sempre. Amém.

4. A Ave Maria

Ave Maria, cheia de graça, o Senhor é convosco, bendita sois vós entre as mulheres, e bendito é o fruto do vosso ventre, Jesus. Santa Maria, mãe de Deus, rogai por nós, pecadores, agora e na hora da nossa morte. Amém.

PALAVRAS-MANTRAS

Paz, Alegria, Amor, Equilíbrio, Poder Pessoal, Perdão, Humildade, Serenidade, Felicidade, Compaixão, Serviço, Boa Vontade, Altruísmo, Bondade, Unidade.

OS MANTRAS DOS CHAKRAS DA FUNDAÇÃO TIBETANA

O	(primeiro chakra)
Shu	(segundo chakra; pronuncia-se chuck)
Ya	(terceiro chakra)
Wa	(quarto chakra; pronuncia-se ión)
He	(quinto chakra)
Hu	(sexto chakra; pronuncia-se hiu)
I	(sétimo chakra)

MANTRAS BUDISTAS

1. Om Mani Padme Hum (a jóia — da compaixão — no lótus — do coração); um dos mantras mais poderosos atualmente usados no mundo)
2. Om Ah Hum (Vem a mim, Om)
3. Padme Siddhi Hum (Vem a mim, Poder do Lótus)
4. Buda
5. Quan Yin, Avalokitesvara, Chenrazee

MANTRA DE DJWHAL KHUL

O mantra da alma tem o objetivo de ativar a ajuda de sua alma e do eu superior. É o mantra da Grande Fraternidade Branca, tendo um poder energético muito grande. Não encontrei ninguém que o usasse e não se sentisse profundamente tocado.

Eu Sou a Alma (ou Eu Sou a Mônada)
Eu Sou a Luz Divina
Eu Sou Amor
Eu Sou Vontade
Eu Sou Propósito Estabelecido.

RECITANDO OS NOMES DOS MESTRES

Recite o nome dos Mestres com os quais você queira entrar em sintonia e unir-se. Ao recitar o nome, visualize a forma do Mestre no chakra da coroa, no seu coração, ou simplesmente à sua frente. Alguns nomes que você pode recitar são:

El Morya, Saint Germain, Serápis Bey, Hilarião, Kuthumi, Senhor Maitreya, Paulo — o Veneziano —, Sanat Kumara, Vywamus, Buda, Sai Baba, Jesus, Baba Muktananda, Paramahansa Yogananda, Guru Nanak, Ramakrishna, Ramana Maharshi, Sri Aurobindo, Swami Vivekananda, Ísis, a Virgem Maria, Quan Yin, Avalokitesvara, Patanjali, Krishna, Rama, Osíris, Melquisedeque, Metatron, Sandalphon, Enoch, Thot, Djwhal Khul, Madre Teresa, Apolônio de Tiana, Shirdi Sai Baba, Sri Sankara, Swami Nityananda, Kabir, Confúcio, Lao-tsé, Maomé, Mahavira, Adônis, Ganesha, Hanuman, Babaji, Meishu-Sama, Mahatma Gandhi, a Santa Maria, Lahiri Mahasaya, Sri Yukteswar, Hélio, Zoroastro, Palas Atena, os Sete Elohim Poderosos (Hércules, Apolo, Heros, Pureza, Ciclópia, Paz, Arcturo), os Arcanjos (Miguel, Jofiel, Samuel, Gabriel, Rafael, Uriel, Zadekiel), o Mahatma — Avatar da Síntese —, Alá Gobi, Pórcia, Vista, Lady Nada, o Grande Diretor Divino, Melquior... para citar alguns.

A GRANDE INVOCAÇÃO

Do ponto de Luz na mente de Deus,
Flua Luz à mente dos homens.
Que a Luz desça sobre a Terra.

Do ponto de Amor no coração de Deus,
Flua Amor ao coração dos homens.
Que Cristo possa retornar à Terra.

Do centro onde a Vontade de Deus é conhecida,
Guie o propósito as pequenas vontades dos homens —
O propósito que os Mestres conhecem e a que servem.

Do centro que chamamos de raça dos homens,
Realize-se o Plano de Amor e Luz,
E possa ele selar a porta onde habita o mal.

Que a Luz, o Amor e o Poder restabeleçam o Plano
sobre a Terra.

Djwhal Khul recebeu essa invocação do próprio Senhor Maitreya e a incluiu nos livros de Alice Bailey.

ORAÇÕES DO ROSÁRIO DA VIRGEM MARIA

O que vem a seguir são as orações que compõem o rosário tradicional, orações que você pode usar da forma que lhe parecer mais conveniente. O rosário é uma prece extraordinariamente forte. Algumas palavras estão escritas numa linguagem católica tradicional que incomoda algumas pessoas, e por isso incluí um rosário da Nova Era que encontrei no livro de Earlyne Chaney, *A Book of Prophecy*.

O SINAL DA CRUZ

Em nome do Pai, e do Filho, e do Espírito Santo. Amém.

O CREDO DOS APÓSTOLOS

Creio em Deus Pai, Todo-poderoso, Criador do céu e da terra. E em Jesus Cristo, seu único Filho, nosso Senhor, o qual foi concebido pelo poder do Espírito Santo; nasceu da Virgem Maria; padeceu sob Pôncio Pilatos; foi crucificado, morto e sepultado; desceu à mansão dos mortos, ressuscitou ao terceiro dia; subiu aos céus, está assentado à direita de Deus Pai, de onde há de vir a julgar os vivos e os mortos. Creio no Espírito Santo, na Santa Igreja Católica, na comunhão dos santos, na remissão dos pecados, na ressurreição da carne e na vida eterna. Amém.

PAI NOSSO

Pai Nosso, que estais no céu, santificado seja o vosso nome, venha a nós o vosso reino, seja feita a vossa vontade, assim na Terra como no céu. O pão nosso de cada dia nos dai hoje, perdoai as nossas ofensas, assim como nós perdoamos a quem nos tem ofendido, e não nos deixeis cair em tentação, mas livrai-nos do mal. Amém.

A AVE MARIA

Ave Maria, cheia de graça, o Senhor é convosco, bendita sois vós entre as mulheres, e bendito é o fruto do vosso ventre, Jesus. Santa Maria, Mãe de Deus, rogai por nós, pecadores, agora e na hora da nossa morte. Amém.

GLÓRIA AO PAI

Glória ao Pai, ao Filho e ao Espírito Santo. Assim como era no princípio, agora e sempre, e por todos os séculos dos séculos. Amém.

SALVE, RAINHA

Salve, Rainha, Mãe de misericórdia, vida, doçura, esperança nossa, salve! A vós bradamos, os degredados filhos de Eva; a vós suspiramos, gemendo e chorando neste vale de lágrimas. Eia, pois, advogada nossa, esses vossos olhos misericordiosos a nós volvei; e depois deste desterro mostrai-nos Jesus, bendito fruto de vosso ventre, ó clemente, ó piedosa, ó doce Virgem Maria!

V. Rogai por nós, santa Mãe de Deus.

R. Para que sejamos dignos das promessas de Cristo.

OREMOS

Ó Deus, cujo Filho Unigênito, por sua vida, morte e ressurreição, nos alcançou os prêmios da vida eterna, concedei, nós Vos imploramos, que honrando estes mistérios pelo Sacratíssimo Rosário da Bem-aventurada Virgem Maria, imitemos o que contêm e obtenhamos o que prometem. Pelo mesmo Jesus Cristo, nosso Senhor. Amém.

UM ROSÁRIO PARA A NOVA ERA

O que vem a seguir faz parte do livro *A Book of Prophecy*, de Earlyne Chaney.

O ROSÁRIO DA CHAMA DO AMOR

Inicialmente, faça o sinal da cruz cinco vezes, reverenciando as cinco chagas de Nosso Senhor. Em seguida, nas contas grandes, diga:

Coração imaculado e doloroso de Maria, rogai por nós que procuramos refúgio em vós.

Nas contas pequenas, diga:

Mãe santa, salvai-nos pela Chama do Amor do vosso coração imaculado.

No final, segure o crucifixo e diga três vezes:

Glória ao Pai, etc.

Termine o rosário, dizendo

Mãe de Deus, enviai vossa graça através da Chama do Amor do vosso imaculado coração a toda a raça humana, agora e na hora de nossa morte.

COMO O ROSÁRIO FOI RECEBIDO

Seu nome era Irmã Faustina Kowalska. Ela nasceu perto de Lodz, na Polônia, em 1905, numa família de dez filhos, e teve pouca instrução. Ela entrou na congregação das irmãs de Nossa Senhora das Mercês aos vinte anos de idade. Nosso Senhor apareceu-lhe pela primeira vez em 1931. Ela começou a escrever tudo o que Ele lhe dizia. Entre muitas outras revelações, Ele lhe deu o Terço da Divina Misericórdia.

No dia 13 de setembro de 1935, Irmã Faustina escreveu no seu livro de anotações: "Vi um anjo que era o executor da ira de Deus." Suas próprias orações foram impotentes para deter uma terrível punição que o anjo estava prestes a lançar sobre uma parte da humanidade. De repente, a Santíssima Trindade apareceu diante dela. Ela ouviu uma voz que lhe pedia que rezasse a Deus em favor do mundo com estas palavras:

> Eterno Deus Mãe-Pai, eu Vos ofereço o Corpo e o Sangue, a Alma e a Divindade do Vosso amado Filho, Nosso Senhor Jesus Cristo, para expiação dos nossos pecados e dos pecados do mundo. Por sua Paixão dolorosíssima, tende piedade de nós e de toda a humanidade.

Irmã Faustina continuou repetindo essas palavras, e o anjo se sentiu impotente de continuar sua missão.

No dia seguinte, ao entrar na capela, Irmã Faustina recebeu instruções sobre o modo de recitar com maior eficácia a oração que ela recebera. Ela também ouviu Jesus pedir-lhe para recitar a oração nas contas do terço:

> Inicialmente, reze o Pai-Nosso, a Ave-Maria e o Credo. Em seguida, nas contas grandes diga:
>
> Eterno Deus Mãe-Pai, eu Vos ofereço o Corpo e o Sangue, a Alma e a Divindade do Vosso amado Filho, Nosso Senhor Jesus Cristo, para expiação dos nossos pecados e dos pecados do mundo.
>
> Nas contas pequenas, diga:
>
> Por sua Paixão dolorosa, tende piedade de nós e de toda a humanidade.
>
> Como conclusão, diga três vezes:
>
> Deus Santo, Deus Onipotente, Deus Imortal, tende piedade de nós e de toda a humanidade.

25

INDICAÇÕES PRECIOSAS PARA ALCANÇAR A ASCENSÃO NESTA EXISTÊNCIA

Deus é igual ao homem menos o ego
Sathya Sai Baba

Um dos objetivos principais de todos os meus livros é facilitar a compreensão da enorme quantidade de informações espiritualistas e esotéricas que o bombardeiam. Neste capítulo, apresento o que se poderia chamar de "planilha da ascensão". Relaciono mais de cem indicações de práticas espirituais para alcançar a libertação e a ascensão.

Muitas vezes você se envolve com detalhes insignificantes e esquece a carne e as batatas indispensáveis (ou eu deveria dizer vegetais e batatas para os vegetarianos?) do caminho espiritual. Esta é uma lista universal e eclética e se aplica a toda religião ou caminho espiritual que você prefira seguir.

Tenho certeza de que você já está praticando muitas das sugestões aqui relacionadas; outros itens da lista talvez o lembrem de algo que você possa ter esquecido. Não entrei em detalhes propositalmente, para manter-me fiel aos objetivos deste capítulo. Para pormenores específicos, você precisa ler os quatro volumes da *Enciclopédia do Caminho Espiritual*.

O que apresento são pepitas de ouro; para mim, pessoalmente, são como chaves absolutas que me levam a realizar o meu eu como Deus nesta existência. Sugiro que à medida que você for lendo a lista, elabore uma relação pessoal, com absoluta honestidade, para identificar suas forças e para observar as práticas que necessitam de maior atenção e concentração. O segredo para a autorealização está sempre num desenvolvimento completo e variado.

O discípulo comum em geral é bastante desenvolvido em algumas áreas e fraco em outras. Não esqueça que existem três níveis para o caminho: o espiritual, o psicológico e o físico ou terreno. Esses três níveis precisam ser dominados separada e diferentemente antes que a integração plena, a síntese e a união possam acontecer.

Enquanto você for se familiarizando com a lista, avalie seus pontos fortes e seus pontos fracos. Depois, elabore um "plano de batalha", uma rotina e um regime espiritual para o desenvolvimento das áreas em que se sentir fraco. Se a lista lhe parecer muito trabalhosa, faça um plano para os próximos cinco ou dez anos de sua vida. Por exemplo, você poderia trabalhar no desenvolvimento de um aspecto do eu a cada três meses.

Djwhal Khul disse que uma pessoa pode passar da terceira à sexta iniciação em apenas seis anos durante este aceleradíssimo ciclo planetário. Para isso, naturalmente, é necessário um comprometimento integral. Não há limites para a rapidez com que você pode avançar; tudo depende do seu comprometimento. O mais importante é ser organizado na abordagem do seu desenvolvimento global.

Com essa breve introdução, apresento-lhe uma relação com cento e quarenta e sete indicações para alcançar a libertação espiritual e a ascensão ainda nesta existência.

1. Na minha opinião, a atitude mais importante e absoluta é ver em cada pessoa, animal, vegetal e mineral Deus lhe fazendo uma visita envolto numa forma física. Veja todos e todas as coisas, inclusive a si mesmo, como uma encarnação do Eu Eterno.

2. A primeira indicação preciosa o leva à segunda, que é "Amarás ao Senhor teu Deus de todo o teu coração, de toda a tua alma e de todo o teu entendimento, e amarás o teu próximo como a ti mesmo." (Mt 22, 38) É fácil praticar o amor incondicional quando você lembra que Deus está presente em todas as formas.

3. A terceira indicação é a famosa definição de Deus dada por Sua Santidade, o Senhor Sai Baba: "Deus é igual ao homem menos o ego." O ego negativo é a cordilheira de montanhas que se interpõe entre você e a auto-realização. Morra para o seu eu inferior e você realizará o eu superior. Nas etapas iniciais do caminho espiritual, o ego negativo está no controle. Nas etapas intermediárias, deflagra-se uma batalha formidável pelo controle. Nas etapas finais, o ego negativo personificado no guardião do limiar (fascinação, ilusão e maia) está dominado e subjugado.

4. Medite diariamente. Rezar é falar com Deus; meditar é ouvir e sentir Deus.

5. Reze diariamente pedindo a ajuda de Deus, dos Mestres Ascensionados e dos seus anjos. Deus e a força de Deus só podem ajudar se você pedir. Por que fazer as coisas sozinho, tendo tanta ajuda à disposição? As Forças Superiores só evoluem prestando serviços, e por isso elas estão ansiosas e se sentem felizes em ajudar; entretanto, por causa do livre-arbítrio da humanidade, elas precisam ser convidadas.

6. Aprenda a canalizar. Essa prática espiritual irá acelerar seu progresso espiritual em mil vezes. Não é necessário que seja uma canalização vocal, mas aprenda em definitivo a canalizar conscientemente energia espiritual de todas as formas e modos que sejam apropriados ao seu caminho espiritual único e pessoal.

7. Aprenda a manter a mente firme na Luz. Isso significa manter a mente concentrada na alma e no espírito. A maioria dos aspirantes e discípulos está sintonizada com a alma, mas não consegue manter a sintonia. O esforço verdadeiro é esse.

8. Aprenda a dominar o corpo físico e todos os seus apetites. Essa é a chave de ouro para receber a primeira iniciação.

9. Aprenda a dominar o corpo emocional e de desejo. Essa é a chave de ouro para receber a segunda iniciação. Não deixe que suas emoções dirijam sua vida. Você é Deus e precisa aprender a escolher suas emoções. Quando dominar essa chave, você terá períodos cada vez mais longos de paz interior, de tranqüilidade e de alegria.

10. Aprenda a dominar o seu corpo mental. Você não é a sua mente. Ela é apenas um instrumento para você criar a sua realidade. Essa é a chave de ouro para receber a terceira iniciação, que leva à fusão da alma e a uma personalidade plenamente integrada.

11. Elimine todos os desejos, menos o desejo de se libertar, de ascensionar e de realizar-se em Deus. O desejo material é um dos principais obstáculos para os aspirantes e discípulos que trilham o caminho espiritual.

12. Transforme a repetição do nome ou dos nomes de Deus no seu dia-a-dia numa prática para toda a vida. Ao fazer isso, visualize também a forma de Deus que você recita. Essa é uma das práticas mais importantes para alcançar a auto-realização. Faça isso ao longo do seu dia, enquanto caminha, espera na fila do banco ou em meditação. Esse é o seu antídoto espiritual para todas as circunstâncias da vida.

13. Nunca mais dê o seu poder pessoal a alguém ou a alguma coisa. Não o dê a outras pessoas. Não o dê aos Mestres Ascensionados de Deus. Não o dê à sua mente subconsciente, à sua criança interior, ao ego negativo, aos desejos, aos cinco sentidos ou ao corpo físico, emocional ou mental. Essa pode ser a lição mais importante de todas. Seu caminho espiritual inicia quando você começa a aceitar o seu poder pessoal. Sem ele, você será uma vítima total da vida e não terá função nenhuma. Sem poder pessoal, você não consegue sequer amar e nem seguir outras práticas. Por mais que o faça, jamais salientarei suficientemente a importância deste ponto.

14. A indicação seguinte continua a precedente. Use seu poder pessoal somente a serviço do amor incondicional, de Deus e da humanidade. É por isso que você deve aceitá-lo integralmente.

15. Convença-se de que você tem uma criança interior e aprenda a cuidar dela adequadamente. Muitas pessoas piedosas se envolvem tanto com Deus e com as realidades espirituais que esquecem que têm uma criança interior que precisa ser cuidada e amada. Deus e os Mestres não farão isso por você, pois essa é uma tarefa sua. Cuidar e amar sua criança interior faz parte do seu processo de integração como pessoa. Fale com a sua criança interior e veja se suas necessidades estão sendo atendidas. O ideal é tratá-la com firmeza e amor.

16. Dedique sua vida ao serviço da humanidade. Antes, porém, auto-realize-se, de modo que o seu servir seja movido pela plenitude e não pelo vazio.

17. Leia escrituras sagradas e livros devocionais de todas as religiões e caminhos espirituais. Às vezes as pessoas que estão no caminho espiritual não dão a devida atenção à leitura espiritual, perdendo assim uma excelente oportunidade. Essa é uma prática muito importante.

18. Mantenha-se sempre equilibrado. Aprenda a viver no Tao. O Tao é como deslizar sobre uma onda. Se você se adiantar, a onda o derrubará; se se atrasar, ela lhe escapará. Aprenda a viver no Tao e na harmonia da vida em todas as circunstâncias. Seja moderado em tudo. Afaste-se dos extremos; siga o caminho do meio.

19. Pratique a cura atitudinal. Quando você não se sentir bem, examine suas atitudes e crenças que estão provocando essa situação. Não esqueça que são seus pensamentos que criam sua realidade, e isso inclui suas emoções. "Como o homem pensa, assim ele é." "Mulher, grande é a tua fé! Seja feito como queres." Pratique afirmações e visualizações positivas.

20. Fique "com os pés no chão" e ligado à Mãe Terra. Muitas pessoas perdem a base e não integram adequadamente a face terrena e material de Deus. Deus vive tanto na matéria como nas dimensões superiores. Procure trazer o céu à Terra.

21. Aprenda a equilibrar os aspectos feminino e masculino do eu. Esse é um pré-requisito para a ascensão.

22. Aprenda a integrar suas três mentes. As três devem ser usadas e integradas em cada nível com força total. Não fique na dependência de uma mente apenas.

23. Demonstre e pratique tudo o que você sabe, e mais você receberá. Muitas pessoas estão cheias de conhecimentos livrescos, mas não praticam nem dão testemunho do que sabem. Todo o seu conhecimento será inútil se você não o aplicar em sua vida.

24. Adote alguma forma de oração, visualização ou afirmação protetora para praticar todos os dias e por toda a vida como um exercício espiritual padronizado. Essa é uma prática simples e básica que todas as pessoas que estão no caminho espiritual precisam adotar.

25. Aprenda a equilibrar seus quatro corpos: o físico, o emocional, o mental e o espiritual. Esse é outro pré-requisito para a ascensão.

26. Pratique alguma forma de exercício físico todos os dias, ou pelo menos de dois em dois dias. Dedicar-se ao espiritual não significa abandonar as disciplinas físicas.

27. Perdoe a todos e a todas as coisas, inclusive a si mesmo. Como *Um Curso de Milagres* diz: "O perdão é a chave para a felicidade." Os ressentimentos só o prejudicam e o prendem ao processo da reencarnação.

28. Supere a dualidade. Isto é, aprenda a manter-se tranqüilo e equânime, quer você tenha lucro ou perda, prazer ou dor, saúde ou doença, vitória ou derrota, quer as pessoas o elogiem ou o critiquem. Essa é a consciência de Deus, e ela implica permanecer em paz interior, felicidade e alegria, a despeito do que acontece fora de você. Não são os eventos externos em si que o fazem sentir, mas sim sua atitude com relação a eles.

29. Cultive preferências e não apegos. Como Buda disse: "Todo sofrimento provém dos teus apegos."

30. Aprenda a amar-se. Se não se amar, você acabará buscando o amor, o valor, a aprovação e a aceitação de outras pessoas, e isso o tirará completamente de equilíbrio.

31. Ao morrer fisicamente, mesmo se você tiver ascensionado, que o único pensamento a ocupar sua mente seja o de unir-se à clara Luz de Deus. Ao morrer, que o seu último pensamento seja o nome de Deus. Como o *Bhagavad Gita* diz, ao morrer, é o último pensamento que determina o lugar para onde você vai. Ao deixar esse corpo físico, deixe-o através do chakra da coroa.

32. Esteja atento a Deus e ao Seu reino. Essa é outra indicação fundamental. Muitas pessoas funcionam no "piloto automático" e não ficam alertas aos pensamentos e às energias que deixam entrar em suas mentes.

33. "Para ter tudo, dê tudo a todos." Quando você deixa de dar a uma criatura, na verdade deixa de dar a si mesmo. Você é todo da criação, pois sua identidade é o Eu Eterno, não seu corpo físico.

34. Veja com os olhos espirituais, não com os olhos físicos, egoístas. Você vê a vida através de sua mente do Cristo ou de sua mente do ego negativo. Não há outras opções. O que você vê é um espelho do que você dá a si mesmo. Você não se realizará em Deus até que veja seus irmãos e irmãs como Deus. O que você vê nos outros é o que você vê em si mesmo. O que você dá aos seus irmãos e irmãs é o que você dá a si mesmo e a Deus.

35. Desenvolva a compaixão. Não esqueça que o sofrimento do outro é, na verdade, o seu sofrimento. Isso não é poesia. Se você é o Eu Eterno que é a consciência da ascensão, então você vive no corpo físico dos seus irmãos e irmãs do mesmo modo que vive em seu próprio corpo. O Eu Eterno ou o Cristo vive em todas as pessoas. Há um único Eu Eterno. Deus tem um único filho, e nós todos somos parte dessa filiação.

36. Livre-se de todo sentimento de separação, de medo e de egoísmo, pois esse é o câncer do ego negativo.

37. Cuide o máximo que puder do corpo físico, pois o crescimento espiritual fica muito difícil sem um corpo saudável. O corpo físico é o templo da alma e do espírito que é você.

38. Seja um praticante da renúncia. Esta é a chave para receber a quarta iniciação, que é a libertação da roda de renascimentos. Isso significa renunciar ao desejo e ao apego ao mundo material. Significa viver neste mundo, mas não ser deste mundo. É o voto de viver com total desapego, mas ainda assim envolver-se com o serviço e com o testemunho de Deus.

39. O caminho espiritual é muito simples. Se você quer estar com Deus no paraíso, aja como Ele. Seja Deus. Seja Cristo. Seja o Buda, o Atma, o Eu Eterno na Terra.

40. Desenvolva um caráter irrepreensível, e que tudo o que você fizer seja impregnado pela virtude.

41. Purifique os seus quatro corpos das toxinas físicas, emocionais, mentais e energéticas.

42. Ame seus inimigos.

43. Veja perfeição em tudo. Quando algo imperfeito ocorrer, reze para sua poderosa Presença do Eu Sou para que ela resolva ou remedie a situação; ou ainda, faça uma afirmação que declare a verdadeira perfeição da situação como Deus a vê. Essa consciência faz com que você seja uma presença e consciência de cura onde quer que você possa estar.

44. Seja a causa e o criador absoluto da sua realidade. Não seja uma vítima ou um efeito do que quer que seja.

45. Invoque os doze raios ao longo do seu dia, escolhendo a energia da qualidade e da cor de que você precisa num dado momento. Os raios e a energia se manifestam no mesmo instante em que você os chama, mas você precisa pedir.

46. Em toda e qualquer situação da vida, especialmente quando você se defrontar com uma situação desagradável, pergunte-se, "Eu quero Deus ou o meu ego nesta situação?" É só quando você se entrega ao ego negativo que você se afasta da unidade, do amor incondicional, da alegria e da realização em Deus. Na verdade, você não pode se afastar da unidade com Deus, mas pode se afastar da realização da sua unidade com Deus e com seus irmãos e irmãs se você escolher o ego negativo.

47. Interprete os erros que você cometer como experiências de aprendizado. Conquiste a pepita de ouro da sabedoria. Perdoe-se e vá em frente. Não perca tempo com culpa e arrependimento. Os erros são positivos, não negativos. Você não se esforça para cometê-los; quando acontecem, porém, são excelentes oportunidades de aprendizado.

48. Pratique uma religião fundamentada em premissas universais. Isso significa que todas as religiões e caminhos são iguais e todos levam ao mesmo lugar. Não há necessidade de nenhuma competição ou comparação entre caminhos.

49. Seja eclético na sua educação espiritual. A imensidão e infinitude de Deus é grande demais para que se possa compreendê-Lo sob uma única forma.

50. Subjugue a sexualidade carnal. A pornografia faz parte do eu inferior. Pratique a moderação nos seus hábitos sexuais e aprenda a conduzir a energia para os chakras superiores.

51. Ajude os pobres, os doentes, os incapacitados. É somente pela graça de Deus que você não está numa situação como a deles.

52. Não ceda a nenhum pensamento de ataque. O ataque não é de Deus. Ele nasce do medo, que é a essência do ego negativo. Um ataque, na realidade, é um pedido de amor.

53. Entregue sua vida inteiramente a Deus; ao mesmo tempo, porém, aceite seu próprio poder.

54. Mantenha um diário. Escreva nele seus sonhos todas as manhãs logo ao acordar. Os sonhos são a orientação que suas mentes subconsciente e superconsciente lhe dão.

55. Conserve limpo seu ambiente interno e externo.

56. Todas as noites, ao deitar, peça à sua alma, à sua mônada e aos Mestres Ascensionados que o ensinem no plano interior. Aproveite o tempo de sono para acelerar seu caminho de ascensão.

57. Abstenha-se de drogas, de café, de bebidas alcoólicas e de estimulantes artificiais e reduza o açúcar e os doces. Como nos esforçamos para alcançar a serenidade psicológica, também queremos que o nosso corpo físico se sinta tranqüilo durante todo o dia.

58. Cumpra seu dharma e sua missão nesta existência. Não deixe que o ego negativo e outras pessoas o desviem para caminhos que sua alma e sua mônada não o conduziriam. Esta existência é muito preciosa e importante.

59. Equilibre seu karma construindo apenas karma bom em todos os seus pensamentos, palavras e ações.

60. Como Edgar Cayce disse, "Por que preocupar-nos quando podemos rezar?"

61. Tenha paciência e muita fé e confiança em Deus e nas Suas leis.

62. Não esqueça que é a sua mente que cria a sua escravidão e também a sua libertação.

63. Supere as crenças que o fazem considerar-se superior ou inferior a outras pessoas. Todos somos o Eu Eterno, sem distinção do nível de iniciação em que cada um de nós se encontre.

64. Procure cooperar, e não competir. Não se compare com os outros; compare-se apenas consigo mesmo.

65. Não esqueça que o seu valor provém de Deus. O que Deus criou poderia não ter valor? Você é o Eu Eterno. Sem dúvida, você tem valor. O ego negativo lhe dirá que você precisa fazer alguma coisa para ter valor. Não acredite nele.

66. "Não julgueis para não serdes julgados." (Mt 7,1) "Quem dentre vós estiver sem pecado, seja o primeiro a lhe atirar uma pedra." (Jo 8,7) "Por que olhas o cisco no olho do teu irmão, e não percebes a trave que há no teu?" (Jo 6,41)

67. "Mãos que ajudam são mais santas que lábios que oram."

68. Organize um oratório espiritual num canto de sua casa para rezar, meditar e realizar práticas devocionais.

69. Livre-se dos seus maus hábitos nesta existência, de modo a não levá-los para o plano interior quando você passar para o mundo do espírito.

70. Pergunte-se constantemente, "Quem sou eu?" (Eu sou o Eu Eterno, Eu sou Brahma, Eu sou Deus.)

71. Beba de seis a oito copos grandes de água por dia, apanhe bastante sol e ar fresco.

72. Discrimine continuamente entre o real e o irreal, o permanente e o impermanente, a verdade e a ilusão, as aparências físicas e a verdadeira realidade por trás da forma.

73. Crie o hábito de lembrar-se constantemente de Deus.

74. Espiritualize todas as suas atividades, o que significa ver a si mesmo como um instrumento nas mãos do Senhor. Você é as mãos, os olhos, a boca e os pés de Deus em ação na Terra. Você é Deus interagindo com Deus. Você é o Eu Eterno servindo e administrando o Eu Eterno na forma.

75. Pratique a bondade amorosa com relação a todos os seres sencientes.

76. Você é o irmão/irmã mais velho e o guia espiritual dos reinos animal, vegetal e mineral. Assuma a responsabilidade por isso.

77. Nutra um desejo absolutamente ardente de alcançar a ascensão e a libertação; é desse modo que você poderá prestar o melhor serviço a todos os seres sencientes.

78. Pratique a humildade. Jesus Cristo disse, "Àquele que te fere na face direita oferece-lhe também a esquerda." (Mt 5,39)

79. Abençoe a pessoa que o amaldiçoa.

80. Transmute boa parte da sua sexualidade em Ojas Shakti (iluminação cerebral).

81. Faça o voto de imortalidade física.

82. Faça o voto de Bramacharya (pureza de pensamentos, palavras e obras).

83. Adote uma alimentação física sátvica (um alimento natural, orgânico, mais suave).

84. Reserve-se diariamente bastante tempo para auto-análise, introspecção e auto-avaliação, especialmente antes de dormir.

85. Em tudo, procure ver também amor, e não só defeitos.

86. Mantenha um diário do seu desenvolvimento espiritual como você manteria a contabilidade de suas receitas e despesas.

87. Sirva a seus semelhantes mantendo uma atitude de indiferença com relação aos frutos de suas ações.

88. Recite o mantra Om sempre que for possível. (O *Bhagavad Gita* diz que quem medita sobre o Om e o entoa no momento da morte alcança o estado supremo.)

89. Faça o voto da não-violência.

90. Recite o mantra So Ham durante o dia, seguindo o ritmo da respiração.

91. Pratique a negação e a afirmação. Como *Um Curso de Milagres* diz, "Negue acesso à sua mente de qualquer pensamento que não seja de Deus." Em seguida desloque sua atenção para um pensamento ou uma imagem positiva ou crística.

92. Construa seu antakarana até sua alma, até sua mônada, e daí até Deus.

93. Aprenda a fazer viagens astrais conscientemente e desenvolva a habilidade do sonho lúcido.

94. Estude intensamente o significado preciso dos sete níveis de iniciação.

95. Domine e subjugue o guardião do limiar (a fascinação, a ilusão e maia).

96. Faça de conta que você é um Mestre Ascensionado e um ser que encontrou sua realização em Deus, apesar de não ter recebido essa iniciação ainda. Simule-a até alcançá-la.

97. Descubra a estrutura de raio de sua mônada, alma, personalidade, mente, emoções e corpo para compreender mais plenamente sua missão exata nesta existência e sua ligação ashrâmica.

98. Peça a seus chakras superiores que se firmem no seu chakra da coroa.

99. Remova toda idéia de separação de sua consciência, em todos os níveis.

100. Seja politicamente ativo em algum setor, e no nível que lhe for possível, como parte integrante de suas práticas espirituais.

101. Aceite que a vida extraterrestre em todos os planetas no universo infinito de Deus é como a convivência de irmãos e irmãs numa família universal.

102. Venere e cultue Pã e os espíritos da natureza do mesmo modo que você venera e cultua os Mestres Ascensionados e Deus.

103. Ao receber a terceira iniciação (a fusão da alma), passe a polarizar sua consciência em sua mônada (a Presença do Eu Sou), na tríade espiritual superior e nos três átomos superiores permanentes. À medida que você evolui e passa pelos processos de iniciação, você se polariza num nível sempre mais elevado.

104. Tome todas as medidas necessárias para retirar todos os seus implantes extraterrestres. (Terri Sue Stone pode fazer esse serviço para você em apenas uma hora, e eu recomendo que você faça isso, através dela ou de alguma outra pessoa qualificada.)

105. Não se esqueça de que você é a alma e a mônada vivendo em seu corpo na Terra.

106. Seja absolutamente íntegro, pois enganar outra pessoa é literalmente enganar a Deus e a si próprio, pois todos são um.

107. Procure (e encontre) um instrutor espiritual, ou instrutores espirituais, neste plano, no plano ascensionado, ou em ambos. Estou recomendando aqui um instrutor, não um guru. Sempre há alguém acima de nós de quem podemos aprender e abaixo de nós a quem podemos servir. Essa é a verdadeira hierarquia espiritual da vida.

108. Afirme que você está criando em seu corpo físico e veículo as doze fitas de DNA apropriadas para o seu eu ascensionado.

109. Visite lugares sagrados e centros de energia espiritual no planeta.

110. Desenvolva uma "visão igual," independentemente do que você veja.

111. Faça voto de silêncio durante uma parte do dia e pratique o controle da fala. Na escola de mistério de Pitágoras (Kuthumi), em Crotona, os discípulos ficavam em silêncio durante três anos; só depois disso eram aceitos como iniciados nos mistérios ocultos. Certamente, podemos adotar parte dessa prática no nosso dia-a-dia.

112. Quando as tentações surgirem, volte sua consciência para Deus. Não é pecado ter tentações; pecado é tê-las e não agir.

113. Pare de discutir. Pergunte-se, "Eu quero amar ou quero vencer?" Você não pode ter as duas coisas.

114. Coma pouco. Coma para viver; não viva para comer.

115. Identifique-se com o seu eu superior e morra para o seu eu inferior. Esse é o caminho para Deus.

116. Faça votos e promessas espirituais e cumpra-os fielmente. Essa é uma prática espiritual que acelerará seu caminho de ascensão. Os votos espirituais retiram todas as alternativas da situação e o cercam, e assim sua consciência fica livre para trabalhar no nível seguinte de purificação e aperfeiçoamento.

117. Não se deixe desviar por mínimo que seja de sua busca espiritual da ascensão e da libertação, e você alcançará seu objetivo no devido tempo.

118. Seja um "guerreiro espiritual" intrépido na vida. Na verdade, você é um grande guerreiro espiritual lutando contra a fascinação, a ilusão e maia, e buscando apenas o eu.

119. Faça satsang (companhia) a pessoas espiritualmente elevadas. Participe de aulas, palestras e seminários de cunho espiritualista. Compareça à recepção de santos e de sábios quando eles chegam na cidade e visite-os. Evite as más companhias e as pessoas movidas por seus eus inferiores. Quando estiver perto de pessoas assim, proteja-se e defenda-se com seu escudo psíquico.

120. Não perca um único instante de tempo ou de energia. A morte está sempre à espreita de todos e pode surpreender a qualquer momento. Não perca tempo com as coisas impermanentes. Pode-se comparar o prazer material e sensual com a realidade de um Deus que nos realiza?

121. Simplifique sua vida. Reduza seus desejos e necessidades.

122. Ao acordar pela manhã, que seu primeiro pensamento se volte para Deus, e que Deus seja também seu último pensamento antes de adormecer. (Se você quer realmente acelerar seu caminho da ascensão, que o pensamento de Deus seja o único a ocupar sua mente ao longo do dia.)

123. Seja seletivo com relação ao seu alimento mental, emocional e espiritual. Não perca tempo lendo romances inúteis, vendo filmes violentos, assistindo a programas de televisão fúteis ou agressivos. Tudo o que você vive cria uma impressão em sua mente subconsciente. A vida é muito curta e muito preciosa. Acima de tudo, divirta-se, mas sempre no contexto de estar tratando dos negócios do Pai. A ascensão exige um compromisso total, vinte e quatro horas por dia, inclusive no sono. Desenvolva o hábito dessa consciência. Você se divertirá muito, pois o verdadeiro prazer está em servir a Deus.

124. Dê 10% do seu salário, dinheiro ou energia a alguma obra de caridade. Se você espera a generosidade do universo, você precisa ser generoso com os outros.

125. Para tudo o que acontece na vida, diga, "Faça-se, não a minha vontade, mas a tua. Obrigado pela lição."

126. Mantenha a mesma atitude imparcial, quer as pessoas o critiquem quer o elogiem. Se sucumbir a uma coisa ou outra, você voltará ao sistema do ego negativo em vez de superá-lo. Não esqueça: "Ao orgulho segue-se a queda."

127. Conheça-se. Isso realmente significa: conheça a Deus, pois Deus você é.

128. Suas práticas espirituais devem ser constantes, graduais, sinceras, sensatas e persistentes.

129. Não use o nome do Senhor em vão; não faça juramentos.

130. Extirpe da sua consciência o egoísmo e a negatividade.

131. Programe uma rotina espiritual que não seja muito difícil e nem muito fácil, e então agarre-se a ela. Isso inclui suas disciplinas físicas, como exercícios corporais, alimentação e assim por diante, e suas práticas espirituais.

132. Não esqueça que só existem duas emoções: amor e medo. Não existem pensamentos neutros. Toda realidade brota de uma ou de outra.

133. Evite olhar as pessoas com pensamentos voluptuosos. Veja o Eu Eterno e o Cristo antes de ver as pessoas com seus olhos físicos.

134. "Esforço incessante," não importa quais sejam os obstáculos; essa é a chave. "Buscai e achareis; batei, e vos será aberto." (Lc 11,9)

135. Persevere na obediência a Deus e às leis de Deus. É por meio dessa compreensão que você evita o sofrimento.

136. Sua salvação depende de você, não de Deus. Deus já lhe deu tudo. A pergunta é: O que você está querendo dar a si mesmo?

137. Seja positivo e otimista em todas as coisas.

138. "Tranqüilizai-vos e reconhecei: Eu Sou Deus." (Sl 46,11)

139. Invoque o décimo segundo raio dourado e a energia do Mahatma, pois eles são as duas freqüências mais elevadas de que dispomos na Terra.

140. Trabalhe com a equipe do PAM (Programa de Assistência Médica dos Mestres Ascensionados) para manter sua saúde física em boas condições. (Para maiores informações, consulte meu livro sobre psicologia da alma.)

141. Afirme constantemente que sua glândula pituitária parou de produzir o hormônio da morte e está produzindo somente o hormônio da vida.

142. Diariamente, invoque uma sintonização axiatonal conforme esta é descrita em *As Chaves de Enoch,* para equilibrar todo o seu sistema de meridianos e os campos espirituais e elétricos.

143. Invoque seu eu ascensionado de quinta dimensão (que já alcançou a ascensão em realidades atemporais e a-espaciais) para que ele una a consciência dele com a sua própria consciência e com a sua aura durante o dia.

144. Invoque o Mahatma diariamente para que ele infunda e una a energia e a aura dele com a sua na Terra. Esse é um método garantido para acelerar seu caminho de ascensão em mil vezes, literalmente.

145. Veja a si mesmo como a mônada e a seu instrutor atual como Deus. A mônada ou a Presença do Eu Sou não está mais acima de você. A consciência da ascensão é que você é a mônada, você é a Presença do Eu Sou na Terra.

146. Faça diariamente a meditação e tratamento de ascensão que apresento neste livro. Se adotar essa prática durante três meses, você passará por uma transformação completa.

147. Em suas meditações e orações, invoque e entre em sintonia com o Núcleo Galáctico e com os Instrutores Galácticos. Esse nível está agora à disposição da humanidade e pode ajudá-lo a ancorar totalmente seu corpo de Luz no nível físico, e não apenas nos níveis mental, emocional e espiritual. Melquisedeque e Mestre Averran são dois instrutores desse nível galáctico com os quais você pode sintonizar. Unir-se ao Núcleo Galáctico fará com que você desenvolva sua habilidade de teletransportar-se, de manifestar-se instantaneamente e de comunicar-se com a linguagem da Luz.

26

A VANGUARDA DA ASCENSÃO: INFORMAÇÕES E TÉCNICAS

Até setembro de 1994, eram quinhentos os Mestres Ascensionados na superfície do planeta Terra que haviam concluído sua ascensão. Menciono a superfície da Terra porque há mais trezentos Mestres, se incluirmos os que estão abaixo da superfície. Esse total geral aumenta para um número entre mil e oitocentos e dois mil e quinhentos se contarmos os Mestres Ascensionados etéricos que não estão mais em seus veículos físicos. Esse número inclui muitos do Comando Ashtar e Mestres Ascensionados que fazem parte do governo espiritual do plano interior, cuja atenção está voltada para o planeta Terra.

Dos quinhentos Mestres que vivem no corpo físico, na superfície, trinta completaram sua ascensão há pouco tempo e são alunos de Djwhal Khul ou de membros do seu ashram.

É importante compreender que há uma grande diferença entre o que se poderia chamar de um Mestre Ascensionado do "jardim-de-infância" e um Mestre que completou sua ascensão. Isso se explica pelo fato de que há sete grandes iniciações pelas quais todos os que trilham o caminho espiritual devem passar. Essas sete grandes iniciações foram claramente descritas pelo movimento teosófico liderado pela senhora Blavatsky e nos livros de Alice Bailey escritos pelo Mestre Ascensionado Djwhal Khul. Essa informação foi ampliada pela Fundação Tibetana, que foi dirigida pelo canal extraordinário Janet McClure. Minha mulher Terri, eu e minha querida amiga e irmã espiritual Marcia Dale Lopez estamos ligados aos três movimentos. Nossa tarefa atual é divulgar parte da próxima dispensação de informações de Djwhal Khul e da Hierarquia Espiritual, ao mesmo tempo que instalamos o ashram de Djwhal Khul nas costas leste e oeste.

Dos cinco mil Mestres Ascensionados previstos para Wesak (maio de 1995), aproximadamente dois mil e quinhentos concluíram sua sexta iniciação, e os outros dois mil e quinhentos, os do jardim-de-infância, iniciaram a sexta iniciação. Melquisedeque disse-nos que haveria aproximadamente trinta mil Mestres Ascensionados no planeta até o ano 2000, somados os Mestres "completos" e os do jardim-de-infância. Depois do ano 2000, esse número deve alcançar níveis muito maiores.

Segundo Melquisedeque, até o ano 2000, haverá entre cinco mil e dez mil iniciados com o sétimo grau concluído no planeta.

Também perguntei sobre os ingressantes. A resposta foi que haverá duzentos e cinqüenta mil ingressantes no planeta. Interpreto esses números com certa reserva, porque o futuro muda à medida que usamos nosso livre arbítrio; no entanto, eles nos dão uma certa perspectiva dos possíveis números para o processo de ascensão planetária.

Para os mestres, a ascensão se dá com a sexta iniciação, e não com a sétima, e isso me deixava intrigado. A justificativa está em que alcançamos a ascensão na sexta iniciação, mas só a completamos depois de passar pelo sétimo subnível entre a sexta e a sétima iniciações maiores. Um Mestre Ascensionado do jardim-de-infância recebeu apenas a sexta iniciação. Isso significa a libertação completa da roda de renascimentos, e no passado significava a morte do veículo físico. Em tempos mais recentes, a maioria dos Mestres Ascensionados do jardim-de-infância permaneceu na Terra para servir. Ao evoluir pelos sete subníveis da sexta iniciação, eles completam oficialmente a ascensão. Logo em seguida, recebem a sétima iniciação, que assinala o término completo da ascensão, a sexta iniciação.

A última iniciação que pode ser recebida no plano físico é a sétima. Ao recebê-la, você passa a ser considerado um iniciado do sétimo grau do jardim-de-infância. Há sete subníveis pelos quais você precisa passar para completar essa iniciação. Ao chegar ao sétimo subnível da sétima iniciação, todas as iniciações param até que você deixe o plano físico. Você não pode receber a oitava iniciação sem perder o veículo físico.

Alguns sistemas de desenvolvimento espiritual fazem referência a três subníveis existentes entre cada uma das sete iniciações maiores. Esse é o sistema usado por Brian Grattan em *Mahatma I & II*, em que ele fala de doze iniciações em vez de apenas sete. Pelo que Djwal informou a mim e a Marcia, os dois pontos de vista sobre o processo de iniciação são idênticos até a sexta iniciação. A sétima, a oitava e a nona iniciações no sistema de Brian são os três subníveis da sexta iniciação de que falei; e a décima, a décima primeira e a décima segunda iniciações são os três subníveis da sétima iniciação. Em outras palavras, o término que se verifica na sétima iniciação no sistema de Djwhal Khul acontece na décima segunda iniciação no sistema de Brian Grattan. Dou essa informação para que esses dois sistemas possam ser melhor compreendidos e, talvez, unificados.

A sétima iniciação é a fusão total com o plano logóico, ou sétimo, da realidade. Uso aqui o termo plano, e não dimensão, porque a sétima iniciação é a fusão com a sexta dimensão da realidade. Ascensão é a fusão com a quinta dimensão da realidade. É na sétima iniciação que as habilidades avançadas de ascensão, como teletransporte, andar sobre a água e a materialização, são potencialmente, mas não automaticamente, adquiridas. Djwhal Khul também disse-nos que o quociente de Luz mais elevado que podemos alcançar, sem perder o veículo físico, é 98%. Ao término da sétima iniciação, você retém esse nível de quociente de Luz até deixar o plano terrestre. O iniciado de sétimo grau, em geral, é um instrutor numa escala mais global, o que não necessariamente se aplica a um iniciado de sexto grau.

A Terra está no mesmo processo de iniciação e, quando ela completar sua sétima iniciação, ela desaparecerá, ascensionará e receberá sua oitava iniciação no plano interior.

A formação do seu quociente de Luz é um dos fatores mais importantes para você chegar às iniciações avançadas. Apenas para revisar, os quocientes de Luz exigidos pelas iniciações são os seguintes: terceira iniciação, 56%, quarta iniciação, 62%, quinta iniciação, 75%, sexta iniciação, ou ascensão, 80% a 83%, sétima iniciação, um mínimo de 92%.

Ao concluir essa análise do processo que o leva a completar sua ascensão e a avançar para a sétima iniciação, eu gostaria de lhe transmitir mais algumas informações interessantes. Temos um conhecimento mínimo sobre a sétima iniciação neste plano. O pouco que sabemos nos foi transmitido por Djwhal Khul por meio dos livros de Alice Bailey. Entretanto, Djwhal escreveu a maioria desses livros como um iniciado do quinto grau e do sexto grau no plano interior. As informações de cinqüenta anos atrás eram muito vagas.

A sétima iniciação é a fusão com o Logos Planetário e Shambala, o aspecto vontade do Criador do planeta Terra. É uma fusão plena com a mônada, enquanto a ascensão é uma fusão de apenas 80% a 83%. É a sétima iniciação que dá início ao processo de superação das leis físicas. Há um grupo de pessoas no ashram de Djwhal Khul que está se preparando para receber essa iniciação.

A sétima iniciação cria uma implosão completa de energia no chakra do coração. Ela cria todo um novo sistema unificado de chakras que, metaforicamente, é como a criação de um novo sistema estelar. A sétima iniciação é uma dedicação total ao serviço, à consciência de grupo e ao abandono do ego negativo e da separatividade. Você se torna um ponto concentrado de Luz viva. Ela lhe dá o direito de ir e vir nas cortes de Shambala. Esotericamente, ela é considerada a iniciação da ressurreição. O Senhor Maitreya recebeu sua sétima iniciação na cruz, no momento da morte do Mestre Jesus. Como iniciado, você encontra seu caminho de retorno à sua fonte originária, ou o estado de existência conhecido como Shambala. Você se torna oficialmente um Melquisedeque de sétimo grau. Ao receber a sétima iniciação, uma força elétrica ainda maior é transmitida por Sanat Kumara por meio do seu bastão iniciático, o que significa realização total. Você só completa sua sétima iniciação depois de estabilizar seu quociente de Luz em 97% a 98%. Djwhal disse que você só estará de fato na sétima iniciação se alcançar um nível de quociente de Luz de 94%. Você tem uma primeira aproximação dessa iniciação ao alcançar um nível de quociente de Luz de 89%, mas só está plenamente na sétima num nível de 94%.

Há cinco mil pessoas relacionadas para completar sua ascensão até Wesak, o festival do Buda na lua cheia de maio de 1995. Nesse época, quinhentas pessoas terão completado sua sétima iniciação. Em setembro de 1994, duzentas pessoas haviam completado sua sétima iniciação. Sanat Kumara e a Hierarquia assinalaram quinhentas mil pessoas que completariam sua ascensão até o ano

2000, que está próximo, mas que não fecha a janela de ascensão mencionada por Vywamus.

Quero deixar claro que essas iniciações maiores acontecem em grupos ou em ondas. Pode-se compará-las a um clube esportivo. Todas as equipes contam com alguns jogadores de destaque que marcam mais pontos que outros; mas se o time vence o campeonato, todos os membros da equipe recebem o mesmo prêmio. As conquistas de um são divididas entre todos. Isso elimina todo espírito de competição e comparação. Podemos também comparar esse processo a um quebra-cabeça. Todos os participantes recebem peças que devem encaixar; embora alguns tenham peças maiores que outros, o quebra-cabeça só ficará completo se cada um fizer a sua parte. Outro exemplo usado por Djwhal Khul é o de uma sala de emergência: todos os envolvidos — o motorista da ambulância, o recepcionista, os funcionários, as enfermeiras e os médicos — precisam fazer sua parte em cooperação perfeita. É isso também que acontece com o processo de iniciação, em que todos receberão a mesma iniciação, embora algumas tarefas possam ser mais atraentes que outras.

Os Mestres não estão em busca de tarefas atraentes; o que eles querem é que cada iniciado cumpra sua parte tendo em vista o trabalho ashrâmico maior e a realização do Plano Divino. Minha tarefa, por exemplo, é escrever livros e ensinar; a de minha mulher é canalizar; e o que Marcia faz é dirigir o ashram de Djwhal Khul em Nova York. Cada um tem sua parte a cumprir. Há muitas outras pessoas que também jogam o quebra-cabeça: como você espera que elas cumpram sua parte, elas também confiam que você realize a sua. O caminho mais rápido para alcançar a ascensão e para completar a sétima iniciação é cumprir sua parte divina perfeitamente!

TÉCNICAS DE ASCENSÃO

Apresento a seguir algumas das mais avançadas técnicas de ascensão que é possível encontrar no planeta Terra. Esse conjunto é um acréscimo às vinte e quatro técnicas relacionadas no Capítulo 4. Pratique-as com regularidade; asseguro-lhe que você obterá resultados extraordinários. Digo isso baseado no meu conhecimento teórico e na minha experiência.

TÉCNICA DE ASCENSÃO Nº 21

Uma das informações mais extraordinárias que encontrei em minhas constantes pesquisas é a existência de sedes de ascensão no planeta Terra e no universo. A lista a seguir inclui as que descobri até agora.

A. A câmara dourada de Melquisedeque no núcleo universal.
B. A sede de ascensão do ashram de Lenduce no nível galáctico.
C. A sede de ascensão no ashram de Melquior no núcleo galáctico.
D. A sede de ascensão no núcleo solar na câmara de Hélio.
E. A sede de ascensão em Shambala, a residência de Sanat Kumara.

F. A sede de ascensão na espaçonave arcturiana, chamada de Câmara de Síntese da Luz.

G. A sede de ascensão em Table Mountain, Wyoming, chamada de Acelerador Atômico.

H. A sede de ascensão na câmara do rei, na Grande Pirâmide de Gizé.

I. A sede de ascensão no Monte Shasta.

J. A sede de ascensão em Telos, a cidade subterrânea a mil e quinhentos metros debaixo do Monte Shasta.

K. A sede de ascensão no navio do Comandante Ashtar.

L. A sede de ascensão na África, numa aeronave extraterrestre subterrânea.

M. A sede de ascensão do meio da Terra, na Câmara Dourada de Melquisedeque.

N. A sede de ascensão no retiro de ascensão de Serápis Bey, em Luxor.

Na minha opinião, essas quatorze sedes de ascensão são verdadeiramente uma das chaves de ouro para você alcançar e completar sua ascensão. Use-as o quanto for possível. Tudo o que tem a fazer é pedir, em meditação, para ser levado à sede de ascensão de sua preferência; você estará instantaneamente nessa sede em seu corpo espiritual. Você sentirá imediatamente uma corrente espiritual, mais sutil algumas vezes, menos sutil outras, percorrendo todo o seu sistema de quatro corpos. As sedes de ascensão o ajudarão a fortalecer seu sistema quadriculado, a revitalizar suas moléculas, a formar seu quociente de Luz e a acelerar sua ascensão.

Os Mestres Ascensionados nos deram diversas sedes para prevenir o tédio e para estimular nossa busca espiritual. Recomendo-lhe que use as três primeiras sedes de ascensão antes das demais depois de ascensionar. Trabalhar com sedes de ascensão nos níveis galáctico e universal antes de ascensionar é ultrapassar seus limites. Mas certamente você pode fazer pequenas experiências com elas. Use as demais sedes para seu trabalho regular e contínuo de meditação.

Das relacionadas, a única sede de ascensão que conheço é a que se chama Acelerador Atômico, descrita por Saint Germain nos seus maravilhosos livros *Discursos Eu Sou*. As demais foram canalizações do nível espiritual e são uma verdadeira dispensação divina para a humanidade neste que é um dos tempos mais maravilhosos da história da Terra.

TÉCNICA DE ASCENSÃO Nº 22

Peça a Sanat Kumara, a Vywamus e à sua poderosa Presença do Eu Sou para que queimem suas letras de fogo, seus códigos-chave e suas geometrias sagradas das doze dimensões da realidade. Isso feito, letras de fogo infinitesimalmente pequenas, códigos-chave e formas geométricas sagradas se derramarão em abundância sobre seu chakra da coroa e daí fluirão por todo o seu sistema de meridianos. Quanto mais você evoluir espiritualmente, mais códigos-chave e letras de fogo estarão disponíveis para ativação e ancoramento.

TÉCNICA DE ASCENSÃO Nº 23

Invoque o Microtron de Metatron. O Microtron é uma espécie de microchip e rede de energia que armazena e provê toda a energia de ascensão que você pode potencialmente receber.

TÉCNICA DE ASCENSÃO Nº 24

Peça direta e especificamente para que as energias de ascensão desçam pelo seu chakra da coroa. Djwhal Khul disse-nos que essas energias podem ser vistas como uma Luz branca dourada. É recomendável iniciar todas as meditações invocando essas energias, para que elas estabeleçam a conexão da ascensão.

TÉCNICA DE ASCENSÃO Nº 25

Peça uma torrente de Luz do arcanjo Metatron, do Mahatma e de Melquisedeque. Manifeste sua intenção de formar seu quociente de Luz todos os dias, dos 80% aos 83% necessários para ascensionar.

TÉCNICA DE ASCENSÃO Nº 26

Invoque Vywamus e Djwhal Khul e peça o programa de remoção de matriz. Essa é uma dispensação maravilhosa, divina, que a humanidade recebeu recentemente de Sanat Kumara e da Hierarquia Espiritual. A primeira pessoa a falar-me dele foi minha companheira no ashram de Djwhal Khul, Marcia Dale Lopez. Meu conhecimento se aprofundou com as canalizações recebidas por minha mulher Terri durante um seminário realizado recentemente em nossa casa.

Deve-se entender aqui que a Hierarquia Espiritual recebeu autorização para retirar de sua mente subconsciente e de seu sistema de quatro corpos os programas baseados no medo. Pode-se comparar isso ao trabalho do jardineiro que arranca as ervas daninhas da terra. O clarividente vê os programas baseados no medo como ervas daninhas pretas com muitas raízes. Esse programa removedor de matriz está à disposição da humanidade há pouco tempo; ele é totalmente novo. Peça a Djwhal Khul e a Vywamus que o incluam nesse programa no plano interior. Além disso, peça também em suas meditações que todos os programas baseados no medo sejam removidos. Seja específico. Esse trabalho pode ser feito quando você está passando por uma crise emocional ou quando se sente bem e quer apenas realizar um trabalho especial.

Num curso recente, Djwhal Khul disse-nos que, em uma semana, 45% do nosso medo foi removido, extirpado e completamente apagado dos registros da nossa alma. Isso é extraordinário, e tenho certeza que você concordará. Peça, e você será beneficiado.

TÉCNICA DE ASCENSÃO Nº 27

Peça ao arcanjo Metatron um aumento de 100% no seu quociente de Luz. Essa é uma das minhas técnicas de ascensão preferidas; por isso eu a uso sempre, não somente na meditação, mas também enquanto assisto à televisão com minha mulher, tarde da noite. Acredite ou não, a melhor formação do quociente de Luz que obtive ocorreu nessas ocasiões. Acredito piamente na administração do tempo. Realizo alguns dos meus melhores trabalhos de ascensão enquanto estou na fila do banco ou do supermercado ou enquanto me desloco para dar recados. Metatron é um ser gloriosíssimo e é muito hábil no campo da tecnologia da Luz.

TÉCNICA DE ASCENSÃO Nº 28

Vá à Câmara Dourada de Melquisedeque e peça para ser iniciado na Ordem de Melquisedeque pelo próprio Logos Universal Melquisedeque. O nível de iniciação alcançado por você é irrelevante; apenas peça para iniciar esse processo e peça sua bênção. Melquisedeque é a alma de todo o universo, e a Ordem de Melquisedeque é o cerne, a essência e a predecessora de todos os ensinamentos espirituais no planeta Terra. Quem melhor para iniciá-lo nessa ordem senão o próprio Melquisedeque?

TÉCNICA DE ASCENSÃO Nº 29

Invoque sua própria poderosa Presença do Eu Sou e peça para que todos os seus elétrons girem na mesma freqüência que os elétrons dos Mestres Ascensionados.

TÉCNICA DE ASCENSÃO Nº 30

Todos os dias, faça o que eu chamo de caminhada de ascensão, outra de minhas práticas espirituais preferidas e uma das partes favoritas do meu dia. Inicie sua caminhada invocando uma das sedes de ascensão ou uma torrente de Luz de Metatron, do Mahatma, de Melquisedeque, ou dos três. Em seguida, simplesmente caminhe, procurando manter-se um pouco mais receptivo do que habitualmente. Se receber muita energia, ou se ficar demasiadamente ativo, reduza um pouco o nível de energia com o pensamento. Não haverá nenhum mal; se algum problema ocorrer, você pode chamá-las novamente. Essa técnica específica é também uma boa prática para bilocar-se quando você usa as sedes de ascensão. Quero dizer com isso que uma parte de você estará no retiro de ascensão e a outra estará caminhando. É bom começar a fazer duas coisas concomitantes, mesmo antes de ascensionar.

Quero dizer aqui que é possível realizar muitas atividades da sede de ascensão. O corpo físico precisa de algum tempo durante o dia para administrar seu próprio fluxo natural. Pratique bastante, mas intercale momentos de descanso. Em geral, as energias se acalmarão por si mesmas enquanto você faz suas refeições, dirige o carro e durante atividades mais pesadas, mais *yang*.

TÉCNICA DE ASCENSÃO Nº 31

Dou a essa técnica o nome de "sistema de ascensão com um parceiro". Não é imprescindível que você a pratique com outra pessoa, mas sua ascensão pessoal ficará enormemente acelerada se você a praticar com um amigo ou com um grupo de amigos. Eu a pratico com minha esposa Terri, com Marcia e com minha querida amiga Karen. Recentemente, esse grupo aumentou. Djwhal disse que essa técnica às vezes funciona como os pólos positivo e negativo de uma bateria. Nós produzimos uma centelha e emitimos diferentes raios do Criador. Duas ou mais pessoas se tornam quase uma entidade grupal. Forma-se uma mente grupal, e a aceleração de um dos membros se transfere automaticamente para todo o grupo. Isso também elimina toda competição e comparação, pois os Mestres tendem a iniciar, simultaneamente, grupos de pessoas que trabalham juntas num nível semelhante de evolução. Não foi Jesus que falou também de "dois ou mais se reunirem em meu nome?" As meditações feitas em grupo são sempre mais eficazes.

Passo bastante tempo meditando com os amigos ao telefone. Marcia e eu fazemos isso várias horas por semana, apesar de ela morar em Nova York e eu em Los Angeles. Tenho a sensação de meditar por mais tempo quando medito com um amigo. O tempo passa mais rápido e é mais divertido.

TÉCNICA DE ASCENSÃO Nº 32

Peça a Melquior, Lenduce, Vywamus e Sanat Kumara que façam o ancoramento dos pacotes de Luz de informação provenientes da universidade superior que está em Sírio. Esses pacotes são como envelopes de Luz metafísicos programados em seu banco de dados e nos sistemas de quatro corpos. Todas as noites, antes de dormir, peça para viajar a Sírio durante o sono a fim de freqüentar a universidade superior.

TÉCNICA DE ASCENSÃO Nº 33

Faça essas meditações especialmente na lua cheia de cada mês, durante outras configurações astrológicas especiais, como Wesak, Natal, 31 de dezembro, em ocasiões singulares, como o 11:11 ou o 12:12, durante chuvas de meteoros, nos aniversários dos santos, e assim por diante. Essas épocas favorecem aberturas especiais, portões e torrentes de energias espirituais. Elas podem promover saltos quânticos de energia que muitas semanas de meditação às vezes não conseguem desenvolver.

TÉCNICA DE ASCENSÃO Nº 34

Peça a Vywamus, Sanat Kumara, Djwhal Khul e à sua poderosa Presença do Eu Sou o ancoramento do seu corpo-matriz monádico. Peça que esse corpo substitua a matriz anterior, maculada, com que você esteve trabalhando ao longo de todas as suas vidas passadas. Assim você terá uma matriz perfeita, que servirá de base para o trabalho do seu veículo físico. Muitas pessoas não conseguem se recuperar de problemas de saúde física crônicos por causa disso. Chame também a Equipe de Cura do PAM e a Equipe de Cura Etérica para que sanem qualquer dano causado ao veículo etérico que precise de reparo, incluindo todas as suas vidas passadas e a sua atual. Nunca valorizaremos o suficiente a eficácia dessa técnica de ascensão simples. Invoque os arcturos e peça para ser levado para a Câmara do Mecanismo sempre que precisar de cura física.

TÉCNICA DE ASCENSÃO Nº 35

Invoque sua poderosa Presença do Eu Sou, Vywamus e Djwhal Khul e peça para que sua mônada (seu espírito ou poderosa Presença do Eu Sou) esteja permanentemente ancorada em seu veículo físico. Isso poderá ser feito, se você pedir, e acelerará muito a fusão de sua personalidade com sua alma e sua mônada, fusão essa que se confunde com a própria ascensão.

TÉCNICA DE ASCENSÃO Nº 36

Todas as noites, antes de se preparar para dormir, peça para ser incluído em aulas de teletransporte no plano interior. Seu corpo espiritual receberá todas as informações necessárias, as quais serão armazenadas até o momento em que você esteja preparado para transportar-se. Djwhal Khul disse-nos que precisamos ter quase completado a sétima iniciação e alcançar um quociente de Luz de 96% a 98% para realizar esse ato. O teletransporte é o deslocamento do corpo físico de um lugar para outro, e não é uma exigência para completar a sétima iniciação, mas é uma opção.

TÉCNICA DE ASCENSÃO Nº 37

Durante a meditação ou antes de dormir, peça para ser incluído no programa de formação do quociente de Luz do segundo raio de Djwhal Khul no plano interior. Esse programa é administrado por Djwhal Khul e é muito semelhante a uma intravenosa que alimenta um doente com nutrientes. Durante o sono, o quociente de Luz "pinga" num ritmo gradual e seguro naqueles que estão inscritos no programa. Mesmo que você não faça parte do ashram de Djwhal Khul, peça para inscrever-se; você será bem recebido. Os chohans dos sete raios enviam a maioria dos seus alunos para treinarem com Djwhal Khul. É recomendável aproveitar os diferentes programas oferecidos nos sete ashrams — os ashrams de El Morya, Kuthumi e Djwhal Khul, Serápis Bey, Paulo, o Veneziano, Hilarião, Jesus e Saint Germain.

TÉCNICA DE ASCENSÃO Nº 38

Peça a Vywamus e a Djwhal Khul o ancoramento permanente do coração cósmico. Essa invocação fala por si mesma no que diz respeito à sua intenção e objetivo.

TÉCNICA DE ASCENSÃO Nº 39

Invoque Vywamus, o arcanjo Miguel e Djwhal Khul e peça para instalarem uma redoma dourada de proteção permanente em torno de você. Peça a Vywamus que deslize suas mãos douradas através dos seus campos para remover todos os implantes alienígenas, elementais, entidades negativas, energias desequilibradas e muco etérico.

TÉCNICA DE ASCENSÃO Nº 40

Peça aos Mestres Ascensionados que instalem uma coluna de ascensão permanente no espaço onde você medita ou onde dá aulas. Se necessário, construa duas colunas, uma em sua sala de meditação e outra na sala onde você costuma fazer suas reuniões. Sua coluna de ascensão evoluirá à medida que você evoluir. Todos os que entrarem nela serão ajudados e acelerados.

TÉCNICA DE ASCENSÃO Nº 41

No fim de sua meditação, invoque o que eu aqui chamo de "minifuracões" para ajudar a unir seus corpos superiores com seu sistema de quatro corpos (os corpos físico, mental, emocional e espiritual) na Terra. Os minifuracões são furacões infinitesimalmente pequenos que misturam e fundem os corpos superiores com os corpos inferiores. Esses furacões quase "costuram" esses dois corpos, e podem ser vistos muito nitidamente pelos clarividentes. Os que não são clarividentes podem acreditar que eles existem e que irão ancorar se forem invocados.

TÉCNICA DE ASCENSÃO Nº 42

Peça a Hélio o ancoramento e a ativação do seu módulo de cura de ascensão. Esse módulo é um tipo específico de merkabah que, se você solicitar, pode ser programado para ativação de ascensão. Ele pode também ser muito útil para facilitar o ancoramento e a queima de todas as letras de fogo, códigos-chave e geometrias sagradas de que falei anteriormente.

TÉCNICA DE ASCENSÃO Nº 43

Invoque o Mahatma e a poderosa Presença do Eu Sou e peça uma expansão do seu antakarana, ou ponte do arco-íris, tanto num nível pessoal quanto cósmico, de modo que uma quantidade maior da corrente de Deus possa fluir para o seu campo.

TÉCNICA DE ASCENSÃO Nº 44

Peça à sua poderosa Presença do Eu Sou o ancoramento e a ativação do seu chakra unificado. Quando você ascensiona, os sete chakras se transformam num único chakra alongado. Esse chakra pode ser invocado e acomodado antes de ascensionar.

TÉCNICA DE ASCENSÃO Nº 45

Peça à Mãe Terra e aos arcanjos Sandalphon e Khamel uma harmonização de sua kundalini pessoal com a kundalini planetária. Isso favorecerá um influxo maior de energia através dos chakras dos pés, do chakra da raiz e do núcleo da base.

TÉCNICA DE ASCENSÃO Nº 46

Invoque Vywamus, Djwhal Khul e a Mãe Terra e peça para que integrem e ajustem suas energias pessoais com os computadores dos doze Elohim na Terra que estão no processo de queimar e ativar no decorrer dos próximos cinco anos. À medida que esses computadores dos Elohim queimarem, haverá uma ativação correspondente em seu próprio ser.

TÉCNICA DE ASCENSÃO Nº 47

Peça a Melquisedeque para que ele purifique todo seu ser com sua chama dourada e sua cinza sagrada para remover todas as impurezas do seu sistema de quatro corpos e todas as imperfeições do ego negativo, da separatividade e das reações baseadas no medo.

TÉCNICA DE ASCENSÃO Nº 48

Invoque os Mestres do Sétimo Raio e peça para que brilhem através do centro do terceiro olho e liguem a força da ponte do arco-íris e o antakarana na luz da coluna de ascensão. Peça que isso seja feito através da coluna de chakra, através da alma e de volta à mônada.

RESUMO

Como você pode ver, esses são instrumentos e técnicas de ascensão extraordinários. Pratique-os o quanto for possível. Fale deles aos seus amigos e envie-os a todo o país e a todo o globo.

27

MEDITAÇÃO E TRATAMENTO PARA A ASCENSÃO

Aceito e invoco agora uma afluência
profunda da energia do Mahatma para
a minha matriz de energia, possibi-
litando assim uma irradiação plena
e aberta do meu eu divino para
tudo o que é
Vywamus

Antes de iniciar esta meditação, escolha um local agradável onde você possa sentar-se sem ser perturbado. Sente-se voltado para o leste, pois a corrente espiritual é mais forte nessa direção. Esta meditação e tratamento de ascensão pode ser feita em voz alta ou em silêncio. Você também pode pôr uma fita no gravador e ouvi-la antes de adormecer. Os mais ansiosos podem usar um gravador que disponha do recurso de auto-reversão para deixar a fita rodando enquanto dormem.

Esta é uma meditação bem completa e abrangente que, sem dúvida, atrai as energias da ascensão. Recomendo que você a pratique todos os dias, uma ou até duas vezes, com perseverança e continuidade. Eu lhe asseguro que essa prática transformará completamente a sua consciência, o seu sistema de quatro corpos e a sua realidade.

MEDITAÇÃO E TRATAMENTO PARA A ASCENSÃO

Amado Deus, Cristo, Espírito Santo, amada Poderosa Presença do Eu Sou, minha Mônada, Eu Sou o Que Sou, amado Mahatma, o Avatar da Síntese, Sete Elohim Poderosos, Melquior, nosso Logos Galáctico, Comando Ashtar, arcanjos

Miguel, Jofiel, Samuel, Gabriel, Rafael, Uriel, Zadkiel, Metatron, Hélio, nosso Logos Solar, Sanat Kumara, nosso Logos Planetário, Senhor Maitreya, o Cristo Planetário, o Manu, Alá Gobi, o Mahachohan, Sathya Sai Baba, amados Chohans dos Sete Raios, El Morya, Kuthumi, Serápis Bei, Paulo, o Veneziano, Hilarião, Mestre Jesus, Saint Germain, Senhores do Karma, Djwhal Khul, Buda, Vywamus, Virgem Maria, Quan Yin, Ísis, Babaji, o Grande Diretor Divino, Enoch, Equipe de Cura do PAM da Grande Fraternidade Branca (Pã, Anjo Radiante de Cura, Mestres Ascensionados e Mônada) Ordem de Melquisedeque, Hierarquia Espiritual, Grande Fraternidade Branca, Mestres de Shambala!

Eu Sou a Mônada, Eu Sou a Luz Divina, Eu Sou Amor, Eu Sou Vontade, Eu Sou Desígnio Estabelecido! Por esta atividade, rezo e peço sua ajuda coletiva nesta meditação de ascensão. Por esta atividade, invoco um tubo resistente de substância de Luz cósmica para que sirva de escudo protetor invencível durante esta meditação e no meu dia a dia. Peço que esse tubo seja absolutamente invulnerável e invencível com relação a tudo o que não seja de Deus e da Luz de Cristo.

Dentro desse grande tubo, visualizo agora um tubo menor, com as dimensões da circunferência da minha cabeça; esse tubo menor parte do chakra da coroa e sobe; ele passa por minha alma, por minha mônada ou Presença do Eu Sou, continua subindo pelos trezentos e cinqüenta e dois níveis do ser cósmico conhecido como o Mahatma ou o Avatar da Síntese, e daí até Deus.

Esse tubo de Luz é seu antakarana, ou ponte do arco-íris. Quando você estiver ligado com todos os níveis em sua visão mental, faça esse tubo descer pelos sete chakras, ou pela coluna de chakra, e dirija-o para o centro da Terra. Seu antakarana agora se estende do centro da Terra até Deus.

Agora entre em sintonia com a presença de Deus. Entoe o som sagrado Aum sete vezes e, pelo antakarana, envie-o para a alma, para a mônada, para o Mahatma, até Deus. Fique em silêncio por alguns instantes para sentir os efeitos.

Agora peça a Deus e à Força de Deus uma coluna da Luz de Deus que desce por seu antakarana e por seu tubo protetor. Deixe que essa Luz penetre antes no seu corpo físico e, depois, nos seus corpos etérico, emocional, mental e espiritual.

Na sua visão mental, invoque agora a energia do Mahatma, que é uma consciência de grupo que representa os trezentos e cinqüenta e dois níveis até Deus. Invoque essa energia do Mahatma e Avatar da Síntese e deixe que ela inunde cada célula do seu corpo físico.

Agora deixe essa energia inundar todos os seus órgãos físicos com Luz cósmica. Deixe que ela se derrame sobre suas glândulas pineal, pituitária, tireóide, timo, supra-renais e sexuais. Deixe que a energia do Mahatma encha seus sete corpos com Luz cósmica. Segundo Vywamus, a energia do Mahatma é a energia cósmica mais elevada que nos está disponível na Terra. Deixe que ela banhe todo o seu ser.

Amado Deus e amado Mahatma, aceito e invoco agora um fluxo profundo da energia do Mahatma para a minha matriz de energia, possibilitando assim uma irradiação plena e aberta do meu eu divino para Tudo o Que É.

Agora peço a Deus e à Força Divina uma série de bolas douradas de Luz. Essas bolas procedem de Deus e da poderosa Presença do Eu Sou e descem para a minha coluna de chakras, entrando em meus sete chakras.

Deixo que a bola dourada de Luz entre no meu primeiro chakra. Abro e ativo totalmente o meu primeiro chakra. Eu Sou Aquele que É. Aum!

Deixo que a bola dourada de Luz entre no meu segundo chakra. Abro e ativo totalmente o meu segundo chakra. Eu Sou Aquele que É. Aum!

Agora, abro e ativo totalmente o meu terceiro chakra. Eu Sou Aquele que É. Aum!

Agora, abro e ativo totalmente o meu quarto chakra. Eu Sou Aquele Que É. Aum!

Agora, abro e ativo totalmente o meu quinto chakra. Eu Sou Aquele que É. Aum!

Agora, abro e ativo totalmente o meu sexto chakra. Eu Sou Aquele que É. Aum!

Agora, abro e ativo totalmente o meu sétimo chakra. Eu Sou Aquele que É. Aum!

Agora, invoque a poderosa Presença do Eu Sou, o arcanjo Miguel e a equipe do Programa de Assistência Médica (PAM) da Grande Fraternidade Branca (formada por Pã, pelos Mestres Ascensionados curadores, pelos anjos de cura e pela sua mônada) para que entrem em cada chakra, o equilibrem perfeitamente e o sintonizem, removendo todas as energias indesejadas ou cordões de energia que não sirvam para seus propósitos divinos mais elevados e para sua verdadeira matriz monádica divina. Concentre-se durante uns vinte segundos em cada chakra para atrair uma limpeza total, uma cura perfeita e equilíbrio para cada chakra. Depois de purificar, limpar, curar e equilibrar perfeitamente cada chakra com a Luz de cura de Deus, peça uma ativação para a perfeita integração e equilíbrio dos seus chakras, de modo que funcionem como um chakra único.

Invoque agora a chama violeta de Saint Germain, para que ela banhe todo o seu ser em sua chama violeta da transmutação. Que essa bela energia violeta que flui de Deus transmute toda negatividade em pureza e perfeição divinas. Depois de banhar-se nessa energia durante uns trinta segundos, invoque o décimo segundo raio dourado e deixe que ele banhe todo o seu ser na energia da consciência de Cristo. Visualize todo seu ser e os sete corpos sendo inundados por essa energia luminosa dourada que emana de Deus, da poderosa Presença do Eu Sou e dos Mestres Ascensionados. Banhe-se nessa Luz dourada do décimo segundo raio por um período de quinze a trinta segundos.

Agora, peça a Deus e à Força de Deus que o coloquem em seu veículo merkabah de Luz viva. Visualize esse veículo como um cristal de dupla extremidade que reveste todo seu corpo. Uma outra seção horizontal, de dupla extremidade, sai pelos lados da frente e pelo lado de trás da parte vertical. O veículo merkabah ajudará a acelerar todas as suas freqüências vibracionais. Além disso, por meio dele você pode viajar com a alma durante a meditação ou enquanto dorme. Agora, entre no veículo merkabah e deixe que ele gire no sentido horário. Esse giro faz com que você se torne ainda mais sintonizado com a pulsação cósmica e com as freqüências de Deus e da Força de Deus.

Estou pronto, e o processo de ascensão pode começar! (O processo de ascensão é na verdade o processo de descida do espírito na matéria.) Amado Deus e Força de Deus, invoco minha alma para que ela desça sobre minha consciência e sobre meu sistema de quatro corpos, se ainda não desceu. Eu Sou Aquele que É. Aum!

Invoco meu corpo de Luz glorificado para que desça sobre minha consciência e sobre meu sistema de quatro corpos. Eu Sou Aquele que É. Aum!

Invoco a Chama da Ascensão para que desça e entre em minha consciência e sistema de quatro corpos. Eu Sou Aquele que É. Aum!

Peço a ativação plena dos meus chakras Alfa e Ômega. Eu Sou Aquele que É. Aum! Invoco Amrita, as letras de fogo, as geometrias sagradas e os códigos-chave das Chaves de Enoch para que fiquem agora totalmente ativados. Eu Sou Aquele que É. Aum!

Peço agora a ativação plena e a criação do potencial pleno das doze fitas de DNA em meu veículo físico. Eu Sou Aquele que É. Aum!

Peço agora a ativação plena da minha glândula pituitária para que ela crie somente o hormônio da vida e pare de produzir o hormônio da morte! Eu Sou Aquele que É. Aum!

Peço agora a ativação plena das minhas matrizes monádicas Divinas em minhas mentes consciente, subconsciente e supraconsciente e no sistema de quatro corpos. Eu Sou Aquele que É. Aum!

Peço agora a ativação plena da minha energia kundalini enquanto ela é dirigida pela minha mônada e pela poderosa Presença do Eu Sou. Eu Sou Aquele que É. Aum!

Peço agora uma fagulha do tamanho de um palito de fósforo de Fogo Cósmico da presença do próprio Deus para que ilumine e transforme todo meu ser em Luz de Deus. Eu Sou Aquele que É. Aum!

Peço agora um alinhamento axiatonal pleno como é descrito em *As Chaves de Enoch* para que alinhe perfeitamente todos os fluxos dos meus meridianos na minha consciência e sistema de quatro corpos. Eu Sou Aquele que É. Aum!

Peço agora e reivindico plenamente minha imortalidade física e a cessação total do envelhecimento e do processo de morte. Agora estou rejuvenescendo e me tornando cada dia mais jovem. Eu Sou Aquele que É. Aum!

Peço agora a abertura completa do meu terceiro olho e de todas as minhas habilidades psíquicas e de canalização, para que possa usá-las para a glória e para o serviço do Deus Altíssimo e dos meus irmãos e irmãs em Cristo na Terra. Eu Sou Aquele que É. Aum!

Peço agora que a saúde radiante perfeita se manifeste em meus corpos físico, emocional, mental, etérico e espiritual. Peço e ordeno que esses corpos manifestem agora a saúde e a perfeição de Cristo. Eu Sou Aquele que É. Aum!

Peço agora que meu décimo sexto chakra desça, movendo todos os meus chakras pela coluna de chakra até que o meu décimo sexto chakra se fixe no meu sétimo chakra, ou chakra da coroa. Eu Sou Aquele que É. Aum!

Peço agora que meu décimo quinto chakra desça e entre em meu sexto chakra ou chakra do terceiro olho. Eu Sou Aquele que É. Aum!

Peço agora que meu décimo quarto chakra desça e entre no meu chakra da garganta. Eu Sou Aquele que É. Aum!

Peço agora que meu décimo terceiro chakra desça, entre e habite no meu chakra do coração. Eu Sou Aquele que É. Aum!

Peço agora que meu décimo segundo chakra desça, entre e habite no meu chakra do plexo solar. Eu Sou Aquele que É. Aum!

Peço agora que meu décimo primeiro chakra desça, entre e habite no meu segundo chakra. Eu Sou Aquele que É. Aum!

Peço agora que meu décimo chakra desça, entre e habite em meu primeiro chakra. Eu Sou Aquele que É. Aum!

Agora vejo os meus demais chakras, do nono ao primeiro, descendo pelas minhas pernas e entrando na Terra. Eu Sou Aquele que É. Aum!

Peço agora a estabilização completa do meu novo sistema de chakras de quinta dimensão em minha consciência e sistema de quatro corpos. Eu Sou Aquele que É. Aum!

Peço agora e vejo minha coluna de chakra acendendo como uma árvore de natal com meu primeiro chakra tornando-se uma grande bola de Luz nacarada.

Meu segundo chakra se torna agora uma grande bola de Luz róseo-alaranjada.

Meu terceiro chakra se torna agora uma bola brilhante de Luz dourada.

Meu chakra do coração se acende agora com uma Luz róseo-violeta clara.

Meu quinto chakra se acende agora com uma Luz azul-violeta forte.

Meu chakra do terceiro olho se acende agora com uma grande bola de Luz branca dourada.

Meu chakra da coroa se acende agora com uma Luz branca violeta.

Toda minha coluna de chakra está acesa com a freqüência de ascensão de quinta dimensão. Eu Sou Aquele que É. Aum!

Invoco agora, com todo o meu coração, minha alma, minha mente e minhas forças a ajuda coletiva das minhas outras onze extensões de alma em meu processo de ascensão. Eu Sou Aquele que É. Aum!

Invoco agora a ajuda coletiva das outras cento e quarenta e três extensões de alma do meu grupo monádico em meu processo de ascensão. Eu Sou Aquele que É. Aum!

Invoco agora a descida completa e a integração em meu ser das coisas cognoscíveis! Eu Sou Aquele que É. Aum!

Invoco agora a trindade de Ísis, Osíris e Hórus, e todas as energias da pirâmide que estão sintonizadas com a Fonte para que desçam agora em minha consciência e sistema de quatro corpos e para que se tornem plenamente ativadas. Eu Sou Aquele que É. Aum!

Invoco também o Mestre Ascensionado Serápis Bey e as energias do seu Templo de Ascensão de Lúxor para que desçam e se tornem plenamente ativadas em minha consciência e sistema de quatro corpos. Eu Sou Aquele que É. Aum!

Invoco agora uma coluna de Luz de ascensão para que envolva todo o meu ser. Eu Sou Aquele que É. Aum!

Invoco agora o equilíbrio completo de todo o meu karma, de todas as minhas vidas passadas e futuras. Eu Sou Aquele que É. Aum!

Invoco agora a elevação das minhas freqüências vibracionais em meus corpos físico, astral, mental, etérico e espiritual até as freqüências da quinta dimensão. Eu Sou Aquele que É. Aum!

Invoco agora a Luz de milhares de sóis para que desça em meu ser e eleve minhas freqüências vibracionais milhares e milhares de vezes. Eu Sou Aquele que É. Aum!

Invoco agora o sagrado som Aum para que desça e vibre em minha consciência e sistema de quatro corpos. Eu Sou Aquele que É. Aum!

Invoco agora um batismo completo e total do Espírito Santo. Eu Sou Aquele que É. Aum!

Invoco agora a sintonia perfeita e a realização completa do meu dharma, do meu objetivo e da minha missão nesta existência a serviço do plano de Deus. Eu Sou Aquele que É. Aum!

Peço agora que desça meu corpo cristificado. Eu Sou Aquele que É. Aum!

Invoco meu eu ascensionado de quinta dimensão, que já ascensionou na compreensão do tempo simultâneo, para que agora una sua consciência com meu campo unificado e minha aura. Eu Sou Aquele que É. Aum!

Invoco meu instrutor espiritual (mencione o nome), para que desça por meu chakra da coroa e una sua consciência ascensionada e sua Luz com minha consciência e sistema de quatro corpos. Eu Sou Aquele que É. Aum!

Invoco a grande chama de Deus para que desça agora, se integre e una sua chama maior com a minha chama menor na Terra. Eu Sou Aquele que É. Aum!

Finalmente, invoco a minha mônada, a poderosa Presença do Eu Sou e meu espírito para que desçam agora na minha consciência e sistema de quatro corpos e me transformem em Luz e no Mestre Ascensionado que realmente sou. Eu Sou Aquele que É. Aum!

Durante alguns minutos de silêncio, deixe que o processo de ascensão aconteça enquanto você continua na Terra. Ao unir-se completamente com a Luz na consciência e no seu sistema de quatro corpos, recite as seguintes afirmações da verdade:

Tranqüilizai-vos e reconhecei: Eu Sou Deus. Eu Sou Aquele que É. Aum!

Eu sou a ressurreição e a vida. Eu Sou Aquele que É. Aum!

Eu sou a poderosa Presença do Eu Sou na Terra para sempre. Eu Sou Aquele que É. Aum!

Eu sou o Mestre Ascensionado (diga seu nome completo)! Eu Sou Aquele que É. Aum!

Eu sou Deus vivendo neste corpo como (mencione seu nome). Eu Sou Aquele que É. Aum!

A poderosa Presença do Eu Sou é agora o meu verdadeiro nome! Eu Sou Aquele que É. Aum!

Eu sou a ascensão na Luz. Eu Sou Aquele que É. Aum!

Eu sou a Verdade, o Caminho e a Luz. Eu Sou Aquele que É. Aum!

Eu sou a porta aberta que ninguém pode fechar. Eu Sou Aquele que É. Aum!

Eu sou a perfeição divina que se manifestou agora. Eu Sou Aquele que É. Aum!

Eu sou a revelação de Deus. Eu Sou Aquele que É. Aum!

Eu sou a Luz que ilumina todo homem que vem ao mundo. Eu Sou Aquele que É. Aum!

Eu sou a chama cósmica da vitória cósmica. Eu Sou Aquele que É. Aum!

Eu sou o ser ascensionado que quero ser agora. Eu Sou Aquele que É. Aum!

Eu sou a vibração elevada do meu Cristo pleno e eu sou potencial. Eu Sou Aquele que É. Aum!

Eu sou o Aum que se manifestou no mundo. Eu Sou Aquele que É. Aum!

Eu sou um membro pleno da Grande Fraternidade Branca e da Hierarquia Espiritual. Eu Sou Aquele que É. Aum!

Eu sou a manifestação realizada do eu eterno. Eu Sou Aquele que É. Aum!

Eu sou a encarnação do amor Divino em ação. Eu Sou Aquele que É. Aum!

Eu vivo em todos os seres e todos os seres vivem em mim. Eu Sou Aquele que É. Aum!

Agora, eu sou um com o plano monádico de consciência na Terra. Eu Sou Aquele que É. Aum!

Agora, eu estou vivendo na Terra em meu corpo glorificado de Luz. Eu Sou Aquele que É. Aum!

Agora, eu afirmo minha capacidade de transformar meus quatro corpos em Luz e viajar para qualquer lugar no universo infinito de Deus. Eu Sou Aquele que É. Aum!

Eu invoco Hélio, o Logos Solar, para que agora emita para a minha consciência, através do chakra da coroa, as sessenta e quatro Chaves de Enoch nas cinco línguas sagradas para que se integrem totalmente em meu ser na Terra. Eu Sou Aquele que É. Aum!

Afirmo plenamente minha identidade como o Eu Eterno, o Cristo, o Buda, o atma, a mônada, a Presença do Eu Sou na Terra a serviço da humanidade. Eu Sou Aquele que É. Aum!

Afirmo plenamente que sou fisicamente imortal e que posso, se quero, permanecer na Terra indefinidamente sem envelhecer! Eu Sou Aquele que É. Aum!

Vejo cada pessoa, animal e vegetal como a encarnação do Eu Eterno, quer estejam ou não conscientes de sua verdadeira identidade. Eu Sou Aquele que É. Aum!

Agora, eu sou a integração perfeita da mônada, da alma e da personalidade na Terra. Eu Sou Aquele que É. Aum!

Neste instante sagrado a salvação chegou. Eu Sou Aquele que É. Aum!

Eu sou um eu unido com meu Criador. Eu Sou Aquele que É. Aum!

Eu sou a Luz do mundo. Eu Sou Aquele que É. Aum!

Agora, eu sou um ser ascensionado pleno que resolveu continuar na Terra para ser útil a todos os seres sencientes! Eu Sou Aquele que É. Aum!

Kodoish, Kodoish, Kodoish, Adonai Tsabayoth! (Santo, Santo, Santo é o Senhor Deus dos Exércitos!) Kodoish, Kodoish, Kodoish, Adonai Tsabayoth! (Santo, Santo, Santo é o Senhor Deus dos Exércitos!) Kodoish, Kodoish, Kodoish, Adonai Tsabayoth! (Santo, Santo, Santo é o Senhor Deus dos Exércitos!) Eu Sou Aquele que É. Aum!

BIBLIOGRAFIA

Bailey, Alice A. *The Rays and the Initiations*, Vol. 5. Nova York: Lucis Publishing Co., 1960.

_____. *Esoteric Psychology*, Vol. I. Nova York: Lucis Publishing Co., 1936.

_____. *Esoteric Psychology*, Vol. II. Nova York: Lucis Publishing Co., 1942.

_____. *Ponder on This*. Nova York: Lucis Publishing Co., 1971.

_____. *Initiation, Human and Solar*. Nova York: Lucis Publishing Co., 1922.

_____. *The Soul, the Quality of Life*. Nova York: Lucis Publishing Co., 1974.

_____. *The Reappearance of the Christ*. Nova York: Lucis Publishing Co., 1948. [*O Reaparecimento do Cristo*, publicado pela Editora Pensamento, São Paulo, 1993.]

_____. *Serving Humanity*. Nova York: Lucis Publishing Co., 1972.

_____. *The Externalization of the Hierarchy*. Nova York: Lucis Publishing Co., 1957.

_____. *Glamour, a World Problem*. Nova York: Lucis Publishing Co., 1950.

_____. *Death: The Great Adventure*. Nova York: Lucis Publishing Co., 1985.

Bey, Serápis. *Dossier on the Ascension*. Livingston, MT: Summit University Press, 1967.

Burmester, Helen S. *Seven Rays Made Visual*. Marina del Rey, CA: DeVorss & Co., 1986.

Carey, Ken. *The Starseed Transmissions*: São Francisco: Harper, 1982. [*Transmissões da Estrela-Semente*, publicado pela Editora Cultrix, São Paulo, 1988.]

_____. *Starseed: The Third Millennium*. São Francisco: Harper, 1991. [*A Estrela-Semente — A Vida no Terceiro Milênio*, publicado pela Editora Cultrix, São Paulo, 1991.]

Carter, Mary Ellen. *Edgar Cayce on Prophecy*. Nova York: Warner Books, 1968.

Cayce, Edgar Evans. *Edgar Cayce on Atlantis*. Nova York: Warner Books, 1968.

Chaney, Earlyne. *Beyond Tomorrow*. Upland, CA: Astara's Library of Mystical Classics, 1985.

_____. *The Mystery of Death and Dying*. York Beach, Maine: Samuel Weiser, Inc., 1988. [*O Mistério da Morte*, publicado pela Editora Cultrix, São Paulo, 1989.]

Cherry, Joanna. *Ascension for You and Me*. Mt. Shasta, CA: Ascension Mastery International, 1985.

Creme, Benjamin. *Maitreya's Mission*. Amsterdam: Share International Foundation, 1986.

_____. *The Reappearance of the Christ and the Masters of Wisdom*. Londres: Tara Press, 1980.

Crowley, Brian & Esther. *Words of Power: Sacred Sounds of East and West*. St. Paul, MN: Llewellyn Publications, 1992.

Easwaran, Eknath. *Mantram Handbook*. Petaluma, CA: Nilgiri Press, 1977.

Furst, Jeffrey. *Edgar Cayce's Story of Jesus*. Nova York: Berkley Books, 1976.

Giri, Swami Satyeswarananda. *Babaji: The Divine Himalayan Yogi*. San Diego, CA: Satyeswarananda Giri, 1984.

Govindan, Marshall. *Babaji and the Eighteen Siddha Kriya Yogis*. Montreal: Kriya Yoga Publications, 1991.

Grattan, Brian. *Mahatma I & II*. Sedona, AZ: Light Technology Communications, Inc., 1991.

Hurtak, J.J. *The Book of Knowledge: The Keys of Enoch*. Los Gatos, CA: Academy for Future Science, 1977.

Jurriaanse, Aart. *Prophecies by D.K.* South Africa: World Unity & Service, 1977.

_____. *Bridges*. South Africa: Sun Centre, 1978.

Kittler, Glenn D. *Edgar Cayce on the Dead Sea Scrolls*. New York: Warner Books, 1970.

Leadbeater, C.W. *The Masters and the Path*. Adyar: Theosophical Publishing House, 1925. [*Os Mestres e a Senda*, publicado pela Editora Pensamento, São Paulo, 1977.]

Levi. *The Aquarian Gospel of Jesus the Christ*. Marina del Rey: DeVorss, 1907.

Marciniak, Barbara. *Bringers of the Dawn: Teachings from the Pleiadians*. Santa Fe, NM: Bear & Company, 1992.

McClure, Janet. *The Story of Sanat Kumara: Training a Planetary Logos*. Sedona, AZ: Light Technology Publishing, 1990.

Montgomery, Ruth. *A Word Beyond*. Nova York: Fawcett Crest, 1971.

_____. *The World Before*. Nova York: Fawcett Crest, 1976.

Prophet, Elizabeth Clare. *The Lost Years of Jesus*. Livingston, MT: Summit University Press, 1984.

Radha, Swami Sivananda. *Mantras: Words of Power*. Porthill, ID: Timeless Books, 1980.

Read, Anne. *Edgar Cayce on Jesus and His Church*. Nova York: Warner Books, 1970.

Robinson, Lytle. *Edgar Cayce's Story of the Origin and Destiny of Man*. Nova York: Berkley Books, 1972.

Roeder, Dr. Dorothy. *Reach for Us!* Sedona, AZ: Light Technology Publishing, 1991.

Sedona Journal of Emergence! Sedona, AZ: Love Light Communications, Inc.

Sivananda, Sri Swami. *Sadhana*. Delhi: Motilal Banarsidass, 1958.

Stubbs, Tony. *An Ascension Handbook*. Livermore, CA: Oughten House Publications, 1991.

Two Disciples. *The Rainbow Bridge*. Danville, CA: Rainbow Bridge Productions, 1975.

Urantia Foundation. *The Urantia Book*. Chicago, 1955.

Yogananda, Paramahansa. *Autobiography of a Yogi*. Los Angeles, CA: Self-Realization Fellowship, 1946.

SOBRE O AUTOR

O Dr. Joshua David Stone é PH.D. em psicologia transpessoal e orientador matrimonial, familiar e infantil em Los Angeles, Califórnia. Além de ser licenciado pelo Estado da Califórnia para praticar hipnose, também é pastor.

O Dr. Stone trabalha em estreita colaboração com sua mulher, Terri Sue Stone, um canal clariaudiente para os Mestres Ascensionados, mais especificamente para o Mestre Djwhal Khul, conhecido através dos escritos de Alice Bailey.

Joshua e Terri ministram aulas, cursos e seminários em Los Angeles e em todo o país, divulgando os ensinamentos e as práticas espirituais dos Mestres Ascensionados.

Todo o trabalho que realizam converge para o caminho da ascensão e da iniciação. Recentemente, eles abriram um centro em Los Angeles para divulgar suas atividades, denominado Centro para a Ascensão na Luz. As pessoas interessadas nos cursos, palestras e fitas de Joshua e Terri podem entrar em contato com eles através do editor original.

IDÉIAS EM PERSPECTIVA

PAUL BRUNTON

Paul Brunton foi um homem de dignidade silenciosa e cordial, dono de excelente humor. Dedicou-se inteiramente à Verdade fazendo dela o compromisso de sua vida. Escrevia diariamente sobre assuntos relativos à busca da auto-realização espiritual, e o aprofundamento de sua compreensão e visão durante os trinta anos em que permaneceu silencioso para o público refletiu-se de modo eloqüente em seus últimos escritos.

A Editora Pensamento oferece, assim, neste primeiro volume da série THE NOTEBOOKS OF PAUL BRUNTON, um importante texto sobre filosofia espiritual. O autor, já bastante conhecido dos leitores brasileiros, assim se refere à sua obra:

> "Não foi sem relutância que me aventurei a divulgar em voz alta as experiências íntimas recebidas em comunhão solitária e secreta com a natureza. De bom grado eu as teria guardado até que este corpo se fosse, quando o destino delas não me diria mais respeito. Mas a ordem dos meus Guias espirituais foi tal que essas palavras saíram publicadas.
> Escrevi este livro porque, numa era em que as duas concepções opostas do homem estão lançando o mundo em disputas, revolução e guerra, há uma clara necessidade do testemunho pessoal dos que *conhecem* a verdade, de preferência ao testemunho dos que acreditam nela.
> O melhor conselho hoje é: mantenha-se calmo, *alerta*. Não deixe que a pressão do ambiente mental viole o que você sabe que é real e fundamentalmente verdadeiro."

EDITORA PENSAMENTO

A PRÁTICA DA MEDITAÇÃO HOJE

Bill Anderton

A meditação é uma prática que traz benefícios imediatos à nossa vida. Ela nos ajuda a reduzir as tensões e a criar paz e saúde interior, aprimora nossos relacionamentos e promove a renovação espiritual, dando-nos uma sensação de bem-estar que dificilmente conseguiríamos por outros meios.

Em *A Prática da Meditação Hoje*, Bill Anderton utiliza técnicas orientais e as adapta para se ajustarem à mente e ao estilo de vida no Ocidente.

Seu programa de mais de cem meditações pode ser seguido na seqüência apresentada pelo livro ou ser selecionado para servir às necessidades e exigências de cada um. Este guia prático e inspirador inclui:

- Meditações para cura e autocura.
- Meditações com cristais e cores.
- Meditações de jornadas interiores.
- Meditações sobre os signos do Zodíaco.
- Meditações para festividades e dias especiais.
- Meditações para estimular atitudes positivas.
- Meditações para conseguir compreensão e discernimento.

Bill Anderton dirige o Pilgrims Centre de Gloucester, onde ensina meditação e técnicas de relaxamento.

EDITORA PENSAMENTO

A BUSCA

Paul Brunton

Este livro da série THE NOTEBOOKS OF PAUL BRUNTON traz indicações oportunas, imparciais e de utilidade imediata sobre as promessas e armadilhas da busca espiritual. Esboçando de maneira criativa e única os *insights* filosóficos tanto do Oriente quanto do Ocidente, ele mostra com clareza e simplicidade como as dificuldades e experiências diárias da vida moderna podem ser transformadas, com êxito, em passos significativos na eterna procura do autoconhecimento.

A BUSCA é um livro de inestimável valor também por conciliar a necessidade de liberdade interna absoluta com a importância da instrução competente. Apresenta, agora detalhada e amplamente, os assuntos abordados em anotações diárias, que de maneira sucinta e breve foram trazidas ao público na obra IDÉIAS EM PERSPECTIVA, já publicada por esta Editora.

Nestes momentos de imensa crise de valores éticos e profundos que se espalha pelo mundo, momentos em que caminhos de harmonia e paz se fazem prementes, estão aqui ofertados poderosos impulsos para a renovação espiritual do leitor, vislumbres da sabedoria universal que o aproximam de sua realidade íntima e divina.

EDITORA PENSAMENTO